学前儿童科学教育

职业教育学前教育专业教材编写组 编

河南大学出版社
HENAN UNIVERSITY PRESS

·郑州·

图书在版编目(CIP)数据

学前儿童科学教育/职业教育学前教育教材编写组编.—郑州:河南大学出版社,2018.1(2019.8重印)

ISBN 978-7-5649-3198-8

Ⅰ.①学… Ⅱ.①职… Ⅲ.①学前儿童—科学教育学—高等学校—教材 Ⅳ.①G613

中国版本图书馆CIP数据核字(2018)第007527号

责任编辑　陈　巧　付会娟
责任校对　刘利晓
封面设计　郭　灿

出版发行	河南大学出版社			
	地址:郑州市郑东新区商务外环中华大厦2401号		邮编:450046	
	电话:0371-86059715(高等教育与职业教育出版分社)			
	0371-86059701(营销部)		网址:www.hupress.com	
排　版	河南大学出版社			
印　刷	河南育翼鑫印务有限公司			
版　次	2018年2月第1版		印　次	2019年8月第2次印刷
开　本	787mm×1092mm　1/16		印　张	15.25
字　数	325千字		定　价	38.50元

(本书如有印装质量问题,请与河南大学出版社营销部联系调换)

前　言

由于当代科学技术高速发展，世界各国正把培养科技人才、提高国民的科学素质作为国家的发展目标之一。幼儿科学教育乃是科学的启蒙教育，是"科教兴国"的奠基工程，它不仅为幼儿提供广泛的科学经验，而且更重视幼儿科学兴趣的培养和科学态度的习得。幼儿教育的本质是为了挖掘孩子的潜力，培养孩子学会观察、学会分析、学会思考的能力。所以，如何对幼儿进行科学探索教育是一个很重要的课题，它需要教师不断地更新教育观念，发展自身的探索能力，不断成长。

根据教育部颁发的《幼儿园教育指导纲要（试行）》的精神和《3～6岁儿童学习与发展指南》的教学建议，为了以新的教育理念和方法培养合格的幼儿园师资，我们特编写了本书。在编写中，本书注意吸收当前国内外幼儿科学教育的最新研究成果，广泛借鉴近年来幼儿科学教育研究的相关文献，呈现以下特色：第一，理念阐释深入浅出；第二，案例选择丰富实用；第三，操作方法贴近实践。

本书一共由六个单元组成，每个单元又分为不同的模块。单元架构为：第一单元——学前儿童科学教育概述，第二单元——学前儿童科学教育的目标、内容与方法，第三单元——学前儿童科学教育的环境创设，第四单元——学前儿童科学教育活动组织，第五单元——学前儿童科学教育活动设计与指导，第六单元——学前儿童科学教育的评价。在内容选择上，本书不仅注重理论知识，还注重实例及贴近现实的应用知识，对职业教育学校的学生以及自学学生来说，是理想的教材，是教师教育的精品教材。

十分感谢所有编写本书的工作人员。另外，在编写过程中本书引用了专家学者同行的研究成果和一线教育的案例等资料，除了文章所列出以外，未能详尽之处敬请原谅。

编　者

2017年6月

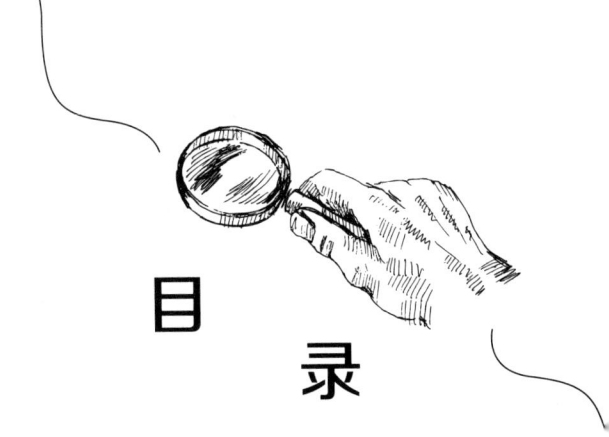

目 录

第一单元　学前儿童科学教育概述 ……………………………… 001
　模块一　学前儿童科学教育的内涵 ……………………………… 001
　模块二　学前儿童科学教育的特点 ……………………………… 006

第二单元　学前儿童科学教育的目标、内容与方法 …………… 020
　模块一　学前儿童科学教育的目标 ……………………………… 020
　模块二　学前儿童科学教育的内容 ……………………………… 036
　模块三　学前儿童科学教育的方法 ……………………………… 052

第三单元　学前儿童科学教育的环境创设 ……………………… 070
　模块一　学前儿童科学教育环境创设概述 ……………………… 070
　模块二　学前儿童科学教育环境创设存在的问题 ……………… 083
　模块三　学前儿童科学教育环境创设的要求 …………………… 088
　模块四　学前儿童科学区域教育活动的环境创设 ……………… 089
　模块五　学前儿童科学教育的资源 ……………………………… 104

第四单元　学前儿童科学教育活动组织 ………………………… 125
　模块一　学前儿童科学教育活动组织的特点及类型 …………… 125
　模块二　学前儿童科学教育活动组织的形式 …………………… 137

第五单元　学前儿童科学教育活动设计与指导 ………………… 159
　模块一　学前儿童科学教育活动设计 …………………………… 159
　模块二　学前儿童科学教育典型案例及分析 …………………… 214

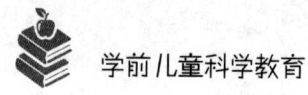

第六单元　学前儿童科学教育的评价 ……………………………… 222
　模块一　学前儿童科学教育评价概述 …………………………… 222
　模块二　学前儿童科学教育评价的内容 ………………………… 224
　模块三　学前儿童科学教育的评价方法 ………………………… 229

参考文献 ……………………………………………………………… 237

第一单元　学前儿童科学教育概述

模块一　学前儿童科学教育的内涵

> **学习目标：**
> ➢ 掌握并能够描述科学的完整内涵，形成正确的科学观。
> ➢ 能够运用已有的经验分析科学的内涵。

2001年中华人民共和国教育部颁布的《幼儿园教育指导纲要（试行）》（以下简称《纲要》）中，"科学"教育第一次被正式列入幼儿园教育内容之中。但是一提到"科学"，许多人就抱有一种恐惧和无奈的心理，有人认为科学是"高深的学问""难教的专业术语和名词"。由此可见，幼儿园科学教育的开展与教师如何理解"科学"密切相关。

那么，"科学"到底是什么呢？对于普通人而言，远一点的科学是物理、化学、生物以及天文地理等学科知识，是科学家们在实验室里进行的研究；近一点的科学是我们身边的山川河流、日月星辰、风雨雷电……总之，科学是一个大家都非常熟悉的词语，但是要给它下一个准确的定义并不容易。传统上人们认为科学是一个"知识体系"，如《辞海》（1999年版）对科学的解释是："科学是运用范畴、定理、定律等思维形式反映现实世界各种现象的本质和规律的知识体系。"由于科学本身的发展，人们对它的认识不断深化，"科学"已经不仅仅是一个静态的"知识体系"，它还是一种动态的活动过程，如爱因斯坦曾经定义科学为"有意义的探索活动"。现在，科学已经被赋予了丰富的内涵，对"科学"这个词语可理解为"人类已经找到的代表现实的真理知识内容"（具体的科学知识）或"科学真理的理论"（科学理论体系），也可理解为"如何找到并区别称为科学知识及科学理论的方法"（科学方法和科学情感）。在后者中，可能也包含科学哲学。因此，我们认为，完整的科学内涵应该包括科学知识、科学过程和方法、科学情感和态度三个要素。

一、科学是反映客观事实和规律的知识体系

科学，英文"Science"本义是"知识"，这是最为普遍的理解。但是，科学不是一般的、零散的知识，它是理论化、系统化的知识体系。

（一）科学知识具有真理性

科学知识的真理性是指科学知识必须符合客观事实，是对客观世界的真实反映。科学的理论、原则是严格地从用观察和实验得来的经验事实中推导出来的。科学是以我们能看到、听到、触到的东西为基础的，个人的意见或爱好和思辨的想象在科学中没有地位。科学知识是客观上被证明了的知识。

当然，我们也不能把科学知识的真理性误解为科学就是对世界一成不变的"正确"解释。在不同的时代、不同的认识水平下，人们对世界的"正确"认识也是不同的。所以，科学的真理性，不在于它对世界的解释是永远正确的，而在于它是一个开放的知识体系，在于它是一个无限接近于"正确"的过程。

拓展阅读

现在，人们对地球的形状已有了一个明确的认识：地球并不是一个正球体，而是一个两极稍扁、赤道略鼓的不规则球体。但得到这一正确认识却经过了相当漫长的过程。在我国，早在2 000多年前的周朝，就存在着一种"天圆如张盖、地方如棋局"的盖天说。随着生产技术的发展，人类活动范围的扩大，各种知识的积累，人们终于发现，有一些客观现象是无法用早期的那种直观而质朴的观念来解释的。实践迫使人们不得不修改原来的错误观念，于是便有人提出了拱形大地的设想，这就产生了"浑天说"。著名的汉朝科学家张衡在其所著的《浑天仪注》中写道："浑天如鸡子，天体圆如弹丸，地如鸡子中黄，孤居于内，天大而地小。天表里有水，天之包地，犹壳之裹黄。天地各乘气而立，载水而浮。"

公元前3世纪，球形大地的观念就已经产生，但这毕竟没有直接的证据，所以人们对此并没有形成共识。直到1519～1522年，葡萄牙人麦哲伦率领的船队完成环球航行，进一步证实地球确实是个球体。从此，人们才把我们居住的"大地"称为"地球"。麦哲伦环球航行的实现，是人类最终证实地球是个大圆球的里程碑。当时西班牙国王送给航海家们一个最好的礼物，就是一个人类共同拥有，然而又不被人类真正认识的彩色地球的模型——地球仪，上面刻着一行寓意深刻的题字——"你首先拥抱了我"。

大地是圆球形状，到了16世纪，已经没有什么可以争论的了。但人类对地球形状的认识，并没有终止。地球是个怎样的球体呢？是浑圆体还是椭圆体，是扁球体还是长球体，是规则的还是不规则的？

英国著名物理学家牛顿于17世纪80年代提出了万有引力定律。他从这个理论出发，提出地球由于绕轴自转，因而就不可能是正球体，而只能是一个两极压缩、赤道隆起，像橘子一样的扁球体。也就是说地球的半径随纬度的增加而变短，赤道的半径最长，两极半径最短。法国天文学家里希尔在南美洲进行天文观测时发现，摆钟是受地面重力作用才摆动的，在法国巴黎和在南美洲摆动的周期不同。他认为这是因地面上重力不同引起的，并进而说明地面重力变化的情况。他的推测与牛顿的理论完全吻合，里希尔便正式提出了自己的结论。可是当时的巴黎科学院的权威接受不了地面重力会有变化的客观事实。在地球形状上，反对牛顿理论的代表人物，是当时巴黎科学院所属的巴黎天文台卡西尼父子。他们曾对从巴黎到其以北的城市敦刻尔克之间的子午线进行过很不精确的弧度测量。他们的测量结果与里希尔的结论完全相反。因而伏尔泰在文章里说："关于地球的形状，在伦敦认为是个橘子，而在巴黎却把它想象成一个西瓜。"

到了18世纪30年代，关于地扁和地长的争论更加激烈。法国巴黎科学院分为两派，拥护牛顿在理论上确定的扁球学说的人，在科学院内形成了强大的力量。为了解决这个争端，法国国王路易十四派出两个远征队，再一次去实测子午线的弧度。一个队到北纬66度的拉普兰地区，另一队远涉重洋到南美洲的秘鲁地区（南纬2度）。这是18世纪科学史上一大壮举。南美远征队经过10年工作，才回到巴黎。这次精密的子午线测量结果一公布，便轰动了巴黎科学院，也轰动了整个科学界，因为他们用事实证明了牛顿的扁球说理论是完全正确的。为此，伏尔泰风趣地写道："两个远征队用最雄辩的事实，终于把两极和卡西尼一起压下去了。"

最早算出地球大小的，应该说是公元前3世纪的希腊地理学家埃拉托斯特尼。他成功地用三角测量法测量了阿斯旺和亚历山大城之间的子午线长，算出地球的周长约为39 600千米，与实际长度只差340千米，这在2 000多年前实在是了不起的。

20世纪50年代后，科学技术发展非常迅速，为大地测量开辟了多种途径，高精度的微波测距、激光测距，特别是人造卫星上天，再加上电子计算机的运用和国际之间的合作，使人们可以精确地测量地球的大小和形状了。通过实测和分析，终于得到确切的数据：地球的平均赤道半径为6 738.14千米，两极半径为6 356.76千米，赤道周长和子午线方向的周长分别为40 075千米和39 941千米。测量还发现，北极地区约高出18.9米，南极地区则低下24～30米。看起来，地球形状像一只梨：它的赤道部分鼓起，是它的"梨身"；北极有点尖，像个"梨蒂"；南极有点凹进去，像个"梨脐"，整个地球像个梨形的旋转体，因此人们称它为"梨形地球"。确切地说，地球是个三轴椭球体。

（刘海荣．人类对地球形状认识趣谈［EB/OL］．人民教育出版社初中地理网，2006.）

（二）科学知识具有经验性

科学知识的经验性是指科学知识源于观察、实验等活动。1888年，达尔文曾给科学下过一个定义："科学就是整理事实，从中发现规律，做出结论。"达尔文的定义指出了科学的内涵，即事实与规律。科学要发现人所未知的事实，并以此为依据，实事求是，而不是脱离现实的纯思维的空想。至于规律，则是指客观事物之间内在的本质的必然联系。因此，科学是建立在实践基础上，经过实践检验和严密逻辑论证的，

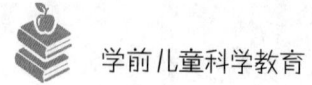

关于客观世界各种事物的本质及运动规律的知识体系。

《科学技术概论》中认为："可以简单地说，科学是如实反映客观事物固有规律的系统知识。"[①]它建立在事实证据的基础上，而不是任何人的主观臆断。也就是说，任何科学知识都不可能是某个人在头脑中想象出来的，它必须是科学活动的结果。通常科学家会设计实验并控制各种变量来保证实验的准确性，以及解释理论的能力。因此，科学知识强调的是客观的事实证据，而那些用主观直觉获得的未经证实的"感悟"或者出自权威人物的论断，以及打着科学旗号的"伪科学"知识，都不是建立在客观事实证据的基础上，因此都不是科学知识。

当然，科学知识并不排除理性的思考，关键在于这些知识必须建立在客观事实的基础上，而不是主观的臆断。

（三）科学知识具有可重复性

现代科学是经验科学，要求所有理论都要付诸实践的不断检验。理论只有获得足够多的经验证据，才能被认可。证据应当是可重复的，不因时空位置的变化、实验主体的变化而产生不同。"科学知识具有可重复性"是指科学知识应该是可以验证的、规律性的东西，应该经得起实践的检验。无论什么人在何时何地重复某一个实验，都应该得到同样的结果。

科学知识需要不断地接受检验和验证。人类的科学知识，正是在不断地接受检验的过程中丰富和发展起来的。科学理论来自于实践，也必须回到实践，它必须能够解释其适用范围内的已知的所有事实。

需要说明的是，任何理论都有适用的范围，任何理论的预测结果都只在一定的精度范围内是正确的。例如，牛顿万有引力定律在一定精度下是正确的，而广义相对论和量子理论在极小、极端引力情况下失效，也就是在这种情况下适用精度无限扩大，无法得出有意义的结论。

二、科学是探索世界、获取知识的过程和方法

如果将科学仅仅理解为一种知识，那是不全面的。科学不仅是一种知识，更是一种过程，是人类探索世界的一种特殊的活动。它是人类和科学家群体、科学共同体对自然、对社会、对人类自身规律性的认识活动。正如苏联《大百科全书》中所说："科学是人类活动的一个范畴，它的职能是总结关于客观世界的知识，并使之系统化。'科学'这个概念本身不仅包括获得新知识的活动，而且还包括这个活动的结果。"

任何科学知识都不是孤立于科学探索过程而存在的。科学探究需要质疑、观察、提出问题、假设、实验、推理、交流、评价以及解释等活动，通过探索已有知识的局限和谬误，拓展新知识。科学没有最终的结论，更没有永远正确的结论。科学就是一个无限

---

① 胡显章，曾国屏. 科学技术概论（第二版）[M]. 北京：高等教育出版社，2006.

接近"正确"的探索过程。它在不断地否定和修正自我的过程中得到发展。

虽然随着科学技术的进步，科学研究的手段日益更新，科学的过程也日益复杂，但科学探索的基本环节，却是一直存在的，即观察现象—提出问题—做出假设—检验假设—形成结论。以观察为例，从肉眼的观察，到光学显微镜的应用，再到电子显微镜的应用，工具改进了，观察的结果可能更精确了，但是科学研究过程的方法和环节，却是一直存在的，不可缺少的。

三、科学是对待世界的精神和态度

科学是一种对世界的基本看法，人们也常常将科学态度上升为一种精神或者价值观，称之为科学精神或者科学价值观。科学精神是人们在长期的科学实践活动中形成的共同信念、价值标准和行为规范的总称。它是一种基本的精神状态和思维方式，由科学性质所决定并贯穿于科学活动之中，是体现在科学知识中的思想或理念。它一方面约束科学家的行为，是科学家在科学领域内取得成功的保证；另一方面又逐渐地渗入大众的意识深层。这种精神包括求真、创新、严谨、勤奋、合作等态度。美国科学促进协会在《面向美国人的科学》一书中提出："'科学世界观'的内涵应该包括：世界是可以认识的；科学认识是可以改变的；科学知识是持久的；科学不能为所有的问题提供完善的答案。"在美国科学促进协会颁布的"2061计划"中，提出了儿童应该具有的科学态度。

（1）好奇心。善于提出问题，并且积极地去寻求答案。

（2）尊重事实证据。思路开阔，积极主动地去考虑不同的，甚至有冲突的证据。

（3）批判地思考。权衡、观察和对观察到的事实进行评价。

（4）灵活性。积极主动地接受经过证实的结论和重新考虑自己的认识。

（5）对变化的世界敏感。有尊重生命和环境的觉悟。

综上所述，我们给科学内涵做一个比较全面的解释：科学是人们对客观世界的一种正确的认识和知识体系，同时也是人们探索世界、获取知识的过程，还是一种看待世界的方法和态度。科学的本质就是不断对真理的探究，而科学知识是科学探究的结果，指导人们进行科学探究的价值观就是科学精神。

对幼儿教师来说，对于科学的认识是影响幼儿园科学教育实践的一个基本问题。如果教师对科学的理解仅仅局限于科学知识的话，那么，在教学中很有可能只强调知识目标。反之，一个全面理解科学内涵的教师，则会将幼儿科学知识的获得和科学研究的过程方法结合起来，并在过程中注重激发幼儿的科学思维，使之形成正确的科学态度和科学观念。

模块二 学前儿童科学教育的特点

学习目标：
- 掌握幼儿科学教育的特点。
- 能用所学知识分析、解决有关幼儿科学教育的基本问题。

幼儿科学教育是科学启蒙教育，是幼儿获取早期科学素养的过程，其中科学情感态度是科学素养的核心内容，对幼儿来说，就是要对科学富有好奇心、乐于探究、勤于思考、敢于质疑并发问，能与同伴合作，热爱大自然，有初步环保意识等。因此《幼儿园教育指导纲要（试行）》指出：科学教育"重在激发幼儿的认识兴趣、探究欲望，帮助幼儿学习运用观察、比较、分析、推论等方法进行探索活动"。

与成人探索认识世界的方式不同，幼儿对事物、现象的解释受到其认识特点和思维水平的限制，常常以自我为中心，获得的知识具有非科学性，常常是个人经验性浅层知识。但是在他人特别是在幼儿教师精心设计的科学探索活动中，他们能够从不断的尝试错误中得出正确的结论。了解幼儿科学探索时所表现出来的特点，是幼儿教师进行科学教育的前提和依据。具体的讲，幼儿学习科学表现出以下特点。

一、幼儿科学学习的一般特点

（一）科学情感——本能的好奇心、强烈的探索欲望

幼儿是天生的小"科学家"，他们有着与生俱来的好奇心，有着问不完的问题和"打破砂锅问到底"的探索精神。科学家的特质是探究，幼儿的天性也是如此。幼儿对于世界有着无限的探索欲望，他们总有问不完的"为什么"，当然他们也有着自己的"合理解释"，尽管这些解释让成年人看来天马行空，甚至认为是幼稚的、错误的，但是这些"顽固的""奇特的"解释却是建立在幼儿自己的生活经验基础之上的，并且是幼儿自己思考的结果，所以他们会很认真地肯定地说："我觉得是这样的！"这种好奇心使得孩子常常表现出这样的探索欲望："亲自去做"——幼儿喜欢亲自去观察、触摸、操作和摆弄，亲自一探究竟。正如杜威所言，"儿童有调查和研究的本能"。

好奇心是幼儿探究的重要内驱力。你也许会发现一个孩子把一辆辆玩具车拆成一堆零件，但不要指责他，因为这个孩子可能是在探究汽车的构造来揭开他"汽车为什么会跑"的疑团。你也许还会发现孩子对吹泡泡（见图1-1）的游戏乐此不疲，泡泡破了，他们还蹲在地上一个劲儿地看，并用手指轻轻地触摸，这是他们在研究一个很重要的问题，即"泡泡为什么会破呢"。

图1-1 吹泡泡

好奇心促使幼儿的科学探究从发问开始。幼儿的生活经验不断地丰富，幼儿脑子中的疑问也会越来越多，问题范围涉及非常广泛。尤其是从3岁开始，随着接触生活范围的扩大，他们的问题几乎涵盖了所有的学科。如：

我是从哪里来的？
天空为什么是蓝色的？云为什么不会掉下来？
影子从哪里来的？影子会死掉吗？
为什么会打雷下雨？
鱼儿为什么要生活在水里？
我们真的是猴子变的吗？
有外星人吗？
星星为什么眨眼睛？
恐龙为什么都死了呢？
……

这些问题包括动植物、微生物、生物进化、人的身体、宇宙、气象、地理、物理以及化学，而且都是最基础的科学问题。面对幼儿千奇百怪的十万个"为什么"，成人需要支持、保护、引导幼儿去探索，尽可能用幼儿可以理解的方式来满足他们的好奇心和求知欲。

总之，在强烈的好奇心和求知欲望的驱使下，幼儿对身边的物体通过自己的感官进行探索，以不同于成人的特有方式探究世界、接触科学，越是大人说不能动的或者被禁止触摸的东西，他们越想探个究竟。幼儿这种被成人认为是"破坏性"的行为中却恰恰包含着幼儿的创造性。因此，《纲要》特别强调"尽量创造条件让幼儿实际参加探究活动，使他们感受科学探究的过程和方法，体验发现的乐趣"。

（二）科学认知——形象思维主导的浅显经验层次

幼儿的思维特点是具体形象思维占主导。这一认知特点决定了他们的科学学习也局限于具体形象的水平。也就是说幼儿很难理解抽象的科学概念或者进行复杂的逻辑推理。你会发现，幼儿对世界的认识还是感性的、具体的、形象的，常常需要用动作来帮助思维，这就决定了他们的学习是以直接经验为基础的。他们必须通过与人和物的相互作用，进而使原有的直接经验与现实的直接感受和体验产生相互作用，构建起真正内化的新的知识经验，形成幼儿期所独有的、具有主观性和泛灵论特点的"天真幼稚的理论"和"非科学性"的知识经验。特别是在幼儿学习科学概念的时候，他们更多的是和具体形象的事物联系在一起。我们在对幼儿进行科学教育的时候应特别注意这一点。瑞士心理学家皮亚杰在谈到学前儿童的科学教育时曾明确地指出，可以对4~6岁的幼儿进行一种启蒙性质的科学教育，但是"这种预备教育仅仅在于训练观察力"。①

由于幼儿对世界的理解是"粗糙的和不完全的"，而且他们的形象思维具有自我中心性，常常会将客观的事实和主观的想法混淆在一起，幼儿甚至以带有浓厚的拟人色彩来解释与生命相关的概念，因此幼儿容易将无生命的物体视为有生命的并且赋予它们栩栩如生的特质。我们在科学教育中要充分理解幼儿的这种形象思维的特点，保护幼儿特有的联想力。

（三）科学建构——探索出于自发需要依赖他人支持

研究证明，如果没有教育的干预，儿童时期的一些错误科学概念，会一直保持到成年。也就是说，那些错误概念并不会因为年龄的增长就自发地成长为科学的概念。

幼儿学习科学，十分依赖个人的经验，幼儿听到的知识容易忘记，看到的东西只是记住了，只有亲自动手做过的事情才会真正理解。比如"热水会烫手"，大人说很多遍孩子也不会理解，但是他自己被水烫过一次就终生难忘，一见到冒热气的水就会说"烫"。再如保温杯，孩子会认为只能"保热"，让热水不变冷，但是如果发现把冰块放进去也不融化，才会意识到，保温杯也可以"保冷"。

由此可见，对幼儿进行早期的科学教育，可以促进其正确科学的概念建构。经过精心设计的教育，能够为幼儿进行科学学习搭起一个支架，让他们原来的错误概念受到挑战。例如，幼儿会认为大小（体积）决定了重量。但是教师提供的材料则让他们获得了新的经验，并对原有的观念提出了挑战：他们发现一块"小小"的铁在天平上比一块"大大"的泡沫板重。有的幼儿认为物体的轻重决定了它在水里的沉浮，但是经过教师的材料提供和实验，幼儿发现，重的东西（如西瓜）并没有沉，而轻的东西也可能会沉在水底（如一团橡皮泥）。因此，教师应该把幼儿置于认知冲突的环境中，让他们在不断尝试中建立正确的概念。

对于探索技能来说，尽管幼儿有着天生的探索和好奇心，但是这种探索只是自发的、本能的，他们还不会自发地寻找证据证明自己的解释。教师在教育过程中也要注重科学技能的训练，引导幼儿仔细观察并提出问题，然后有意识地寻找证据、解决问题。

随着年龄增长，儿童逐渐有了合作的意识，儿童的科学探索由自发的、个人的探

---

① 皮亚杰著，卢睿选译. 皮亚杰教育论著选. 人民教育出版社，1990年版，第232页.

索向着合作、分享、交流的探索转变。不同的幼儿有不同的经验、不同的思考方式、不同的观点，在与同伴的交流中，幼儿会不断地修正自己的解释和答案，最后形成正确的行为。因此，教师应该创设条件，让孩子进行合作与交流，受到别人的启发也受到别人的挑战。

总之，幼儿科学学习是局限于本身的认知规律的，其年龄阶段的特点更是表现明显。幼儿随着心理的发展，经过教师的精心设计，其学习科学的能力会不断发展，科学经验会不断丰富，科学探索技能也会不断提高。

二、幼儿学习科学的年龄特点

（一）3～4岁（小班）儿童学习科学的心理特点

1. 认识过程缺乏有意性，受情绪影响大

3～4岁的幼儿对周围环境中的事物的认识易受其情绪的影响。色彩鲜艳、生动活泼、能发出悦耳声响的客体较易引起孩子的愉快情绪，于是，儿童就有兴趣去认识，如各种小动物、彩色鲜艳的玩具等。而对色彩单调的静态的客体，孩子就不感兴趣，也就不会有认识的需求，即使教师要求孩子去认识，孩子仍然可能会出现心猿意马的认识行为，收不到认识效果。

2. 认识方法以模仿为主，易受暗示

这一期间的孩子，独立性差，爱模仿别人，尚不会根据自己的所见所闻所知来表达自己的认识，多是人云亦云。常常会出现这样的情形：别的小朋友说小兔子的眼睛是黑色的，他也跟着说是黑色的；大人用旧布试试新买的剪刀的锋口，他也将剪刀拿来剪起了自己盖的被面，妈妈批评他时，他还振振有词，说"我在试剪刀快不快"；教师带小朋友到户外寻找生活中的圆的东西，孩子们极易跟着教师的视线去寻找，当找到了一个圆的时候，也往往先看教师的表情，期望得到肯定。

3. 认识活动具有表面性，思维带有直觉行动性

这一期间儿童的思维还保留着直觉行动性的特点，他们的思维还要依靠具体的事物形象和直接的动作。他们不会事先去计划自己的行动，只能是先做后想或边做边想。因此，此时孩子的认识活动必须是问题和孩子的主体行动同步才有效。同时，由于思维的直接具体性，孩子不会作复杂的分析综合，只能从表面去理解事物。因此，对幼儿的教育，特别要强调正面教育，多加鼓励与引导，而不是批评与嘲讽。如在认识小白兔时，有的幼儿说兔子的眼睛是灰色的。教师想："明明是红的，怎么会是灰的呢？显然是孩子在捣蛋。"于是他生气地说："还是白色的呢！"这下可好，小朋友一起说："是——白——色——的。"

另外，在引导孩子观察或要求幼儿注意时，提示语一定要明确具体，如"请一起看着老师手指的这个地方"，而不能简单说："看这里、那里。"

（二）4～5岁（中班）儿童学习科学的心理特点

1. 好奇、好问、好学

随着这一期间儿童身心的发展和活动能力的增强，活动范围的扩大，孩子们对周围环境产生浓厚的兴趣，他们什么都想摸摸、看看、尝尝，什么都想去摆弄摆弄。他们经常向成人提问题，问题多半停留在"这是什么，那是什么"的认知问题上，问题的范围很广，天文地理无所不包，并急切地希望成人给予及时回答。他们喜欢集体教育活动，学到一点新知识后就特别爱对别人讲，希望别人也知道。

2. 初步理解事物的表面和简单的因果关系

这一期间孩子已能根据自己的直接感知去理解客体中的一些表面的、简单的因果关系，但是对事物的分类不明确。如知道了鸟有翅膀，所以会飞；种的植物要浇水，否则会死掉，但是他们还难以理解事物内在的因果关系。因此，4～5岁的儿童对事物的认识，易受事物形状、颜色、大小和活动性等外部的非本质特征所影响，做出错误的因果关系判断。

3. 以自身的生活经验作为判断推理的客观逻辑依据

这一期间的儿童常常按照自身的经验来判断推理一些事物。如一个中班幼儿认为球之所以会滚下来，是因为"它不愿意待在椅子上"。一个5岁左右的孩子在回答"西瓜和橡皮泥放在水中哪一个会沉下去？"的问题时，错误地回答是"西瓜"，其理由是因为西瓜大、更重，橡皮泥小而且轻，所以重的就沉下去。

（三）5～6岁（大班）儿童学习科学的特点

1. 好学好问，求知开始倾向事物的原因

好奇是幼儿的共同特点。但大班儿童的好奇与小、中班孩子有所不同。小、中班儿童的好奇心较多表现在对事物表面的兴趣上，问题多停留在"是什么"上，而大班儿童则不仅要问"是什么"，还要问"为什么"。

好学好问是求知欲的表现，甚至一些"淘气"的行为也反映出了儿童的求知欲。这个时期的男孩子，特别喜欢拆拆卸卸。他们把玩具汽车拆开，是为了看看里面有什么，为什么会动，为什么会发出声音。教师应正面引导，可向儿童介绍一些简单的机械原理，满足他们渴求知识的愿望。

2. 初步理解事物内在的因果关系

大班儿童已开始能从内在的原因来理解事物或现象了。如在解释乒乓球为什么会从倾斜的木板上滚落下来时说："乒乓球是圆的，木板是斜的，所以乒乓球会滚下来。"说明他们已能从客体的形状和客体的位置之间的关系，即"圆"和"斜"的关系中去寻找滚落的原因。但由于事物和现象中的内在因果关系比较复杂，所以此时期他们对不同的事物和现象中的关系理解水平不一，对日常生活中所不熟悉的复杂的因果关系还很难理解。如能理解母鸡不会飞是因为翅膀不常用，退化了。但是恐龙的灭绝理由之一小行星撞地球就无法理解了。

3. 抽象概括能力开始发展

大班儿童的思维仍然是具体形象的，但已有了抽象概括的萌芽。譬如，他们已开始掌握一些比较抽象的概念（如小时概念等），能根据事物的本质属性，开始学习按客观事物的分类标准来进行概括分类。如把身上有羽毛、有退化了的翅膀和两条腿的，人们饲养的鸡、鸭、鹅归为家禽。但由于这一期间孩子的知识、语言和抽象概括水平仍有限，故对类概念的精确内涵缺乏掌握高层次类概念所需的在概括基础上进行高一级抽象概括的能力。因此，此期儿童仍不免会出现一些概念外延上的错误。如他们会把家禽、家畜概括为动物，而把昆虫排斥在外，认为昆虫是虫子，不是动物。

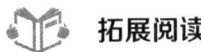 拓展阅读

3~6岁幼儿学习科学的年龄特点

一、3~4岁

3岁幼儿能运用其全部感官感知周围世界。语言能力的发展使得他们能表达其观察经验。在解决问题方面，这个年龄的幼儿往往尝试不同的方法，直至找到成功的途径。3岁幼儿能给物体分类，但每次只能根据一个特征来分类。

1. 探究技能

将探索作为其首要的学习方法。用"尝试错误"的方式寻找解决问题的方法，直至找到成功的途径（如反复地搭积木，尝试不同的构造为做到又高又稳）。

通过观察和触摸收集很多信息。在辨别同一种属性（如软硬、大小）或功能（如交通工具）的基础上给物质分类。注意到物体和材料在属性上的相同和不同，很容易按大小排序。开始使用简单工具（如用放大镜来观察细节）来收集信息。

开始使用简单的图画来收集信息（如画一个蜗牛外形的轮廓，随着时间的推移，会增加一些感兴趣的特征，诸如头部或壳上的环形）。

能提取已有经验来进行描述和比较，并表达其观察经验。

在讨论时分享其观察经验，更多地使用描述性词汇（如用湿的、冷的、白的来描述雪）。

以小组的形式探索科学现象（如一组孩子共同寻找叶子上的生物）。

2. 有关物理科学的知识

开始用教材和物理属性来描述物体（如要一个蓝色的塑料杯）。开始表现出对因果关系的理解（如加水如何改变了黏土的黏性）。

注意到声音和光的性质（如音高、音量、光的亮度）。通过发出声音来做实验。认识不同的光源。开始认识到光产生的影子。

玩水，关注水如何流动并充满容器。喜欢把不同的液体混在一起来创造新的液体。

理解无生命物体自己不会动，而需要被推、拉、扔或其他作用于它的动作。

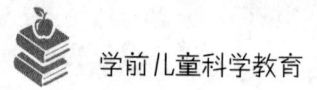

3. 有关生命科学的知识

辨别各种动物和植物的基本特征（如颜色、大小和形状）。考虑人体的外部特征和各部位的作用（如嘴巴吃东西、耳朵听声音）。

知道生命有各种需要。能够将自己的需要类比到其他动物身上（如会说青蛙也需要妈妈，要睡觉，要大便）。

用一到两种标准（如运动）来给生物和非生物分类，并由此认为汽车"是活的"，树"不是活的"。

开始认识到在相似的环境中，能够找到相似的生物（如根据已有的经验或观察，期望在池塘里找到青蛙、鱼和蜻蜓）。

对生物进行基本的比较（如哪个更高、更快等）。对人和其他动物做一些比较（如人没有大象那样长长的鼻子）。

会对生命周期的部分观察经验。会做一些概括，如小虫子是"宝宝"、大一点的虫子是"爸爸"。想知道小宝宝是从哪里来的。还能把特征和年龄联系起来（如白发意味着人老了）。

4. 有关地球和空间的认识

获得周围的环境和材料（如岩石、土壤和沙）的直接经验。用词语描述环境的自然特征（如河流、山）。

关注天气并将其和个人活动联系起来（如会想"下雨了，我不能出去玩"）。使用常见的表示天气的词汇（如雨、雪、晴）。知道天气会变化。发展和事件有关的概念和词语。

知道和天空特征有关的词汇（如太阳、月亮、星星、云）。关注月亮的位置及月相的变化。辨别和白天、黑夜有关的基本概念。

二、4~5岁

4岁幼儿以强烈的好奇心接近周围世界，并运用其想象来帮助自己理解世界。动手的探究活动帮助他们区分现实和幻想。他们能参与计划和实施简单的科学探究。幼儿的观察、收集信息、比较信息、辨别模式、描述和交流、做出解释和概括等能力逐步增长。

1. 探究技能

继续把探究作为学习的重要途径。能够协助作计划和实施简单的探究活动来回答怎样、为什么、如果的问题。

探究和讨论物体和材料间的共同属性、差异的能力在增长。能根据多种属性（如大小、颜色、形状和功能）进行辨别和分类。继续运用简单的工具，收集更多细节性的信息。会使用尺子来测量长度。

通过增加更多的细节（如蜗牛触角的长短），改善用图画记录信息的能力。还能完成成人提供的图表（如指出或画出物体沉或浮的图画）。

根据已有经验进行描述和讨论，并形成解释和概括。开始比较多种来源的信息以发现相互间的关系（如幼儿会说："蚯蚓生活在泥土里，我在家里和学校的地上都看到过。"）。关注外形和功能的联系（建筑物的柱子能支撑屋顶）。

在交谈中很容易分享观察经验和思想。可能需要成人提示其关键性细节，或可能会包含许多不必要的细节。

合作参与有计划的探究活动。能在共同计划探究活动时贡献自己的思想，以便计划的执行（如想出如何用塑料管将地上水桶中的水转移到玩水池中）。

2. 有关物理科学的知识

能解释他们所观察过的材料的某些属性（硬度、颜色、形状、质地），以及这些属性如何影响其行为（如圆形的球会滚动）。继续学习属性何时、通过何种条件会改变（如将红色和黄色颜料混合变成了橘黄色）。

试验改变声音和光的特性（如让鼓更响，让影子更长）。开始理解声音的特征（音高、音量）有赖于声音的来源（如飞机、动物、恶气发出不同的声音）。形成一些如何改变影子大小和形状的想法。

能分享对水的观察（如水如何流淌，水温的变化）。注意到物体在水中有沉有浮，但可能会相信只是轻的物体浮，而重的物体会沉。

试验运动如何会改变（改变斜坡，让球滚得更远）。对于如何引起特定的运动状态的变化能形成合理的看法。

3. 有关生命科学的知识

辨别动物的细节特征（除了颜色、大小和形状之外的特征）和行为（如动物如何运动、如何吃东西）。

开始理解所有动物需要食物、水和居所。同样植物也需要水、光线和土壤。

随着观察的机会变多，开始理解植物也是生物，而一些会动的东西不是生物。

开始思考生物、生物的需要及其生活环境之间的关系。

开始比较生物之间可观察到的相同点、不同点。对不同物种或同一物种进行概括（如大多数植物有绿叶，知更鸟、海鸥和鸭子都是鸟）。

能在观察的基础上描述部分生命周期。理解种子生长成植物，但可能并不能确定蝌蚪和青蛙是同一种动物。能认识他们自己曾经是婴儿，将会长大。

4. 有关地球和空间的知识

关注环境中材料属性的不同（如岩石有不同的颜色、形状和大小，水以雨雪的形式从空中落下）。还能看出水会影响其他材料的属性（如水让毛巾更重）。

能描述风、雨、雪等可以观察到的影响。学习一年四季，以及他所生活的周围环境在每个季节如何变化。进一步理解实践，能讨论并用图表表示一日生活、天气或其他一天的事件。

能协助用图表记录太阳、月亮的运动，以及月相的变化。

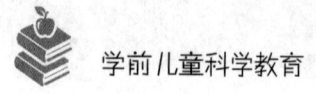

三、5—6岁

5岁幼儿真正想知道更多有关世界如何运作的知识。动手做的经验有助于他们形成解释事情"如何"以及"为什么"发生的理论。他们能运用诸如温度计和天平等工具来收集信息,能更加独立地完成简单的探究活动。5岁幼儿还能运用更多的叙述性语言来传达信息、提出问题和提供解释。

1. 探究技能

能运用过去的学习经验,通过设计和完成简单探究活动来寻找问题的答案(如在对管子、漏斗、杯子中的水进行一段时期的观察之后,能在学校里想出如何将地上水桶里的水转移到玩水池中)。

理解我们可以通过研究少量的事物来认识一群事物。能够运用标准化的工具(如温度计和天平)来收集信息。

提高独立收集和通过图表、图画等记录信息的能力。

在直接经验的基础上形成关于"为什么"和"怎样"的理论。比较不同来源的信息(如一本关于轮船沉没的书,自己在家中浴室以及幼儿园玩水池获得的沉浮经验)并形成合理的结论。

运用更多的叙述性语言来传达信息、提出问题和提供解释。

能计划、执行简单的合作探究活动并讨论其结果(通过小组解决哪个物体在斜坡上滚得更快,用秒表来试验小组的想法,并记录每个物体滚到斜坡底部需要多少秒的时间)。

2. 有关物理科学的知识

知道可以通过某种途径改变材料的属性(如加热、冷冻、混合、折弯),但不是所有的材料都能以同样的方式变化。

开始探索声音和光的来源及属性(如尝试辨别隔壁声音的来源,或者什么照亮了教室的某个区域)。通过改变光源位置的实验来改变光线。

通过个人经验进一步理解水及其属性(如改变水的运动、观察水滴的大小和形状、认识在水中沉浮的物体的特征)。

知道水能从液体变成固体,反之亦然。

提取多方面的个人经验来形成关于位置和运动的认识。

3. 有关生命科学的知识

能理解生物的结构和功能(如植物根的作用)。开始理解人体内部(我跑动的时候心脏跳动得更快,我的脑是用来思考的、肌肉帮助我扔球)。知道动物、植物和它们的亲代是非常相像的。

理解各种植物和动物满足其基本需要的不同方法。初步了解人对环境的需要(如食物、空气和水)。

能区分生物和非生物。

能运用个人对生命需要的理解，在室内为植物或为从外面带进来的动物设计环境。

认识植物和动物的多样性和变化，如不同植物的叶子有不同的形状，以及同一植物的所有叶子不可能是相同的颜色、形状或大小。

能根据观察描述植物和动物的生命周期。对自己家庭成员涉及的人的生命周期现象有一些了解。

4. 有关地球和空间的知识

能理解岩石有不同的形状和大小（如大石头、鹅卵石、沙子、土壤）。

知道每天的天气都会变化，天气会随着季节而变化。

通过观察知道太阳和月亮的基本运动模式。

（张俊. 幼儿园科学教育活动指导，第2版. 北京：人民教育出版社，17～23页.）

三、幼儿科学教育的特点

幼儿科学教育是教师引导、支持幼儿对周围物质世界进行主动探究，以帮助幼儿形成早期的科学素养的活动。其实质是对幼儿进行科学素养的早期培养，那么什么是科学素养？幼儿科学教育包含哪些内容？幼儿科学教育应该遵循哪些原则呢？

（一）科学素养

科学素养（Scientific Literacy）：国际上一般将它概括为三个组成部分，即对于科学知识达到基本的了解程度；对科学的研究过程和方法达到基本的了解程度；对于科学技术对社会和个人所产生的影响达到基本的了解程度。美国学者J.D.米勒认为，公众科学素养由相互关联的三部分组成：科学知识、科学方法和科学对社会的作用。中国科学技术协会指出：公民科学素质是国民素质的重要组成部分。我国公民科学素养的现状为：

第一，总体上公民科学素养水平逐渐提高，但与发达国家相比还有较大差距；

第二，不同群体表现出明显的差异：男性高于女性；较低年龄段高于较高年龄段；受教育程度越高整体水平越高；城市公民高于农村公民；

第三，公民科学素养水平的变化显示，科学素养较低的群体的水平有较快提高，特别是女性、受教育水平较低（指受初中教育）和农村公民科学素养整体水平提高的幅度较大，对公民整体科学素养提高影响显著；

第四，公民对科学研究的过程和方法理解水平较低；

第五，公民科学精神比较欠缺，还存在大量相信迷信的公民，青少年与科学精神有关的调查结果出现回落，学校对科学精神的培养还存在较大问题。

影响我国公民素质提高的因素有很多，如经济因素、政治因素、文化因素等。但是教育是影响我国公民科学素养的主要因素，经济是公民提高自身科学素养的驱动因素，政治因素对我国公民科学素养的提高起指导性作用，文化也深刻影响我国公民科学素养，有促进作用也有制约作用。

随着科学技术的不断进步，科学素养已经成为衡量现代人综合素质的一个重要方面，培养学生的科学素养，越来越成为各国科学教育的共同目标。《面向全体美国人的科学》将"科学素养"定义为："科学素养包括数学、技术、自然科学和社会科学等许多方面，这些方面包括：熟悉自然界，尊重自然界的统一性；懂得科学、数学和技术相互依赖的一些重要方法；了解科学的一些重要概念和原理；有科学思维的能力；认识到科学、数学和技术是人类共同的事业，认识他们的长处和局限性。同时，还应该能够运用科学知识和思维方法处理个人和社会的问题。"[①]科学素养作为科学教育的基本目标既反映了科技社会对公民的新要求，也是生活在其中的每个人获得全面发展的必要条件，将科学素养作为科学教育的价值追求，真正体现了社会发展需要和个人发展需要的统一，同时也全面地反映了科学的学科特点。

公民科学素养的培养应该从娃娃抓起。科学素养的培养离不开幼儿科学教育的实施。基于幼儿身心发展的特点、社会发展的要求以及人们对科学内涵的理解的深入，幼儿科学素养主要包括：

（1）培养幼儿具有良好的科学态度和科学情感，包括对周围事物探索的好奇心和求知欲、科学的价值观念、对科学学习的正确态度；

（2）培养幼儿掌握基本的科学知识技能，包括自主探究能力，基本认知能力，创造能力，发现问题、解决问题的能力和较为流畅准确的语言表述能力，等，为幼儿健康成长奠定基础。

幼儿园科学教育是幼儿全面发展教育的一个重要组成部分，应该为培养适应现代和未来社会需要的新人服务，也要根据幼儿的发展水平，满足幼儿发展的需要。

（二）幼儿科学教育的原则

1. 目标的全面性原则

幼儿科学活动作为幼儿与周围物质世界的交往和认识活动，它所实现的教育价值应该是多方面的。《纲要》所规定的目标是：

（1）对周围的事物、现象感兴趣，有好奇心和求知欲；

（2）能应用各种感官，动手、动脑，探究问题；

（3）能用适当的方式表达、交流探索的过程和结果；

（4）能从生活的游戏中感受事物的数量关系并体验到数学的重要和有趣；

（5）爱护动植物，关心周围环境，亲近大自然，珍惜自然资源，有初步的环保意识。

从这些目标中我们可以看出，幼儿科学教育的目标，涵盖了幼儿发展的各个领域，

[①] 美国科学促进协会著，中国科学技术协会译. 面向美国人的科学. 科学普及出版社2001年版，第7页.

包括了科学情感与态度、科学方法与过程以及科学知识等等。幼儿是否获得可持续性发展的、具有终身价值的大目标，是我们衡量科学教育活动成败与否的核心原则。因此在2012年10月教育部颁发的《3—6岁儿童学习与发展指南》（以下简称《指南》）中指出："关注幼儿学习与发展的整体性。要注重各领域之间、目标之间的相互渗透和整合，促进幼儿身心全面协调发展，而不是片面追求某一方面或者几方面的发展。"作为幼儿教师，在了解了"科学"的丰富内涵后，应该知道知识经验是幼儿探究活动必然的结果，但它不应该成为教师追求的唯一目标，不能以牺牲幼儿的主体性来实现知识的传递，不能以牺牲幼儿的探究兴趣来实现知识的获得。

2. 教育内容的生活化原则

《纲要》为幼儿园教育提出了"各领域内容要有机联系，相互渗透，注重综合性、趣味性、活动性，寓教育于生活、游戏之中"的实施原则。幼儿园科学教育作为幼儿园五大领域之一，应该努力营造与儿童生活相一致、密切贴近儿童生活的世界。

生活是幼儿科学教育的源泉，科学教育根植于幼儿的日常生活。越是贴近幼儿实际生活的内容，越能够让他们产生兴趣。与生活相关的内容让幼儿体验到学习内容对自己以及与自己相关的人有意义（如"影子探索"：为什么我们会有影子？影子能消失吗？为什么有时候影子长有时候影子短？我们能制造出不同的影子吗？）。

我国著名教育家陶行知先生早就提出了"生活即教育"，他认为教育的根本意义就是生活之变化，生活中无时不含有教育的意义。幼儿园科学教育是科学启蒙教育，因此在内容上注重让现有知识与儿童的生活世界相沟通，与儿童的经验、需要相联系，而不是纯粹从知识或者学科本身的结构或者重点、难点出发。《纲要》中关于科学教育的内容和要求多次提到了诸如"身边常见的事物和现象""从生活中和媒体中幼儿熟悉的科技成果入手""从身边的小事入手"等要求，这是对幼儿科学教育内容生活化要求的具体体现。

3. 探索过程的主体性原则

科学教育活动既是一种认识活动更是一种实践活动，在幼儿园科学教育活动中的主体性原则是针对教师的工作和在活动中所扮演的角色而言的，它的内涵包括以下两点。

（1）教师在教育活动中必须坚持以儿童为活动的主体。在活动内容的选择以及活动方式的安排方面注重激发儿童的能动性、自主性、创造性，通过为儿童创设具有兴趣性、探索性、可供儿童自由交流和操作的环境，提供充足、适宜的可供儿童操作的材料，引发儿童积极主动地与环境相互作用以获得相应的经验，并在儿童自己发现并解决问题的过程中发展他们的能力。

（2）教师应当在重视儿童主体性的同时，适时、适地、适宜地发挥教师的指导作用。特别是在探索的过程中，对教师本身介入角色的定位和把握上应该是"指导性互动"与"引导性互动"。

总之，科学探究是幼儿科学教育的核心。教师应该改变以往只重结果不重过程的做法，给予幼儿足够的时间，特别是当幼儿出现错误时，教师不应当是一个"高高在上"的权威，打断或者任意终止幼儿的尝试，应该有足够的耐心等待幼儿自己发现，不要急于告诉幼儿结果。所谓的真正的主动探究和学习，应该是幼儿积极主动地与客观事物相互作用，不断强化或者调整幼儿对客观事物原有认识的过程。

4. 教育方法的多样性原则

方法总是为一定的目的服务的。幼儿园科学教育活动的方法就是为了完成幼儿科学教育目标所采取的具体方式和手段。在不断的幼儿园教育改革中，我们对幼儿园教育的认识有了很大的改变。现在我们所理解的幼儿园科学教育活动的方法，不是"教师教科学的方法"而是"幼儿学科学的方法"。这种学习是在教师的指导下，幼儿学习科学的具体方式和手段，包括集体活动、小组活动和个别探究和一日生活。幼儿科学教育方法的多样性和灵活性是保证幼儿主动探究和学习的重要条件。

所谓方法的多样性是指将以上几种活动方式相结合。具体地讲，是在组织方式上，把集体教学、小组活动、个体探究和一日生活有机结合。人数较多的集体探究，是通过教师预先设计好的程序和步骤进行，预期目标达成度高，但会减少孩子"错误尝试"的机会，无法使每一个孩子都积极参与到科学探索中去。自发的个别探究和小组探究活动能够对此进行有效的弥补。同时，在个别探究中还会生成新的问题，教师应该支持和引导幼儿自发的个体探究和小组探究活动，并在此基础上扩展和生成集体探究的内容。

5. 评价策略的多元性原则

评价是每位教师日常教学工作中不可缺少的一个部分，其核心是通过获取信息来做出判断。幼儿在探究中，热切地渴望得到教师的关注和肯定。3—6岁的幼儿思维具有自我中心性与具体形象性，所以有些看法会显得非常"幼稚"，这正是本阶段幼儿的特点。无论幼儿的想法是否正确，教师都要真诚接纳和认可，不要把自己的想法在幼儿没有相关经验时强加给他们，而要给予更多的支持和鼓励，要培养他们乐于从不同角度看问题的态度和品质。另外，幼儿的发展水平有差异，作为一个发展中的个体，全面性和独特性是每个人发展的两个不同方面。作为教育者，既要全面关注儿童群体的发展，也要关注儿童作为独立个体的发展需要和潜力。因此，在教育活动评价实施中应当从幼儿的不同潜能和个性出发制定评价手段和方式，充分尊重幼儿的个别差异。可以根据活动的实际情况，在活动的一定情境范围内针对不同的幼儿用不同的观察和记录的着眼点，体现评价的弹性化、多元化。

总之，对幼儿进行科学教育是人类社会进步的必然要求，是幼儿个体全面发展的需要。当今社会，随着心理学和教育研究的不断深入。我国的幼儿教育必须顺应潮流，充分意识到科学教育不仅要注意儿童的知识获得、智力开发，还要十分注意幼儿的科学技能和科学态度的培养。给孩子一个充满探索乐趣的科学教育活动，让其体验到成长的快乐，让孩子过一个快乐的、有意义的童年。

[思考与练习]

1. 请结合实例说明幼儿学习科学具有什么样的年龄特点。
2. 我们对幼儿进行科学教育时应该遵循什么样的原则?
3. 请收集几个你感兴趣的科学小知识与同学们进行分享。

第二单元　学前儿童科学教育的目标、内容与方法

模块一　学前儿童科学教育的目标

学习目标：
- 熟悉并能够描述幼儿科学教育的目标包括的内容及具体要求。
- 掌握制订幼儿科学教育目标的方法。

学前儿童科学教育目标是构成科学教育实践的要素和前提，是科学教育的核心，对教育任务的明确、教育过程的实施具有指导作用，是教师进行科学教育的方向标和进行教育评价的标准，既反映了社会对儿童的期望，又反映了对学前阶段儿童科学教育的一贯要求；既关系到学前儿童科学教育的全面实施，也关系到学前儿童科学素养的培养及其个性的全面发展。

一、学前儿童科学教育的目标的层次和结构

学前儿童科学教育的目标体系是纵向层次和横向结构组成的一个矩阵式的网状结构。从纵向角度来看，学前儿童科学教育目标具有一定的层次；从横向角度来看，学前儿童科学教育目标则具有不同的结构要求。

（一）学前儿童科学教育目标的纵向层次

学前儿童科学教育目标实际上是一个复杂的体系。它既是学前教育总目标的有机组成部分，又是学前阶段科学教育的特殊要求。从课程设计和实施的过程来看，学前儿童科学教育目标从纵向上可以分解为总目标、各年龄阶段目标、单元目标和教育活动目标四个层次。

1. 学前儿童科学教育总目标

学前儿童科学教育总目标是指根据教育方针、教育目的以及学前教育总目标制定的，是指学前儿童在教师不同程度的指导下进行科学学习时所应获得的发展。它既是我国教育方针和教育目的在学前儿童科学教育领域的具体表现，又是学前儿童科学教育目标体系中概括层次最高的目标。学前儿童科学教育总目标原则性地指出了科学教

育的范围和方向,是学前儿童科学教育总的任务要求。

考虑到学前儿童身心发展特点和科学教育自身的特点,学前儿童科学教育的总目标可以具体化为:

(1)激发学前儿童对周围世界的好奇心和学习科学的兴趣,培养学前儿童对科学积极的情感和态度,训练学前儿童初步养成最基本的科学行为和习惯。

(2)帮助学前儿童学习探索周围世界和学科学的基本方法,初步经历一些简单的科学探索过程。

通过让学前儿童参与一些简单的科学探索活动,初步培养学前儿童的探索能力和理解能力,引导学前儿童意识到应该怎样想、怎样做、怎样去发现。学前儿童科学教育所要求的基本方法有很多,主要包括:

一是引导学前儿童学习使用感官,发展观察能力。感觉器官是学前儿童吸收外界信息的通路,学前儿童学会使用感官,就能主动地去感知,积极地去获取各方面的信息,极大地丰富其科学经验,为科学概念的形成、思维的发展做好准备。

二是帮助学前儿童学习分类和测量的方法。在学前儿童科学教育中,分类和测量既是一种技能,更是一种方法。分类是获取信息、简化信息的有效和经济的方法,它能帮助学前儿童把周围事物进行抽象与概括,有助于学前儿童探索事物之间的关系。对于对事物还缺乏"比较"概念的学前儿童来说,在学科学的活动中通过测量来观察和理解周围世界,并以数来较精确地表达所获得的信息,是很有益的。

三是帮助学前儿童学习思考,发展思维能力。通过思维,能更深刻、更准确、更完整地反映客观事物。在学前儿童科学教育中,我们除了使学前儿童获得大量丰富的感性经验外,还应有意识地帮助学前儿童学习思考,使学前儿童善于思考,发展其思维能力。

四是帮助学前儿童学习表达、交换信息的技能。学前儿童通过表达和交换信息,使感知获得的周围世界的第一印象在脑中形成的表象转换为语言或其他方式表达出来。这样既使学前儿童对事物理解得更清晰,又有助于学前儿童语言的发展;既促进了学前儿童与同伴之间的交往和友谊,又有利于学前儿童与教师之间的沟通。

(3)帮助学前儿童获取周围物质世界广泛的科学经验,并在感性经验的基础上形成初级的科学概念。

科学经验是最低层次的科学知识,它是指学前儿童在科学探索过程中,通过亲自操作,凭自身感觉器官直接接触周围世界获取的具体事实和第一手经验。它可以是对事物外部特征的认识,如对植物的形态认识,也可以是对科学现象的理解,如对溶解现象的感受和发现等。①它为今后学前儿童学习抽象符号和系统的科学知识打下了良好的基础。尽管科学经验的层次较低,但它对于学前儿童非常重要,是他们认识事物的必由之路。学前儿童的科学概念是初级的科学概念,指学前儿童在获得感性经验的基础上,对同类事物外在的、明显的共同特征的概括,是一种概括化的表象。它是由符号代表的具有共同关键属性的一类物体、现象、情景或性质，而不是直接的经验或具体的事实。②科学经验与科学概念的区别是：科学经验是与具体事物和现象联系在一起的，离开了具体的事物和现象不可能获得这些经验；科学概念则是对事物的本质的、抽象的认识，是对具体事物进行概括的结果。如"铁块摸上去冷冷的、硬硬的，放在水里会沉下去"属于科学经验，而"固体""比重"属于科学概念。

学前儿童形成初级的科学概念，能把已获得的具体的、丰富的，但又是片段的、孤立的科学经验加以归纳、概括，并以简化的方式把具体的信息转化为概念性的认知结构，储存在大脑中，因而容易保持和记忆。同时，形成科学概念可以增加学前儿童所学知识的适用性和迁移价值。

以上三条课程目标对应于科学素养的知识与技能、过程与方法、情感态度与价值观三个维度，其最主要的目标是注重对学前儿童科学态度和科学习惯的启蒙教育。这是因为，学前期所获得的知识是肤浅的，经历的科学探索过程也是最基本和非常简单的，而科学态度、科学习惯的启蒙却能成为一种强大而持久的动力，甚至可能影响儿童今后的发展和生活方向。

2．学前儿童科学教育的各年龄阶段目标

学前儿童科学教育的年龄阶段目标是指根据学前儿童科学教育总目标确立的、按学前儿童年龄阶段划分的中短期学前儿童发展目标。它对学前儿童科学教育总目标进行分解，从而形成总目标统率下的目标体系框架。它一般分为小班、中班、大班的科学教育目标。由于不同年龄阶段的儿童，其身心发展的特点、需求、兴趣也各有不同，因此，学前儿童科学教育的年龄阶段目标，反映了不同年龄阶段儿童教育目标的差异性，是学前儿童发展的年龄特征在科学教育目标中的体现。同时，为了体现学前儿童发展的连续过程，学前儿童科学教育的年龄阶段目标之间是具有连续性的，正是这样一步一步连续地发展，最终才能达到科学教育的总目标。

3．学前儿童科学教育的单元目标

单元目标是对单元学习结果（即期望学前儿童在完成单元学习方案中设计的学习活动之后所发生的变化或所达到的行为状态）所做的规定。

由于每个单元的学习内容和重点不同，各个单元的学习目标也应各有侧重，并且未必每个学习单元的目标都是多方面的。但是这众多学习单元所构成的累积效应，最终使总目标的达成成为现实。

学前儿童科学教育单元目标一般有两种：一是"时间单元目标"，即在一段时间内所要达到的目标，如"月活动目标""周活动目标"等；二是"主题活动目标"，指一组相关联的科学教育活动应达到的目标，如"美丽的春天主题活动目标""热闹的大马路主题活动目标"……在当前的学前儿童科学教育活动中，由于主题单元活动比较多见，所以主题单元活动目标也成了学前儿童科学教育单元目标的主要类型。

在确定学前儿童科学教育单元目标时我们应注意：（1）所确定的单元目标与年

龄阶段目标和总体目标应一致；（2）所确定的单元目标与该单元的学习内容和学习重点应一致。

4. 学前儿童科学教育的活动目标

学前儿童科学教育的活动目标指一次具体的科学教育活动所要达到的目标，它应与学前儿童科学教育总目标、阶段目标和单元目标相一致，并且结合具体活动的特点和儿童的特点而提得具体、可以操作，以有利于教师把握。一方面使教师能在活动中观察到儿童掌握目标的情况，观察、判断儿童的发展状况，同时又使教师能依据对这一活动的评价设计后面的教育活动，提出相应的、更高层次的目标。活动目标的表述可以有不同的方式。为了让教师在教育活动中将注意的焦点集中在关心儿童变化、研究儿童发展上，在制订科学教育活动目标时，我们尽可能采用发展目标并用行为化的语言加以描述。

二、学前儿童科学教育目标横向结构的解读

布卢姆等人的《教育目标分类学》以人的身心发展的整体结构为框架，为建构科学教育目标体系提供了一个比较规范化、清晰化的形式标准。以布卢姆教育目标分类标准为依据，用情感态度、认知能力、动作技巧这三个范畴确立学前儿童科学教育目标可以弥补以往课程目标单一的价值取向，从而构建出新的学前儿童科学教育目标的理论模型。

我国教育部于2001年颁布的《幼儿园教育指导纲要（试行）》（以下简称《纲要》）中所规定的科学领域的目标是：

（1）对周围的事物、现象感兴趣，有好奇心和求知欲；

（2）能应用各种感官，动手、动脑，探究问题；

（3）能用适当的方式表达、交流探索的过程和结果；

（4）能从生活的游戏中感受事物的数量关系并体验到数学的重要和有趣；

（5）爱护动植物，关心周围环境，亲近大自然，珍惜自然资源，有初步的环保意识。

从以上《纲要》目标中我们可以看出，所规定的5条目标中除了第4条属于数学教育方面的目标外，（1）（5）条是科学态度，（2）（3）条是科学技能，《纲要》并没有明确的科学知识方面的目标。但是这并不意味着幼儿科学教育不需要知识方面的目标。以下我们仍从三方面进行具体分析。

（一）科学情感和态度

幼儿园科学教育对幼儿进行科学、自然界的积极情感和态度的培养将会影响其一生。幼儿园科学教育中的有关情感和态度的目标内涵包括以下四点。

1. 发展幼儿的好奇心、兴趣和求知欲

《纲要》第一条的具体意义是：发展幼儿对周围各种事物（包括自然事物和科技产品）和现象（包括自然现象和科学现象）的好奇心，培养幼儿参与科学探索活动、

科技制作活动的兴趣，激发幼儿的求知欲。

好奇心是指对周围环境中新异刺激的积极反应倾向。幼儿的好奇心常常表现为对新异刺激的注意、趋向、提出问题、摆弄、操作等行为倾向。科学需要好奇心，正如爱因斯坦所说："我没有特殊的天赋，我只有强烈的好奇心。"好奇心是学习科学的内在动机，它激发我们去探索；好奇心也是问题的来源，它能使我们发现别人没有发现的问题。爱迪生说："惊奇（好奇心）是科学的种子。"可以说没有好奇心就没有科技的进步。

幼儿天生好奇。世界对他们来说是无限的"未知"，他们的问题千奇百怪。有些问题成人已经习以为常，但是他们却非常困惑。例如，"人为什么要睡觉？""金鱼整天睁着眼怎么睡觉？""为什么杨树的叶子在秋天变黄，枫树叶子却变红了呢？""为什么爸爸有胡子，妈妈没有呢？"等等。这些问题都是科学探索的基本问题，都有可能引导幼儿进行科学探索。成人对待幼儿的"十万个为什么"的态度，如果是不耐烦的话就可能磨灭他们的好奇心，久而久之幼儿对周围事物的态度就会变得冷漠，科学对他们就没有多大的吸引力了。所以，保护和发展幼儿的好奇心，激发其求知欲是幼儿园科学教育中极为重要的任务。

和好奇心相联系的是兴趣。它是一种积极的情感性唤醒状态，是学习的强大动力。"兴趣是最好的老师"，兴趣可以使幼儿积极投入科学活动中，并且在活动中有效地维持长时间的智力活动。幼儿最初的科学兴趣就是对新异事物的好奇，但是这种好奇是表面的、不稳定的、容易波动的。培养幼儿科学兴趣的目标就是使幼儿从对事物外在的、表面的兴趣，发展为对科学活动内在的、稳定的、持久的兴趣。

幼儿的科学态度还反映在坚持性、探究精神和实事求是等方面。尽管这些在幼儿身上也许只是萌芽的表现，但是它反映了科学态度甚至科学精神的实质。所以在科学教育中，要鼓励幼儿坚持探究的行为，鼓励幼儿不断从自己的探究活动中得到事实来寻找问题的答案。

2. 培养幼儿关爱环境的积极情感和态度

《纲要》科学领域目标第5条中指出："爱护动植物，关心周围环境，亲近大自然，珍惜自然资料，有初步的环保意识。"这一目标的核心是建立人与自然的和谐关系。在世界环境问题日益严重的今天，提出这一目标具有重要的意义。

幼儿在科学探索自然的过程中，不应该仅把自然环境当作认识的对象，还要萌发出对于自然的责任感和审美的情感——从人类最基本的同情心出发，关爱生命，尊重自然，从周围环境中发现自然界的美，学会欣赏自然。只有这样，我们对自然的认识才具有完整的意义。这才符合幼儿教育"培养幼儿的真、善、美的完善人格"的最终目标。

3. 培养幼儿对科学技术及其对社会作用的关注

这一目标的具体意义是：培养幼儿关注周围生活中人造物品、科技产品，感受科技发展给人们的生活带来的变化，激发他们学科学、用科学的兴趣。

现代社会科学技术和社会相互联系、相互渗透、相互影响已经越来越明显。我们不仅要引导幼儿探索科学，还要引导幼儿用正确的态度看待科学以及科学技术对社会的影响，萌发正确的科技价值观。对此，《指南》提出的教育建议是："和幼儿一起讨论科技产品的用途和弊端，如汽车等交通工具给生活带来的方便和对环境的污染等。"

4. 养成幼儿尊重事实的科学态度

在以往的传授式教育中，幼儿慑于教师的威严，不敢坚持自己观察到的事实，活动结果的对错由教师判定。这样的教育下，幼儿会失去对自己探索结果的信心，养成一种不尊重事实的态度。而尊重事实是最起码的科学态度，幼儿如实记录自己观察和操作的结果，根据这些客观存在的结果形成自己对事物及其关系的看法和解释，这在科学教育中至关重要。

（二）科学技能和方法

科学技能和方法是指科学探索过程中所形成的能力和使用的方法，具体是指收集、整理、加工信息的能力和方法与表达、交流信息的能力和方法。限于幼儿的认知水平，《纲要》第 2 条目标中要求"能运用各种感官，动手、动脑，探究问题"，第 3 条目标中要求"能用适当的方式表达、交流探索的过程和结果"，这些正体现了科学探索的技能和方法方面的目标。

1. 观察

观察是一种有目的的知觉活动，同时也是一种基本的科学方法。它是指运用感官获取第一手资料的方法。对幼儿来说，观察是一种重要的科学探究的技能。因为幼儿的逻辑推理能力十分有限，他们获取科学知识的途径更多地依赖于直接的观察。

幼儿观察技能的具体目标包括以下四点。

①能用多种感官动作去探索物体，关注动作所产生的结果（如看一看、听一听、摸一摸、闻一闻、尝一尝）。

②能通过观察，发现事物或者现象的相同点或者不同点。

③能通过观察发现某个事物的特征或者事物前后的变化。

④能发现常见的物理现象产生的条件或影响的因素。

2. 分类

分类就是把一组物体按照特定的标准加以区分的过程。它是观察活动的延续，也是概念形成的途径。在分类活动中，幼儿把观察到的事物加以概括，将其中具有某种共同特征的对象归在一起。通过这种概括，幼儿可以在认识事物多样性的同时，认识它们的共同性，并逐步形成科学概念。分类贯穿于整个科学探究的过程中。分类对幼儿的要求较高，它意味着幼儿能够明确同类事物所具有的共同特征，以及不同类别的物体在这一特征上的差别，同时还要理解整体和部分之间的包含关系。

幼儿分类技能的目标包括：

①学习按照物体的外部特征（如按照颜色、形状、大小等）或者用途分类；
②对某些熟悉的物体可以学习按照其本质属性分类，如根据运动方式给动物分类，根据生长环境给植物分类等。

3. 测量

测量是测定物体数量特征的过程。通过测量，我们可以发现物体和时间的量化信息，了解自己的行为结果，对不同物体或者事件进行比较。它是运用数量描述事物的科学的一个重要标志。测量活动不仅能使幼儿认识事物的质的特征，还可以认识量的特征。因此，应从小培养他们的量化意识，即对数量的敏感性。不过，幼儿的测量技能的获得要依赖其数学概念的发展。学前期，幼儿的测量活动基本属于非正式的测量阶段。比如，用简单的工具进行自然测量等。

幼儿测量技能的目标包括：
①学习使用简单工具进行测量的方法；
②学习比较或测量物体的长短、大小、多少、轻重等特征的简单方法；
③初步知道通过测量获取量化的信息（如通过测量了解植物的生长情况）。

4. 操作

操作不同于简单的摆弄。一是目的性，为解决问题而展开的有意识活动；二是程序性，操作的先后顺序甚至关系到结果的成败。

幼儿操作的特点是"边想边做"，很少对过程有预先计划，对自己操作的结果也很少预计，因此，幼儿也很难预想会发生的错误。幼儿所获得的操作技巧大都是来自直接的、尝试错误式的操作经验。

幼儿的操作有两种类型：一是指幼儿的实验操作；二是指幼儿的技术操作。实验操作是指幼儿在科学发现活动中，以行动、操作或者其他方式验证其发现、推论或者预测是否正确的过程和方法。技术操作则是指幼儿在科技制作活动中，运用工具或者材料，加工或者制作新产品的过程。

幼儿操作技能的目标包括：
①学会使用简单工具；
②学习使用工具制作简单产品；
③在操作中根据操作目标及时调整、修正操作过程。

5. 思考

幼儿的思维以形象思维为主，他们虽然还不能进行完全的逻辑思维，但可以在具体形象和表象基础上思考事物和事物之间的关系，甚至进行某种程度上的推理。

幼儿思考技能的目标包括：
①学会比较和概括，即对直接观察到的事实进行比较和概括，认识到事物的不同和相同点（如从对各种水生动物的观察中发现它们的不同，同时概括出它们都是水生动物）；

②学习推论和预测,即根据观察到的现象,并结合自己已有的经验,推想它的原因,提出合理的解释,得出结论,并预测将来可能发生的现象(如从对大树根系的了解,推论草的根系及其作用)。

6. 表达和交流

表达作为一种技能,是科学活动中必不可少的信息交流手段,它可以是总结,又可以传达、交流科学过程和结论。通过表达和交流,我们不仅可以向别人介绍自己的科学发现,还可以从别人那里得到启发,为进一步的研究打下基础。

幼儿在科学探究过程中学会运用多种表达和交流的方式,以一种别人能理解的方式进行准确而完整的交流是十分必要的。幼儿通过表达可以对自己的科学过程进行思考,强化自己的科学发现,同时也能够增强自信心。交流在科学活动中,有其特殊的意义和价值。《纲要》在科学领域中明确要求引导幼儿:"能用恰当的方式表达、交流探索的过程","通过引导幼儿参与小组讨论、探索等方式,培养幼儿合作学习的意识和能力,学习用多种方式表现、交流、分享探索的过程和结果。"

幼儿表达交流方法和技能的目标包括:

①学习用准确、有效的语言表达、交流自己在科学互动中的做法、想法和发现;

②学会用适当的方式表达自己在科学活动中的情绪体验,如体态、动作、表情等;

③学会用各种手段(如图表、绘画、作品展览等)展示自己的科学活动结果。

 **拓展阅读**

大班幼儿在科学活动中的交流表达的特点

(一)表达交流特点

(1)表达对象上:幼儿与同伴交流多,一般发生在操作过程中,探索成功的幼儿会主动发起交流;幼儿与教师的交流更多发生在集中交流时,但幼儿处于被动状态。探索中,幼儿主动寻求帮助的交流只有少部分,这一部分幼儿在小组中处于中上水平,多数愿意把自己的成功告诉教师,越不懂的幼儿越不敢问。

(2)表达方式上:幼儿更多的是运用语言进行交流,有的幼儿边操作边用语言交流,他们通过操作直观展示,幼儿的语言成分增加,但还需要用动作辅助。没有看到表情交流的现象。

(3)表达内容上:幼儿在操作中的语言多为单句,在与教师交流的语言多为复合句。幼儿与同伴间的交流有成功,有时也有问题或争议;幼儿与教师的表达,是围绕教师的问题的表达,教师没问到的内容,幼儿不会主动表达。

(二)影响因素

(1)交流中自由、轻松的氛围,交流的机会,影响幼儿的交流愿望和频率。

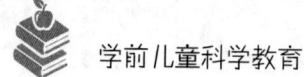

（2）幼儿想表达的欲望，表达的积极性、准确性，与幼儿探究的成功与否有关系，有时争议、问题也可激发幼儿的交流；

（3）幼儿表达的完整性，与教师的引导相关，由于教师的提问常对幼儿提出表达的要求，幼儿的句子就更加完整、连贯。

（4）幼儿表达的丰富程度与活动内容本身有关，活动越有游戏性、想象性，幼儿的语言越丰富。

（三）建议策略

从大班幼儿交流表达的特点看，促进幼儿与幼儿的表达交流和教师与幼儿的表达交流，是教师必须关注的两大块话题，而从影响大班幼儿交流表达因素即教师、幼儿、活动的三大主要要素中，我们看到如何发挥教师的作用，根据不同的活动内容来调动幼儿表达的积极性、准确性和丰富性，是核心问题。

（吕明华．大班科学活动中幼儿表达交流的特点与教师的支持策略．福州市台江区实验幼儿园，青云山教研网 www.qysjy.cn.）

（三）科学知识和经验

虽然《纲要》中没有明确提出知识方面的目标，但是作为幼儿科学教育必然的结果，知识经验的获得已经蕴含在科学领域的其他目标中了。所以关键不是获取多少知识，而是"怎样获得知识""获得怎样的知识"的问题。根据幼儿的年龄发展和心理发展特点，他们的学习是建立在个人经验上的，因此，他们对科学知识的掌握也还没有达到抽象的科学概念的水平，也就是说，他们的科学知识只是一种经验性的知识，即科学经验。

因此幼儿获取的科学经验应该是：

（1）幼儿通过主动探索周围世界而获取的广泛的科学经验。幼儿的学习科学是在个人经验基础上的主动建构，通过幼儿亲自操作，以自身的感觉器官直接接触周围世界的时候，在他们的脑子里贮存了丰富的信息留下了生动的表象。这些生动的表象和信息就是他们最初的科学经验。例如，冰，很凉很凉的，放在水里很快融化了。

（2）在感性经验基础上的初级科学概念。幼儿的思维特点是具体形象思维占主导地位。这一特点决定了幼儿很难掌握抽象的科学概念，而只是在感性经验基础上，对同类事物外在的、明显的特征的概括，是一种概括化的表象。这种初级的科学概念是建立在幼儿自己的认识水平上的，如果教师采取了灌输的方式，幼儿不仅不能理解，反而会对科学产生恐惧。

所以，幼儿科学学习中的知识既不能"深"也不能"多"，要特别注意让幼儿在主动的探索中建构自己的科学知识。

综上所述，幼儿科学教育目标包含三方面的内容：科学情感和态度、科学技能和方法、科学知识和经验。三者没有先后之分，是一个探索过程中不可分割的有机组成部分，你中有我，我中有你。从三者在科学学习中所扮演的角色来看，科学知识和经验是科学学习的载体，离开了科学知识的学习，科学探究的方法和技能也就成了空谈，科学态度是科学学习的内在动力系统，它推动着幼儿积极地探索和思考；而科学方法的技能则是幼儿终身学习的工具。

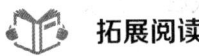 **拓展阅读**

幼儿各年龄阶段的科学教育目标

一、幼儿园各年龄阶段的科学教育目标

幼儿园各年龄阶段的科学教育目标是指根据幼儿园科学教育总目标确立的，按照幼儿年龄阶段划分的中短期幼儿发展目标。它实质上是对幼儿科学教育总目标的分解，从而形成由总目标统率下的目标体系框架。由于在不同地区、不同情况下，即使是处于同一年龄阶段的幼儿，也可能存在较大的地区差异，因此2001年《幼儿园教育指导纲要（试行）》并没有明确列出各年龄阶段的教育目标。

近十几年来幼儿教育得到了长足的发展，但是也出现了急功近利地片面追求"知识化""小学化"倾向和片面追求"特长培养"的现象。2010年，国务院印发了《关于当前发展学前教育的若干意见》（以下简称学前教育"国十条"）中明确提出："坚持科学保教，促进幼儿身心健康发展"，"防止和纠正幼儿园教育'小学化'倾向"。

教育部在2012年正式颁布《3~6岁儿童学习与发展指南》（以下简称《指南》）。《指南》从五个领域描述幼儿的学习与发展，分别是：健康、语言、社会、科学、艺术。每个领域按照幼儿学习与发展最基本、最重要的内容划分为若干方面。每个方面分为两个部分，一是学习与发展目标，分别对3~4岁、4~5岁、5~6岁三个年龄段末期幼儿应该知道什么、能做什么，大致可以达到什么发展水平提出了合理期望，共32个目标。二是教育建议，根据幼儿的学习与发展目标，针对当前学前教育普遍存在的困惑和误区，列举了一些能够有效帮助和促进幼儿学习与发展的教育途径与方法，同时也指出了错误做法对幼儿终身发展的危害，为广大家长和幼儿园教师提供了具体、可操作的指导，共87条教育建议。下面就是《指南》中对科学领域的目标和教育建议。

《3~6岁儿童学习和发展指南》[①]（节选）

---

① 中华人民共和国教育部.3~6岁儿童学习和发展指南.

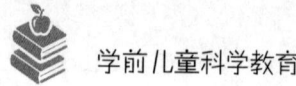

(一) 科学探究

表 2-1　目标 1　亲近自然，喜欢探究

3~4 岁	4~5 岁	5~6 岁
喜欢接触大自然，对周围的很多事物和现象感兴趣。 经常问各种问题，或好奇地摆弄物品。	喜欢接触新事物，经常问一些与新事物有关的问题。 常常动手动脑探索物体和材料，并乐在其中。	对自己感兴趣的问题总是刨根问底。 能经常动手动脑寻找问题的答案。 探索中有所发现时感到兴奋和满足。

表 2-2　目标 2　具有初步的探究能力

3~4 岁	4~5 岁	5~6 岁
对感兴趣的事物能仔细观察，发现其明显特征。 能用多种感官或动作去探索物体，关注动作所产生的结果。	能对事物或现象进行观察比较，发现其相同与不同点。 能根据观察结果提出问题，并大胆猜测答案。 能通过简单的调查收集信息。 能用图画或其他符号进行记录。	能通过观察、比较与分析，发现并描述不同种类物体的特征或某个事物前后的变化。 能用一定的方法验证自己的猜测。 在成人的帮助下能制订简单的调查计划并执行。 能用数字、图画、图表或其他符号记录。 探究中能与他人合作、交流。

表 2-3　目标 3　在探究中认识周围事物和现象

3~4 岁	4~5 岁	5~6 岁
认识常见的动植物，能注意并发现周围的动植物是多种多样的。 能感知和发现物体和材料的软硬、光滑和粗糙等特性。 能感知和体验天气对自己生活和活动的影响。 初步了解和体会动植物和人们生活的关系。	能感知和发现动植物的生长变化及其基本条件。 能感知和发现常见材料的溶解、传热等性质或用途。 能感知和发现简单物理现象，如物体形态或位置变化等。 能感知和发现不同季节的特点，体验季节对动植物和人的影响。 初步感知常用科技产品与自己生活的关系，知道科技产品有利也有弊。	能察觉到动植物的外形特征、习性与生存环境的适应关系。 能发现常见物体的结构与功能之间的关系。 能探索并发现常见的物理现象产生的条件或影响因素，如影子、沉浮等。 感知并了解季节变化的周期性，知道变化的顺序。 初步了解人们的生活与自然环境的密切关系，知道尊重和珍惜生命，保护环境。

(二) 数学认知

表 2-4　目标 1　初步感知生活中数学的有用和有趣

3~4 岁	4~5 岁	5~6 岁
感知和发现周围物体的形状是多种多样的，对不同的形状感兴趣。 体验和发现生活中很多地方都用到数。	在指导下，感知和体会有些事物可以用形状来描述。 在指导下，感知和体会有些事物可以用数来描述，对环境中各种数字的含义有进一步探究的兴趣。	能发现事物简单的排列规律，并尝试创造新的排列规律。 能发现生活中许多问题都可以用数学的方法来解决，体验解决问题的乐趣。

表 2-5　目标 2　感知和理解数、量及数量关系

3~4 岁	4~5 岁	5~6 岁
能感知和区分物体的大小、多少、高矮长短等量方面的特点，并能用相应的词表示。 能通过一一对应的方法比较两组物体的多少。 能手口一致地点数 5 个以内的物体，并能说出总数。能按数取物。 能用数词描述事物或动作。如我有 4 本图书	能感知和区分物体的粗细、厚薄、轻重等量方面的特点，并能用相应的词语描述。 能通过数数比较两组物体的多少。 能通过实际操作理解数与数之间的关系，如 5 比 4 多 1，2 和 3 合在一起是 5。 会用数词描述事物的排列顺序和位置	初步理解量的相对性。 借助实际情境和操作（如合并或拿取）理解"加"和"减"的实际意义。 能通过实物操作或其他方法进行 10 以内的加减运算。 能用简单的记录表、统计图等表示简单的数量关系

表 2-6　目标 3　感知形状与空间关系

3~4 岁	4~5 岁	5~6 岁
能注意物体较明显的形状特征，并能用自己的语言描述。 能感知物体基本的空间位置与方位，理解上下、前后、里外等方位词	能感知物体的形体结构特征，画出或拼搭出该物体的造型。 能感知和发现常见几何图形的基本特征，并能进行分类。 能使用上下、前后、里外、中间、旁边等方位词描述物体的位置和运动方向	能用常见的几何形体有创意地拼搭和画出物体的造型。 能按语言指示或根据简单示意图正确取放物品。 能辨别自己的左右

新颁布的《指南》在科学领域从科学探究和数学认知两个方面，提出 6 个目标。强调幼儿的科学学习应注重激发幼儿的探究兴趣，体验探究过程，培养初步的探究能力；幼儿的数学学习应注重在生活和游戏中感知数学的有用和有趣，初步理解数量关系、形状与空间关系，培养初步的逻辑思维能力。在教育建议方面，强调成人要善于发现和保护幼儿的好奇心、求知欲，注重探究过程，引导幼儿通过观察、比较、操作、实验等方法，学习发现问题、分析问题和解决问题。反对提前学习小学教育内容，反对强化训练某些知识和技能。

二、《指南》各年龄阶段科学教育目标解读

由于年龄阶段目标是根据幼儿科学教育总目标制订的。它体现了不同年龄阶段与偶尔发展水平的差异性，同时也体现了不同年龄阶段幼儿发展的连续性，因此对于实践具有重要的指导意义。

第一，年龄目标的要求在指导思想上和总目标是完全一致的，它反映了总目标的精神实质。

年龄目标是总目标的具体化，它把幼儿科学教育总目标按照不同年龄幼儿的发展作了具体划分，二者在指导思想上并无差别。

第二，年龄目标反映了不同年龄幼儿的目标要求的差异性。

不同年龄阶段幼儿发展的差异性，决定了必须根据幼儿的年龄特点，提出有差异性的目标。即使是同一个目标，在不同的年龄阶段，也提出了不同的要求。例如，目标 2 具有初步的探究能力：3~4 岁强调了观察，即"对感兴趣的事物能仔细观察，

发现其明显特征";4~5岁除了观察外,还有"比较","简单的收集和记录"。同时,目标的差异性表现也很灵活,如对于不同地区、不同幼儿园、不同班级的幼儿,尽管他们处在同一个年龄段但也会有差异,这就要求教师能够灵活处理,针对具体情况提出适当的要求。

第三,年龄目标具有连续性,反映了幼儿发展的连续过程。

不同年龄阶段的目标前后之间具有连续性,前一个目标的实现是后一个目标的基础,后一个目标是前一个目标的继续。同时,每个目标的实现都遵循由易到难、由简到繁的递进发展,逐步提高。

三、幼儿科学活动的目标

(一)幼儿园教育目标体系

在教育目的的指导下,《幼儿园工作规程》《幼儿园教育指导纲要(试行)》等分别提出了幼儿园保育教育的目标,以及各领域教学目标,形成了一个完整的目标体系。一般来说,幼儿目标体系包括:幼儿园保教目标、幼儿园各领域目标、幼儿园各年龄阶段以及各学期目标,幼儿园教育活动目标等。如图2-1所示。

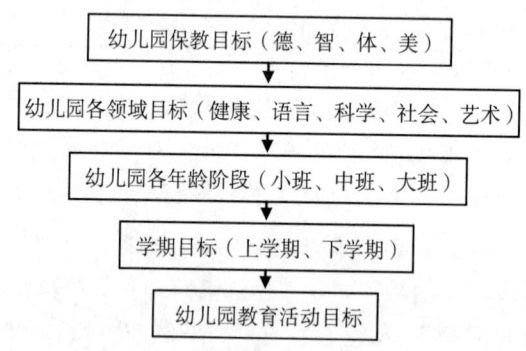

图2-1 幼儿园教育活动目标体系

从上图我们可以看出,幼儿园目标体系具有明确的层次性、全面性、连续性。每一层目标都是相辅相成的。

(二)幼儿园活动目标

1. 活动目标的含义和制订

(1)活动目标的含义。

幼儿园教育活动是教师有目的有计划地利用幼儿园所提供的环境和材料,通过教师和儿童双向的交流和作用,以促进儿童身心发展的过程;它也是实现幼儿教育目标,组织传递一定的教育内容,落实幼儿园教育任务的手段。

教育活动目标是通过一次或某几次教育活动所期望幼儿获得的某些发展。它是最为具体的目标,也是各教育领域目标的下位概念。

幼儿科学教育活动目标是根据幼儿科学教育的总目标和年龄班目标,并结合教育活动的内容和幼儿的特点提出的具体的、可操作性的目标。

(2) 活动目标制订的要求。

应该具有可操作性，避免笼统、概括和抽象。

从幼儿园目标体系看，从低到高，各层次目标越来越抽象、概括、笼统，作为最具体、最低层的幼儿园教育活动的目标，其特点就是具体、明确，具有可操作性，能够具体指导、调控教师的教育过程。否则，就丧失其作用。

具体表述可以分为：

第一，幼儿的行为目标，是指目标说明学习者通过教学后能做什么，这便于教师能观察学习者的行为，了解目标是否达到。（如说出哪些物体放在水里是浮起来的，哪些物体在水里是沉下去的）

第二，幼儿的表现性目标，是指目标指向学习者在参与活动后所得到的各不相同的结果。鼓励幼儿在活动中表现出某种程度上与他人不同的创造性，而不是事先规定的幼儿行为变化而带来的结果（如清楚连贯地谈论自己的观察结果，表达自己的心情）。

三、国外现行的学前儿童科学教育目标

（一）美国的学前儿童科学教育目标

美国的学前儿童科学教育设置特殊目标与一般目标。前者包括促进学前儿童认知、情感、心理原动力的发展，其中认知发展的具体任务是促进学前儿童的感知、理解、应用、分析、综合、评价等六级认知能力发展；情感发展的具体任务是引发学前儿童对周围世界积极的情绪反应，使他们获得对科学和教育的积极态度；心理原动力的发展指学前儿童获得像支配自己身体一样的支配环境的能力。

科学教育的一般目标是发展学前儿童的创造性、批判性思维，良好的个人品德表现以及拓宽的职业意识与性别角色。可以看出，美国学前儿童的科学教育目标是与科学课程的内容和从事科学活动所需要的品质相吻合的。他们还强调性别角色，让女孩子认识到科学同样也是她们可以胜任的，让所有的学前儿童知道科学工作是光荣而又充满乐趣的职业。通过科学教育来培养学前儿童的良好品德，使学前儿童可以通过科学的方法来做出各种决定并树立世界观。

美国提出的学前儿童科学教育的一般目标和特殊目标是比较全面和科学的，其中对发展学前儿童创造性、批判性思维的重视尤其值得我们借鉴。此外，我们还应该注意到美国很大程度上是把科学知识的教学作为促进学前儿童发展的手段而非教学的目标。

应该注意的是，由于美国是一个多元文化的移民国家，因此，它没有统一的学前儿童科学教育的课程方案。而在不同的课程方案中，目标也不完全相同。

如在由美国科学促进会和科学教育委员会提出的科学课程方案S-APA中，科学教育的目标是：激发好奇心，刺激思考，增进儿童学科学的技能和智力。而在SCIS方案中，制订的课程目标是：给予学前儿童关于自然现象的第一手经验，建构和理解

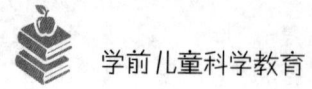

基本概念，发展自由探索和好问的态度。

（二）日本的学前儿童科学教育目标

为了迎接21世纪的挑战，日本《幼儿园教育大纲》（以下简称新《大纲》）2000年开始实施。

日本新《大纲》中对科学教育领域称之为"环境"。他们之所以不采用"科学"这个提法，是有其教育文化和语言习惯背景的。其一，相对来说，日本人对"科学"的印象主要是学科的"科学"或"科学技术"等狭义的概念；其二，由于对以往经验的反省和注重，很多日本学者对学科化的讲述都很敏感，担心会导致学前儿童科学教育的"小学化"，因而新《大纲》采用了"环境"的提法。另外，日本新《大纲》的最大特点还在于它的科学教育还包含关于文字、电视、计算机以及社区和社会等方面的相关内容。由此也不难看出，"环境"的内容是学前儿童在他们的生活中直接或间接所接触的一切东西，因此，该领域可以说是整个学前儿童教育的支柱与中心。

从科学教育的目标上来看，日本新《大纲》中除了高度关注学前儿童的好奇心和探究欲望，关注情感态度的培养，关注科学教育的生活化等问题之外，还增加了"带着亲切感接触身边的动植物，发现生命的宝贵……"等内容；同时在注意事项中也提出，"在幼儿期里，自然对学前儿童具有博大的意义。直接接触，体验到自然的浩大、美丽、神秘等经历，能让学前儿童心灵平和、情感丰富，并为其好奇心、思维能力、表现能力的发展打下基础。基于此，应努力帮助学前儿童加深自己与自然的关系"，从而强调让学前儿童在与环境的直接接触中，发展其对环境，尤其是对大自然的兴趣、敬畏，对外部事物和现象的好奇、探究、思考、发现以及丰富的情感等。实际上，在大自然中活动是日本学前儿童教育一直以来的主要方向，现代的社会环境更需要幼儿园给孩子提供接触大自然的机会。

（三）英国的学前儿童科学教育目标

英国科学教育最显著的特征是十分强调设计与技术教育。英国教育界的专家认为：设计与技术课程应让学生意识到技术的发展以及这些发展通过什么途径影响我们的工作环境和生活方式，懂得技术变化的重大意义；设计与技术课应该教会学生如何开展设计活动，如何运用所掌握的知识和技能来解决实际问题，如何使学生产生想法、制作和行动。

总体来看，英国幼儿园科学教育大纲体现出重视幼儿的科学调查和探索活动，重视幼儿创新意识和创新能力的培养，强调技术与科学的密切关系并使幼儿了解。英国幼儿科学教育的特点：第一，以幼儿为主题，重视发展幼儿的个性与兴趣；第二，重视认知的发展，以儿童活动和游戏为主；第三，为幼儿学科学提供充分的机会和条件，比如为了扩充儿童的经验，为其提供丰富的感知材料，沙、水、土、木头等；第四，重视与其他活动和内容的结合，目的是激发幼儿学习兴趣和气质欲望，如一些英国幼儿学校推出的"整合教育日"，就是很成功的课程模式。

英国的科学教育内容突出强调了让学生理解科学与技术的关系和发展学生的技术设计与制作能力，以现代社会生活的特征和要求构建幼儿科学教育的内容体系。

（四）法国的学前儿童科学教育目标

法国教育部于1996年6月宣布在全国范围推广科学教育改革项目，并于2000年6月制订了一个学前儿童园、小学科学教育革新计划，吸收了"动手做"项目的经验，并将该活动作为教育革新计划的创新部分。

"动手做"的教育目标：让所有学前和小学阶段的儿童有机会亲历探究自然奥秘的过程，使他们在观察、提问、设想、动手实验、表达、交流的探究活动中，体验科学探究的过程，建构基础性的科学知识，获得初步的科学探究能力，为促进儿童的全面发展，成长为具有良好科学素养的未来公民打下必要的基础。

四、学前儿童科学教育目标设定的基本走向和趋势

科学教育与科学的发展几乎是同步进行的。随着科学技术的迅速发展，社会的进步和教育的改革，科学教育已经从传统的科学教育、常识教育，向现代科学教育转变。现代科学教育的价值追求和目标的构成也发生了重要的，甚至可以说是根本性的变化。

在20世纪，科学教育的发展历程大致经历了三个阶段，即知识本位、智力和方法本位、人本位阶段。

在知识本位阶段，科学教育的重心在知识本身。教师们信奉斯宾塞的名言——科学知识最有价值。

20世纪60年代，科学教育等同于科学知识教育的情况受到了挑战。"科学知识最有价值"的立场转向了"方法比知识更重要"。

20世纪70年代，科学家们提出科学教育应该包括完整的人的教育。科学教育从单一的科学知识教育演变成包括科学知识、科学方法、科学态度、科学价值观、科学史五位一体的"立体"科学素质教育。

未来中国幼儿园教育将朝着更尊重幼儿身心发展特点和体现幼儿教育特色的方向发展，科学性是集中体现。而具体体现在以下六个方面：其一，教育目标为体智德美全面发展的具有良好个性的幼儿，具体体现为明理、有情、习惯好。其二，教育内容与生活结合，突出幼儿期的关键经验，特别是直接经验，为其入小学以后的学习提供丰富的表象基础。其三，教育途径（幼儿的学习途径）的重要程度依次为一日生活、区域活动和集中教育活动，集中教育活动的价值重在教会；区域活动的价值在于练习、巩固；一日生活的价值在于形成良好习惯。其四，教育方式（幼儿的学习方式）主要有三种，即观察比较、操作体验和同伴合作。其五，课程朝着更加整合化的方向发展，社会性应该作为整合的核心，以"人"的发展为主线。其六，更加重视家园合作，注重家园沟通的有效性问题，切实发挥家庭在幼儿发展中的重要作用。

比较世界各国的学前儿童科学教育目标，我们可看出学前儿童科学教育发展的基本趋势主要表现为以下几点。

1. 培养儿童具有良好的科学素养成为各国科学教育的共同目标

《美国国家科学教育标准》中写道：我们大家，无论作为个人还是作为社会，同科学素养都是利害攸关的。懂科学，你才可能感受到你在领悟自然界的事理时油然而生的充实之感和兴奋之情。有良好的科学素养，你才有可能运用科学的原理和方法去作出个人的各种决策，去参加讨论关乎全社会的各种科学问题。有扎实的科学基础可以强化人们日常的许多能力，诸如创造性地解决问题的能力、运用判断进行思维的能力、在集体中共同工作的能力、有效地运用技术的能力、懂得活到老学到老的价值等。我们社会的经济生产率与我们的劳动大军的科学本领和技术能力是密不可分的。

科学素养作为科学教育的共同目标既反映了科技社会对公民的新要求，也是生活在其中的每个人获得全面和谐发展的必要条件。将科学素养作为科学教育的价值追求，真正体现了社会发展需要和个人发展需要的统一，同时也较全面地反映了科学的学科特点。

2. 强调发展儿童的科学探究能力

美国的科学教育标准强调把科学探究作为获取知识和认识世界的一种方法，构成教育的一个独立的组成部分，探究被看成是学科学的中心环节。

之所以强调发展儿童的科学探究和调查研究的能力，是因为各国的教育家已深切认识到这一能力的重要价值。在参与探究时，学生主要能描述物体和事件，能提出问题，能做出解释，能根据现有科学知识对所做解释加以检验，并且能把自己的看法和意思传达给别人。儿童会自己提出假设、运用判断思维和逻辑思维、考虑各种可能的解释。这样做就可以把儿童的科学知识与推理和思维的技能结合起来，从而可以能动地获得对科学的理解。

3. 重视基础技术教育

近年来，在一些西方国家，除了大力推行科学教育的改革，越来越多的人开始重视基础技术教育。他们认为，要适应科学技术飞速发展的社会，要培养各方面的合格人才，必须要加强各层次的技术教育，特别是基础教育阶段的技术教育。

模块二　学前儿童科学教育的内容

学习目标：

- 了解幼儿园科学教育内容选择的要求。
- 了解幼儿园科学教育活动的内容。
- 能运用相关理论分析幼儿园科学教育内容。

一、幼儿园科学教育活动内容选择的要求

教育内容是实现教育目标的载体。在幼儿园课程领域中，科学领域的教育内容极其广泛，这既为教师开展教育提供了广阔的空间，也向教师提出了一个如何选择教育内容的问题。

根据科学内容本身的特点以及幼儿学习科学的特点，我们提出五个方面的要求。

（一）注意内容的系统性和领域的整合性

所谓系统性是指在选择教育内容的时候，要遵循由近及远、由简到繁、由具体到抽象的原则进行。它体现了纵向和横向两个方面：纵向上，主要是在选择内容的时候要从幼儿园各年龄班的整体进行考虑，所选的内容要随着幼儿年龄的增长其容量和深度也随之增加；在横向上主要是指注意事物之间的逻辑关系。

内容的整合性是教师在选择科学教育内容的时候，要从全局考虑，要和其他领域的内容相互整合，有机联系。整合性是由幼儿的心理发展水平和学习特点决定的，幼儿的生活是一个整体，社会和自然是以"整体"的形式出现在幼儿面前的。因此，我们不能把科学教育从幼儿的生活中割裂出去，而是科学教育与其他领域的教育相互交叉、相互补充、相互渗透，使科学教育活动更具有科学性、探索性、可行性和趣味性，使儿童的认识更完整。

根据此项要求，幼儿园科学教育活动的内容的选择应该做到：

（1）根据幼儿的认知特点和规律选择内容。幼儿阶段认知特点是阶段性非常明显，年龄越小的孩子，其直观性越强，所进行的科学教育就应当越简单、容易。随着年龄增长，认识事物能力的增强，内容的选择可以增加一定的容量和难度。如在小班，安排幼儿最熟悉的内容"五官的用途"；中班较熟悉的内容"手和脚"；大班安排不太熟悉的内容"皮肤""人的生长过程""消化和呼吸"等。但是应当指出的是，这里的系统性的要求不是按照自然科学的体系向儿童传授系统性科学知识。

（2）要灵活选择科学内容并和其他领域内容相互配合，但是不要求必须配合。可以通盘考虑各领域的教育内容，以主题或者单元的形式来整合。

（二）内容的科学性和启蒙性

内容的科学性是指科学教育教学的内容符合科学的原理，尊重客观事实，能正确地反映客观事物，不违背科学事实。这不仅包括教师给予幼儿学习知识的科学性，也包括探究事物、获得科学知识的过程的科学性。

内容的启蒙性是指幼儿园科学教育的内容应该符合幼儿认知特点，能激发幼儿的好奇心和科学探索的欲望，能启示幼儿的科学学习，不能超越幼儿的发展水平和理解能力。超越或者滞后于幼儿的认知能力和发展水平的内容都不是启蒙的教育。

二者之间的关系实质是一个问题的两个方面，不应当对立起来。没有科学性，就无法对幼儿进行科学启蒙教育；而没有启蒙性，科学性就无立足之本，因为对幼儿来

说，只有启蒙性的科学教育内容才能完成科学教育目标。同时，我们还应该看到，坚持启蒙性的要求，让我们选择的内容粗浅而不系统，但不是随意抛弃科学性，用一些不恰当的科学知识、科学原理来解释科学现象。而坚持科学性，也不是一定要用精密的专业术语来解释科学现象，脱离幼儿理解水平，而是教师用浅显易懂的日常的词汇来解释，将科学的原理蕴藏在简单的现象中，让幼儿在探索现象的过程中获得对科学的理解。

根据科学性和启蒙性的要求，在选择科学教育内容时应该注意以下几点。

（1）选择幼儿生活中熟悉的内容，引导其发现日常生活中的科学。3~6岁的幼儿生活中已经积累了一些生活经验，具备了一定知识基础，这为幼儿园科学教育目标的实现提供了良好的前提。例如，水在幼儿日常生活中是不可缺少的，他们每天都要喝水，对水有着丰富的感性经验，但是他们日常获得的经验是零碎的、片面的。在有计划的科学活动中，教师可以组织"探索水的特性""水的三态变化""水的用途""我们每天喝多少水才能满足身体需要"等内容，幼儿的兴趣就浓厚。

（2）选择适合幼儿理解和接受的内容。内容选择要适合幼儿的智力发展水平、认知能力，对于幼儿的探索、求知是非常重要的。因此，内容不能过高也不能过低。例如，"水的浮力"是个难以理解的概念，在小班不适合，可以放在中班，而且通过在水中放置一些能够漂浮起来的物品，让幼儿观察它们在水中向上浮的过程，从而获得关于浮力的科学经验。

（3）选择幼儿力所能及的可以直接探索的内容。让幼儿直接接触事物、探索事物，符合幼儿的直观形象性的思维特点。幼儿不能通过自己的亲身体验，不能直接探索的内容可以暂时不纳入幼儿园的科学教育范围，如龙卷风的危害、微生物的形态等。

（三）内容的多样性与学科的典型性

科学教育内容的多样性是指在选择的时候要尽可能从多方面、不同角度进行，目的是通过教育活动使儿童能够获得较为广泛性的科学经验、科学体验，培养广泛的兴趣。

典型性是指选择的内容能反映某一领域的基本知识结构。科学的内容很多，不可能面面俱到，我们只要抓住有代表性的内容就可以。

多样性和典型性作为科学教育内容选择的两个方面相互联系、密不可分。广泛的科学内容中都是极具典型的，而具有典型性的科学教育内容构成了多样性的内容体系。基于这样的认知，我们认为要正确地把握科学内容的多样性和典型性要求。首先，不能因为内容多样而对内容不加选择地限制。科学内容的综合性和多样性不能保证所有的内容都具有同样的科学性和学习价值，以及同样的可探索性和可操作性，同样也不能保证所有的内容都适合所有的幼儿和所有的学习情境。因此，教师要根据教育内容本身的特点、幼儿的认知能力和已经获得的科学经验基础、当前的学习情境，有选择地向幼儿提供学习内容。对于有些没有多大教育价值或者已经不符合时代要求的内容要大胆地删减。面对日新月异的科技发展，对于一些新鲜的事物教师也要仔细地甄别。其次，多样性不是全面性，不能在教育内容选择的时候面面俱到，造成儿童学习中的压力。

基于以上的认识，我们建议在选择科学教育活动内容时应该注意：

（1）要从广泛的内容中选择适合幼儿学习的科学教育的内容。这个广泛是指儿童生活的方面和各个学科知识的方面。前者如"有趣的叶子""天空的彩虹""各种各样的纽扣""五光十色的灯光""有意思的手影"等；后者可以从自然科学的知识体系中得到启发，按照知识领域确定内容，如生活中有关动物的知识点就有很多，有海洋中的动物、陆地上的动物、空中飞的动物等。

（2）客观衡量科学教育内容的典型性。衡量的标准就是考察该内容能否让幼儿对这个内容举一反三，为他们学习类似的科学内容提供帮助。如认识植物中的水果时选择苹果，这不仅是因为它是幼儿常见常吃的水果，而且对其形态、结构、味道等方面的认识对将来幼儿学习水果的共同特征打下基础。再如，水是幼儿日常生活中经常接触到的物质，通过对水的观察、操作、实验，不仅可以使幼儿获得关于水的三态的知识，积累关于水的科学经验，而且还有利于他们举一反三，为认识其他物质的三种存在状态奠定基础。

（3）考虑各部分的均衡性。这要求我们在安排所选择的内容时，要考虑各部分内容是否覆盖了科学教育的所有范围，各部分的比例是否协调。我们不能过度地偏重于某个内容或某个内容的某个部分，而忽略了其他。如果我们一个学期都安排认识鱼类的内容，尽管幼儿认识了各种各样的鱼，但是也失去了认识其他科学现象的机会。这样的做法不仅没有必要，而且也失去了幼儿科学教育内容的均衡性。

（四）内容的时代性和民族性

时代在不断地变化，技术在不断地更新。时代性是指我们选择幼儿科学教育活动的内容时，要"与时俱进"地选择体现时代特点的科学知识。民族性是因为我国是个多民族的国家，每个民族都有悠久的历史文化和民族特色。因此，我们既要跟上时代的步伐又不能忘记自己的优秀传统。

根据这个要求我们在选择的时候可以：

（1）结合幼儿的日常生活介绍先进的科学技术的内容。如无土栽培、网络技术、现代通信等。通过介绍先进的科学技术，使幼儿了解科学技术给我们的生活带来的便利，认识到科学技术的重要性。

（2）选择体现科学技术发展过程的内容。通过这种内容一方面可以让幼儿积累科学技术发展史方面的知识，另一方面也让他们体会到现代科学技术的先进性以及古代人民的智慧，从而帮助他们理解科技的昨天，知道科技的今天，有助于他们探索科技的明天。例如认识"灯的发展"，不仅可以让幼儿知道古时候的人用什么方法照明，还了解了现代生活中各种各样的灯，在对比中体验科技的发展。

（3）引导幼儿认识我国具有民族特色的物产或者当地的特产。如"中国的瓷器""中国的丝绸""中国的茶叶""国宝大熊猫""银杏树"等都能体现民族性，同时还能培养幼儿热爱祖国、热爱家乡的情感。

（五）内容的地域性和季节性

内容的地域性是指科学活动的内容要"因地制宜"，从各地的实际出发，灵活地选择内容。我们国家地域广阔，各地的地理环境、自然状况各有千秋，季节特点也不同，自然现象也有很大差异，例如，自然植物各个地区的差异巨大。这就要求教师在不同的地区或者同一地区的不同地方来选择具有本地特色的或者本园特色的、常见的、有关自然物和自然现象等内容及时纳入幼儿园的科学教育活动。

教师要根据自己所在地区的不同自然条件和季节特征来选择内容。我们国家的地理位置决定了各地的气候是不同的，有的地方四季如春，有的地方冬夏长春秋短，有的地方四季分明。季节不同，气候不一，那么各种与气候密切相关的自然现象（如风雨雷电）、动植物等也会因此而发生变化，生活于其中的人类活动也在变化。为了让幼儿能够切身感受到周围大自然的季节变化，我们在选择时就要选择与季节保持一致的科学教育内容。如观察彩虹，北方的教师应该选择在夏季；认识荔枝，南方的教师就要选择在五月。

根据此项要求选择幼儿园科学教育活动内容有三点做法：

（1）用当地事物替代难以搜集到的材料。不同的认识对象可以发挥同样的教育价值，而且幼儿观察、探索他们熟悉的事物还可以萌发他们热爱家乡的情感，如认识树木，南方的幼儿可以安排认识榕树、香樟树，而北方的幼儿可以安排认识白杨树、柳树等。

（2）根据季节变化特点恰当编排内容。我国南北季节差异大，很难统一科学教育内容，各地要根据本地的季节特点确定教育计划，并选择合适的时机开展活动。

（3）充分挖掘本地资源，形成特色科学活动。要注重从当地的自然和社会资源中挖掘和选择有价值的教育内容，形成具有鲜明本地域特色的教育内容，不要照搬现成的材料。

二、幼儿园科学教育活动内容

生活环境中的各种事物和现象都可以作为幼儿探究的对象，随着时代的发展和学科的不断完善，幼儿科学教育的内容也在不断地扩充和调整，更加强调科学、技术和社会的融合，强调以探究为中心的观点以及生态教育的观点。

《纲要》提出了幼儿园科学教育的内容包括以下方面：

（1）引导幼儿对身边常见事物和现象的特点、变化规律产生兴趣和探究的欲望。

（2）为幼儿的探究活动创造宽松的环境，让每个幼儿都有机会参与尝试，支持、鼓励他们大胆提出问题，发表不同意见，学会尊重别人的观点和经验。

（3）提供丰富的可操作的材料，为每个幼儿都能运用多种感官、多种方式进行探索提供活动的条件。

（4）通过引导幼儿积极参加小组讨论、探索等方式，培养幼儿合作学习的意识和能力，学习用多种方式表现、交流、分享探索的过程和结果。

（5）引导幼儿对周围环境中的数、量、形、时间和空间等现象产生兴趣，建构初步的数的概念，并学习用简单的数学方法解决生活和游戏中某些简单的问题。

（6）从生活或媒体中幼儿熟悉的科技成果入手，引导幼儿感受科学技术对生活的影响，培养他们对科学的兴趣和对科学家的崇敬。

（7）在幼儿生活经验的基础上，帮助幼儿了解自然、环境与人类生活的关系。从身边的小事入手，培养初步的环保意识和行为。

具体来讲，学前儿童教育的内容，主要包括以下几个方面。

（一）自然环境及其和人们生活的关系

生态环境教育在当今已不是陌生的字眼，它随着世界环境问题的突出而备受关注。从可持续发展战略的角度看，幼儿生态环境教育无疑是学前儿童科学教育的一个重要内容。

儿童生态学是开展幼儿生态环境教育的理论基础。儿童生态学是一门交叉学科，它借助于生态学的基本原理和方法，将儿童放置于其生存与发展的真实社会环境之中进行研究，它认为，儿童的行为及其状态与其背景是一个密不可分的整体，儿童的发展是不断成长的有机体与其所处的不断变化着的环境之间的逐步的相互适应的过程。我们应从儿童的状态出发来研究如何开展全面的生态环境教育，构建幼儿生态环境教育的课程、目标、原则及方法。

地球上任何事物的变化、发展都是和环境息息相关的：一方面，它既受环境的影响，也会给环境造成影响。全球性的环境危机强烈地呼唤生态环境教育，而生态环境教育作为面向年轻一代的保护环境的行动，必须从小抓起。另一方面，幼儿周围的动植物和无生命物质——沙、石、土、水、空气和太阳等都是构建自然生态环境的重要因素，同时也是幼儿经常接触的事物，它们都是向幼儿教学生态环境教育的好内容。

生态学的观点为我们思考幼儿认识自然环境的教育潜能提供了一个新的视角：即不能拘泥于对环境中孤立的事实的认识，而要教给幼儿一个基本的观点——生态学的观点，一种思考问题的方式——生态学的思考方式。幼儿若具备了这样的观点和思考方式，就不会孤立地看待环境中的事物，而是以一种联系的和整体的观点来看待，这对于他将来处理重要、复杂的问题是非常有益的。我们不必也不可能向幼儿介绍很多抽象的生态学知识，但完全可以在各种具体的内容中渗透生态学的观点。如鸟的内容教学，由于幼儿已经了解了各种各样的鸟，我们就可以引导他们认识鸟生活在不同的环境：鸵鸟生活在沙漠中，丹顶鹤生活在沼泽地，企鹅生活在南极，海鸥生活在海边……让幼儿体会生物和环境之间的关系。学前儿童自然生态环境教育包括以下的内容。

1. 常见动植物及其与人类生活、环境的关系

（1）能说出常见动植物的名称，通过饲养、护理等方式观察、发现其典型的外部特征，知道其生活习性和生长规律，理解它们与人类生活的关系。

（2）探究和认识动植物的多样性。知道动物、植物是多种多样的，不同的动物或者植物是不同的，例如，不同的植物有不同的根、叶子，有不同的茎、花和果实，需要阳光、水、空气和土质；动物中有体积大的大象，也有身躯渺小的蚂蚁；有凶猛的狮子、老虎，也有温驯的兔子；有的动物会飞，有的动物会游泳；有的吃草，有的吃肉，有的生蛋；等等。动植物种类也很多，动物有昆虫、鸟、兽等；植物有花草树木等。

（3）观察和初步发现动植物的生长、变化规律。能用不同的方式进行记录（标记、绘画等），交流观察到的有趣现象、新奇的发现。

（4）探索和初步发现动植物与人、自然环境的关系。

动植物之间的关系：让幼儿了解动物们之间是"朋友"或者"天敌"的关系。例如，鳄鱼和牙签鸟是好朋友，老鹰和鸡是天敌，狮子和鹿是天敌等。动植物之间是友好关系，如兔子——草——粪便——草的生长——兔子。

动植物与自然的关系：让幼儿了解动植物的生存与生长离不开空气、阳光、水、土壤；不同的动物、植物生长的环境是不同的，有的生活在陆地，有的生长在水里，等等（如"不怕冷的企鹅""泥土下的蚯蚓"等）。动植物随着季节的变化而改变，如有的植物春天播种秋天收获，有的动物冬眠等。

动植物与人类的关系：让幼儿知道人们是怎样利用动植物的（食用、观赏等），又是怎样保护动植物的（和谐相处等），不保护所造成的后果（如生态环境遭到破坏，出现沙尘暴给人们带来的危害等）

2. 常见非生物及其与人类生活、环境的关系

（1）水。水是幼儿日常生活不可缺少的组成部分，他们喜欢探索水、喜欢玩水，对水有着深厚的感情。有关水的认识主要有以下几个方面：

探索、感受水是无色、无味、透明的；探索水是流动的、水有浮力（有的东西浮起来，有的东西沉下去等）；通过实验使幼儿懂得水在不同的条件下有三种变化状态：液体、气体、固体。

通过实验、游戏、讨论等形式知道水对生命及在人们生活中的重要作用，如探索、观察不浇水的花的变化情况等。

知道哪些现象是节约用水，哪些现象是浪费水，懂得节约用水从自我做起，保护水源。

观察、发现日常生活中哪些现象是水的污染，对水中动植物的影响是怎样的，如工业污水流进江河给鱼的生存环境造成了很大的破坏。

（2）沙、石、土。了解沙、石、土的简单关系：知道沙土是由岩石变化而来。在沙石上不适合生长植物，肥沃的土壤是植物生长的宝地。

通过实验、游戏等探索，发现沙、石、土的特性，知道其各自的主要用途。

知道地球上覆盖着大量的沙、石、土。

教育幼儿知道珍惜土地，合理利用、保护环境。

（3）空气。空气是生命体生存的必要条件，探索的主要内容：

知道空气是看不见、摸不到的；我们的周围到处都有空气。

探索、发现空气的流动，例如，风是怎样形成的，可以通过实验、游戏的方式了解。知道动物、植物、人类的生存、生长都离不开空气；植物的生长与空气的关系。例如，植物的叶子可以净化空气，使空气更加清新。人类生活与空气的关系。

知道有关空气的其他现象。

 **拓展阅读**

大班幼儿教学案例

一、案例背景

印着卡通图案的氢气球一直受到小朋友们的青睐，一天早上，明明牵着他的氢气球兴高采烈地走进教室，氢气球随着他上下挥动的手臂跳跃着，拉下来，气球又浮上去，气球上奥特曼的身姿变得鲜活起来，时而跳动，时而翻滚，引得全班小朋友都纷纷投来羡慕的目光。小女孩蕾蕾不甘示弱，从书包里掏出一个带有芭比娃娃手捧鲜花图案的气球，鼓起腮帮吹得大大的，让同桌帮忙用细线扎紧后抛向空中，而芭比娃娃跳着轻盈的舞姿徐徐降落到地面上。"咦！怎么回事，为什么你的奥特曼能飞，我的芭比飞不起来？"带着一脸疑惑，蕾蕾再次将自己的气球抛向空中，但气球最终还是徐徐落地。带着这样的疑问，蕾蕾代表全班小朋友向我求助。趁此机会，为了解开孩子们心中的谜团，我组织小朋友们开展了此次关于对空气进行研究的科学教育活动。

二、主题

(1) 启发引导幼儿勤动脑思考、勤动手操作，提高解决日常生活问题的能力。

(2) 培育孩子们学习科学、钻研科学、掌握科学、运用科学的浓厚兴趣。

(3) 让孩子们初步了解有关空气的一些常识，想象生活中运用空气特性的一些具体事例。

三、细节

（一）准备材料

天平1架，同样重量的气球2只，打气筒1个，轻便塑料袋1个，吹风机1个，装满米的塑料杯1个，竹筷子1根

（二）活动过程

（1）提出以下问题让小朋友思考，集中讨论并回答：

①空气有重量吗？如果有的话，用什么样的方法来测量空气的重量呢？

②在教室里没有风的情况下，轻便的塑料袋会不会飘飞起来？用什么办法可以使塑料袋飘飞起来呢？

③将竹筷子插入装满米的塑料杯中，然后将筷子轻轻提起，会发生什么样的现象呢？

④做完实验后，认真思考你在日常生活中有哪些方面与我们实验中所出现的现象是一个道理，你都知道哪些关于利用空气原理的事例？

问题提出后，我逐个让小朋友们思索回答问题。孩子们个个歪着脑袋，思索片刻后，教室里七嘴八舌地议论开了，有的孩子说："空气没有重量，要不然，我们周围都是空气，为什么我们没感觉到身上背着东西？"有的孩子说："空气的重量压在我们身上，我们才不会飞起来。"我在旁边适时给以启发开导，活跃气氛，不断调动他们的思考热情。有的孩子说："塑料袋不会飘起来，那天蕾蕾的气球就飘不起来。"还有的孩子说："气球比塑料袋重，所以飘不起来，塑料袋轻，一定能飘起来。"对于筷子插入米杯里是否能将米杯提起，他们的意见达成了空前一致，都认为不可能提起来。在经过一阵唇枪舌剑的激烈交锋后，他们争得面红耳赤，纷纷提出了一些驳斥对方、主张自己意见的看法，同时提出了许多能证明自己观点的办法，个个跃跃欲试。我看火候差不多了，就对小朋友们说："让我们共同来揭开这些谜底，看谁的看法正确。"

（2）按照设计思路，由简到难做实验，逐渐增强幼儿对空气的形态和性质的理解。

①我负责指导和协助，让两个小朋友亲自操作，首先他们在我的引导和同伴们的建议下，取过来天平，将两个气球分别放置在天平的两端，这时，天平保持平衡。然后取一只气球用打气筒充足气后，系紧气球口部，放回天平托盘，这时，在小朋友们屏住呼吸专注的目光中，天平渐渐倾斜到充足气体的气球托盘这边，随着托盘的倾斜，孩子们发出欢快的叫声。

②我拿起轻便塑料袋，平放在手中，轻轻将手撤离，塑料袋犹如一片飞絮飘飘扬扬地落到地上。我叫过来一位小朋友，让他按照我的做法重复了一遍。然后我拿过吹风机，插上电源，让小朋友将塑料袋倒置过来。我将吹风机伸入到塑料袋里，向袋里吹进热风。几秒钟后，关闭吹风机并让小朋友松开塑料袋，塑料袋便飘浮在空气中。这一现象自然又引起了小朋友们的阵阵欢呼，他们个个脸上洋溢着像花蕾绽开般快乐的笑容。

③最后一个实验是操作步骤最简单，却最能引起轰动效应的实验。我让一个小朋友将装满米的塑料杯用手按实，并用手按住米，从指缝间垂直插入竹筷子，用手轻轻提起筷子，杯子连同米一起被提了起来。这一现象大大出乎孩子们的意料，他们个个看得目瞪口呆，简直不敢相信自己的眼睛。看到他们疑惑的表情，我就让他们亲自轮

流按要求做了一遍。

四、结果

做完实验，我又引导孩子重新回到问题上来，在确定空气是有重量的前提下，让他们分析出现这种实验现象的原因，并根据他们的回答，引申出一些新的问题，比如：空气有重量，为什么空塑料袋落在地上，而吹进热空气的塑料袋会飘浮起来？一根光滑的竹筷为什么能提起整杯米？与生活中哪些事情相吻合；等等。在我边提问、边启发、边讲解中，孩子们明白了，空气是有重量的，氢气球之所以能飘浮在空中，是由于空气与氢气、氦气、氧气等的重量不同。空气加热后会像水烧开翻腾一样产生对流，热气上升所以能推动塑料袋飘飞在空中。用手按实杯子里的米，挤出了多余的空气，使杯子里的空气压力小于外部压力，所以能提起杯子。小朋友们听完解答，都恍然大悟。

五、评析

此次科学教育活动，是我们落实新课改素质教育要求的探索性、创新性的实践。教学形式具体而生动，打破了常规性的教育模式，充分适应了孩子的兴趣和需求，很好地利用了幼儿的猎奇心理和好动天性，变平面式枯燥的说教为立体能动式的灌输，很大程度上调动了幼儿的学习积极性，对于从小培养幼儿的学习兴趣起到了重要的作用。

3．人体及其与自然环境的关系

（1）观察人主要的感觉器官，视觉（眼）、听觉（耳）、嗅觉（鼻）、味觉（舌头）、触觉（手、脚），能探索、感受各种器官的主要功能。

（2）初步了解人的差异性及其种类，例如，男女之别，不同种族、不同肤色、发色、五官特征、体形之别等。

（3）认识人的基本外部结构，发现并感受其各自的功能。人的外部结构主要包括头、颈、四肢、躯体、皮肤等，让幼儿感受其各自的功能。

4．初步感受和体验人的内部生理和心理活动

生理活动包括呼吸、消化、血液循环、排泄等，例如，让幼儿体验在静态与动态下呼吸的变化，以及人在不呼吸的时候有什么感受等。心理活动包括情绪、想象、记忆等，知道情绪有不同的表现形式（微笑与高兴、哭泣与伤心等），学会控制自己的消极情绪，发展自己的积极情绪。

5．初步了解人体的生长、发育到衰老是一个自然的生命发展过程

6．教育幼儿从小珍爱生命、锻炼身体、预防疾病、养成良好的生活、卫生习惯等

这部分内容可以结合动物、植物、非生物等进行，使幼儿知道人生活于自然环境中，应该与大自然友好和谐相处，培养儿童热爱大自然的情感。

（二）**关注、感受、探究身边的自然科学现象**

幼儿认知发展的水平还不能理解抽象的科学概念，而自然现象则将深奥的科学概

念和原理以具体形象的形式呈现在幼儿的面前，符合幼儿的认知特点。可以说，幼儿对自然现象的探索，是其迈向科学殿堂的第一步。

让儿童学习有关自然科学现象的内容，不要求他们掌握和理解科学概念和原理。如"浮力"的内容，不是要让儿童知道什么是浮力，或者用浮力来解释生活中的现象，而是让儿童探索生活中和浮力有关的科学现象。我们还要注意让儿童了解这些现象和动植物与人类生活的密切关系，所选内容要结合儿童的生活经验，而不是用复杂的装置做实验，以避免和实际生活脱节。

学前儿童可以探索的有关自然科学现象的内容包括：气候和季节现象，常见的物理现象，简单、安全的化学现象等。

1. 气候和季节现象

让儿童观察和理解气候和季节现象有一定的困难。因为儿童很难直接探索这类现象发生的原因和全部过程，如云雨的形成、四季更替等。所以这部分内容主要是结合具体的天气，引导儿童观察、探索和熟悉可见的现象及其和人类、动植物的关系，重在积累这方面的经验，培养儿童对周围自然环境的关注。具体包括：

（1）观察和感受不同情形下的风的不同。

（2）观察空中的云及其运动和变化，特别是不同天气时云的变化。

（3）观察并记录晴天、阴天、雨天等不同的天气现象，以及小雨和大雨等的不同。

（4）观察和探索冬天常见的天气现象——冰、雪、雾、霜等，夏天常见的天气现象——雷雨、彩虹等。

（5）认识四季的名称，观察其变化，感受并了解各个季节的典型特征，包括常见的天气、气温的变化、人类生活及动植物的变化等，初步了解季节变化和人类、动植物的关系，人如何适应季节变化等。

2．物理现象

（1）光和颜色。

探索和发现光源（自然的、人造的）以及它们的不同，理解光对于我们生活的重要性。

探索和发现光和影子的关系。

探索和发现光的反射和折射的现象，可以灵活运用生活用品（如小镜子反射光线，用透明无色的玻璃瓶子底部代替凸透镜）；可用玩具（望远镜、放大镜、万花筒等）；也可以尝试用各种光学仪器（如三棱镜、平面镜、凸透镜或者凹透镜）进行探索。

探索多种颜色的形成，了解颜色是光反射的结果。

（2）美妙的声音。

能够辨别噪音与乐音，发出音响的物体所代表的意义。如优美动听的律动曲子是老师弹钢琴发出的声响等。

能探索出不同的物体能发出不同的声音的方法。能辨别出哪些声音属于自然界的，哪些声音属于人类自身发出的，哪些声音属于机械的。

探索声音的传播。探索的方式必须从幼儿的认知特点出发，可以通过实验的方式进行，也可以通过游戏的方式进行。

（3）感受冷热现象。

幼儿对于冷热的生活经验是不同的，可以结合日常生活的经验，让幼儿来探索有关热的内容主要有：

感受物体的冷热。使幼儿知道有的物体冷，有的物体热。

学习用自己的感官来判断物体的冷热。学习用温度计来判断物体的冷热。

探索物体由热变冷、由冷变热的方法。

知道天气有冷有热。讨论、发现或感受不同地方的人们冬天是怎样保温取暖的，夏天是怎样散热解暑的，并根据各地的情况认识、了解集中常见的取暖或散热的产品。

（4）探究、体验力。

物质永恒地存在于自然界中，它们之间的相互作用产生了力。力的表现形式是多种多样的，有推力、拉力、浮力、重力、摩擦力、弹力、吸引力、电力、风力等，这些力时刻存在于人们日常生活中，让幼儿探索、发现、体验、感受这些力，获得初步的感性体验。主要内容有：

通过实验、操作感受力的大小，探索、发现力与运动的关系以及不同大小、方向的力和运动的关系。

探索体验力的平衡。可以通过玩跷跷板、平衡架或天平等来进行。

探索感受事物各种力的现象（推力、浮力、重力、摩擦力、吸引力、电力、风力）。

感受体验省力的方法。如滑轮、倾斜面、杠杆等。

探索各种机械，发现其各自的作用。

（5）有趣的磁。

能够区别不同大小、不同形状的磁铁，知道磁铁能够吸铁。大班的幼儿还可以探索不同磁铁的磁力，不同大小的磁铁的磁力大小是不同的。

探索、发现磁铁与磁铁之间的吸引与排斥的现象。探索的方式可以通过游戏或者实验的形式进行。

探索、发现日常生活中磁铁的应用。

（6）电。

初步了解各种电的来源。静电是摩擦产生的，日常生活中的电视所用的电是发电厂通过电线输送来的，电动小玩具的跑动是电池作用的结果。

通过探索各种家用电器、电动玩具等的功能，初步了解电在日常生活中的重要作用。

初步了解安全用电的常识，避免事故的发生。能正确地对待废旧电池，不随处乱扔、随意丢弃。

物理现象很多,教师可以灵活地加以选择。

3. 化学现象

化学现象在儿童的生活中也是比较常见的。但出于安全的因素,过去很少让儿童探索这类内容。而且,化学现象所反映出的规律性也比较隐蔽,幼儿直接探索比较困难。不过,有些化学现象的表现形式也是很有趣的,而且简单、安全。

我们可以引导幼儿探索周围物质世界和日常生活中存在的简单的化学现象,如碘酒和淀粉产生变色反应的现象,大米经过烧煮变成米饭,面粉发酵做成馒头以及食物的霉变现象等。

(三)感受现代科技对人们生活的作用

1. 感受日常生活中的科技用品

家用电器:让幼儿知道电视机、电冰箱、洗衣机、电饭煲、空调等的主要作用,学会简单的使用方法。

现代通信工具:让幼儿感受电话、手机、通信视频等给人们的生活带来的方便。

现代交通工具:让幼儿了解各种汽车、火车、摩托车、电车、地铁等在人们生活中的重要作用,掌握安全驾驶、遵守交通规则等常识。

现代农用工具:认识拖拉机、脱粒机、播种机、抽水机等,知道现代农用工具减轻了农民的劳动负担,增产又增收。

科技玩具:能探索各种科技小玩具,会正确使用,能进行拆卸、组装等。

2. 了解、熟悉著名的科学家,感受、体验科学家的探索、发明创造的过程

通过讲故事、看图片等熟悉科学家的故事,通过自己动手制作科技小"产品",粗略感受科学家发明创造的过程,能尝试使用小工具,能进行小制作。例如,用磁铁制作"会走动的鸡""小风车"等,体验制作的过程,感受成功的喜悦,即使制作不成功,幼儿积极参与的过程已经是有意义的学习过程了。

3. 培养幼儿的环保意识,养成幼儿的环保行为

在日常生活中或者通过看电视、VCD、画册等让幼儿感受诸如"白色污染""沙尘暴"等给人们的生活带来的不便和对生活环境造成的污染。

尝试从力所能及的事情做起,从自身做起,从小事情做起来保护环境。例如,自己不乱丢果皮纸屑,不随意伤害小动物,不折花草等植物,看见流水的水龙头要关闭,看见地上有易拉罐、果皮等主动捡起来并放到垃圾箱中等,做一个节约资源、保护环境的"小卫士"。

通过散步、短途旅行等方式感受、发现环境的绿化、美化,陶冶幼儿的情操。

通过专门设计的科学教育活动、游戏等体验,感受环保的重要。如"我们的家园——地球""植树节——我和小树共成长""绿色的森林""清洁工"等。

上述内容是3—6岁儿童科学教育活动的一个大范围,在实际运用中,教师要根据儿童的认知特点选择和把握,同时也可以根据各地的实际情况去充实和丰富。

（四）科学与数学有机结合，构建幼儿初步的数的概念，学习用简单的数学方法解决日常生活中的问题

幼儿数的概念的形成，是一个逐步发展与建构的过程，其主要内容范围可以从以下几个方面进行，包括感知集合、数、量、形、空间与时间等。

（1）掌握物体分类的方法（如按照颜色、大小、形状、高矮、厚薄、粗细、轻重等进行分类），能对熟悉的物体进行分类，初步理解整体与部分的关系。

（2）探索"1"和"许多"及其关系。

（3）通过事物操作、比较、游戏等方法来学习十位数或者百位以内数；先学习基数，再学习序数、倒数等，探索数与数之间的关系；学习数的组成、认读、书写、加减运算，初步理解总数与部分的关系；探索数的守恒，以进一步理解数和对数的抽象概念。

（4）认识常见的平面图形和立体图形，知道其名称、明显的外形特征及其简单的关系；先探索平面图形，再探索立体图形。与日常生活结合，让幼儿发现、关注哪些生活用品属于什么形状。

（5）能用各种方法（包括自然测量）进行量的比较，初步理解量的相对性和量的守恒。

（6）在空间方位上，能分清上下、左右、前后、里外、远近等，知道空间的运动方向，例如，向前、向后、向左、向右等。在时间上，能区分早晨、中午、晚上、白天、黑夜、今天、明天、昨天，知道星期、日、月、年及其关系；认识时钟，能判定整点、半点。

（四）人体及自我保护教育

幼儿认识和探索人体具有重要的意义。它能使幼儿获得对自己身体的认识，以及有关的人体科学和健康知识，对于保护幼儿的身体安全和健康是非常必要的。除此之外，它还为幼儿奠定了科学自然观的基础，即让幼儿从小就做到客观地看待自然世界，认识到人体作为自然的存在物，也是可以探索的对象。对自己身体的认识和探索，是对世界的认识和探索的一部分。

幼儿可以学习的有关人体的科学内容包括以下几点：

1. 人体的结构、功能及保护

幼儿对自己身体的结构，特别是外部结构是非常感兴趣的。我们可以结合幼儿直接的生活经验，向他们介绍人体的基本结构和功能，以及怎样保护自己的身体。

（1）观察、探索人体的整体结构、活动、功能及保护。

让幼儿了解人体由哪些主要部分构成以及它们是怎样活动的，初步知道要保护身体。

（2）观察、探索人体的外部结构、功能及保护可以让幼儿观察、探索人体的外部结构，包括头、颈、躯干、四肢、五官、皮肤、毛发等，了解它们的功能，初步知

道怎样保护它们。比如小班幼儿就可以探索自己的脸上有什么，是什么样的，并且照着镜子把它们画下来，还可认识人的身体的其他部分，如手、脚等。

（3）感受、体验内部主要器官的活动和功能。

2. 人的心理活动

人的正常心理活动对于维持人的生存是非常重要的。但是幼儿很难直接探索自己的心理活动的过程，因此可以结合心理健康的教育，引导其了解一些简单的心理知识，比如情绪就是幼儿可以感受和体验的心理过程。具体的教育内容可以包括：

（1）感受、体验、表现自己的情绪，如高兴和难过等，知道每个人都会有情绪的感受和体验，在不同的情况下会有不同的情绪表现。

（2）观察、体验和理解同伴的情绪表现。

（3）学习适当地表现或控制自己的情绪，发展积极的情绪。

3. 个体的生命过程（生长、发育和衰老）

认识人的生命过程包括以下具体内容：

（1）初步知道自己的出生、生长过程和生长发育的条件。

（2）观察人的出生、长大和衰老的过程，并且知道每个人都会经历从小长大到衰老的过程，教育幼儿尊老爱幼。

（3）初步知道生命是一个客观的过程，生命是最宝贵的，要珍惜和保护人的生命。

学前儿童科学教育的内容十分丰富，科学教育教师要将庞杂的内容有机地联系在一起，结合幼儿的认知特点设计和组织活动。学前儿童科学教育内容应是全面的、科学的、启蒙性的、丰富多彩的，既要来源于学前儿童的生活，又能在学前儿童的生活中得以运用。只有做到这些，教师才可能有效引导幼儿通过直观的方式将抽象的科学知识转化为自身的经验和知识。学前儿童科学教育的作用才能够最大化。

三、幼儿科学教育活动内容的选编方法

科学教育内容在经过缜密挑选之后，还要合理与适当的组织，才能使科学教育活动获得最好的效果。

在我国，幼儿科学教育常用的选编方法有以下几种。

（一）以季节为主线选编内容

学前儿童科学教育的内容与季节联系的密切性，决定了以季节为中心来选择编排内容是较为科学的，也是较为常见的，这是各国学前儿童科学教育普遍采用的方法。所谓的以季节为主线选编科学教育内容的方法，是指以认识春、夏、秋、冬四季为主线，将科学教育中与之相关的内容集中编排。其主要内容大致分为季节、常见动物、常见植物、自然现象、人们的生活及生理卫生等。例如，大班科学教育内容中的"春季"，围绕着春季这一内容和主题，可以包括发现春的特征，通过冬春的比较，发现两

个季节的不同;认识几种春季才有的蔬菜、花卉等;认识几种春天发芽的树木;认识几种动物,如青蛙和蝌蚪、蚕;春季天气开始变暖,注意穿脱衣服、预防流行性感冒等。如图 2-2 所示为大班幼儿春季种植活动。

图 2-2　大班幼儿春季种植活动

儿童生活在其中,有着切身的感受,易于理解和接受,所以以季节为主线选编幼儿科学教育活动的内容是符合幼儿生活实际的。目前以季节为主线来选编科学教育内容的方式,也往往就是主题活动的方式。

（二）采用单元式选编内容

采用单元选编幼儿科学教育内容是一种以类为单元组合教材、加强科学教育活动内容纵横联系的方法。具体做法是将幼儿园三学年（或四学年）的科学教育内容编排成若干个单元,每个单元从内容到形式都注重体现知识的系统性与幼儿发展的连续性。每个单元又突出一个重点,围绕重点设计多种活动内容和形式。这个重点也就是"主题",它是单元活动的核心,既表明幼儿将要参与的系列活动,又表明他们从中要获得的关键经验。在这些单元之间,纵向自成体系,横向相互联系。从纵的方面是事物与事物之间的联系,即外部联系。从横的方面看不同类别的知识之间也是相互联系着的。每个单元的科学教育过程都是循环往复、螺旋上升的发展过程。

（三）根据科学教育的各个领域选编内容

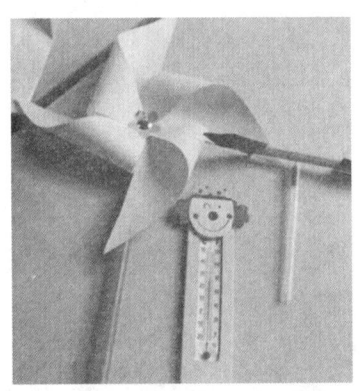

图 2-3　幼儿科技节活动

这是以科学教育的不同领域为依据来选编学前儿童科学教育内容的一种方法。这种方法虽然目前并不很多，但仍为部分幼儿园所采用。科学教育的内容十分广泛，可以分为不同的领域，上至天文地理，下至动植物、人体、现代科技等，如图2-3所示为幼儿科技节活动。对于某些对孩子来说比较有价值的内容，由于以季节为主线或采用单元式都较难以囊括，而采用根据各个领域的选编方法，就可避免这样的问题，操作也相对简单。这种方式是先将有价值的、符合本班儿童特点的内容选择出来，然后根据选定的内容，再进行相应的编排。

以上这三种选编方法都是以教师预先安排为主，虽然在选编过程中，会充分地考虑儿童的经验、兴趣、能力与需要，但是在教育过程中，儿童会有生成的需求，教师要根据情况做出相应调整。

在选编科学教育内容时，除了以上几种方法外，还应注意处理好"预设"与"生成"的关系。"预设"是指教师根据课程目标和学前儿童的兴趣以及已有的经验，对活动内容、环境布置、材料提供和方式方法进行有计划的设计和安排。教师可以把目标和内容渗透在环境中，激发学前儿童有目的性的活动，也可以直接设计并组织儿童参加活动。"生成"有两层含义。首先，"生成"是指学前儿童根据自己的兴趣、经验和需要，在与环境和他人交互作用中自主产生的活动。这就需要教师为学前儿童创设良好的心理环境和物质环境，关注、支持、引发他们的主动探索和交往，满足学前儿童自主活动、自发学习的需要。其次，"生成"也是指教师在学前儿童游戏与其他活动中发现一些有意义的活动，及时介入进行随机教育，或者对该活动作进一步的充实和扩展。

在科学教育中，除了教师预设的活动以外，很多都是在幼儿的生活中自发生成的，这也是科学教育的性质所决定的。因为科学教育的内容是幼儿生活中的自然界，自然界所涉及的事物十分广泛，而且这些自然界的事物并不是人的意志能够控制的。教师更应根据幼儿的兴趣和需求，结合教育的目标来组织科学活动，恰当地处理好"预设"与"生成"之间的关系。

模块三　学前儿童科学教育的方法

学习目标：

➤ 了解学前儿童科学教育的基本方法。
➤ 能在实践中恰当选择学前儿童科学教育的方法。
➤ 理解学前儿童科学探究的基本原理和方法。

学前儿童科学教育的方法,是指为完成科学教育的任务,实现科学教育的目的所采用的途径和方法,它既包括教师教的方法,也包括幼儿学的方法。随着我国幼教改革的不断深入,幼儿学科学的方法越来越受到人们的重视。

在学前儿童的科学教育中,多样化是一个核心词汇。如多样化的教育方法、多样化的评价指标体系等。为什么在学前儿童的科学教育中,多样化的方法如此重要?首先,幼儿是通过多种感知通道来认识、理解客观世界的,单一通过视觉、听觉灌输科学知识等于剥夺了孩子们更多的学习机会;其次,科学概念和科学规律的表现方式也是多种多样的,从不同情景中认识、感受科学规律会给学习者留下深刻印象;最后,学前儿童个性化的认知学习能力决定了学前儿童科学教育方法多样化是必然的。本节我们将要了解学前儿童科学教育中常见的一些方法,并论述选择这些方法进行教学的依据。

学前儿童科学教育方法种类多样,但却不存在一种"最好"的方法,多样化的方法选择有如下三个依据:科学教育的目标和内容,幼儿园的客观条件和幼儿的年龄特点。

1. 科学教育的目标和内容

教育是一种有目的、有计划地影响人的活动,因此,教育的目的性是其基本属性之一。科学教育也一样,目标的制订对内容和方法的选择起着指向性的作用。在以知识习得为主要目标的学前儿童科学教育体系中,让幼儿在短时间内掌握尽可能多的知识是根本价值取向,这就决定了对儿童进行科学教育的方法必须侧重于教师的讲述和幼儿对各种科学概念的记忆。而在建构主义的教学观中,科学教育的目标是要幼儿通过自己的活动建构科学概念,体验科学规律,那么科学探究活动就必然成为重要的科学教育方法。

不同的教育目标会对科学教育方法的选择起导向作用,教学方法没有绝对的好坏之分,但相对于教育目标却有着合适与不合适的区别。

科学教育的内容与科学教育方法有着更直接的联系,内容往往决定着方法的选择,而适当的方法会让教育内容的价值最大化。这里要指出的是,根据教育内容选择的方法并不是一成不变的,方法可以根据内容随时调整、变通,甚至进行整合。幼儿生活的许多细节都蕴含着科学教育的潜在价值,教师要在充分理解科学教育内容的前提下,考虑多种实现教育价值的途径和方法,避免科学教育方法落入刻板、陈旧的巢臼。

2. 幼儿园的客观条件

幼儿园的客观条件是科学教育产生的前提条件,没有一定的客观条件保证,再好的教育方法也只能停留在计划中。但需要幼儿园教师和管理者注意的是,不要过分夸大幼儿园客观条件对科学教育方法的影响。在园本课程受到广泛关注的今天,人们已经认识到,许多原来并没有进入教育视野的资源已经成为宝贵的财富。因此,幼儿园一线教师要根据幼儿园的现实情况发掘更多样化的教学方法,将幼儿园客观条件对教学产生的不利影响降到最低。

3. 幼儿的年龄特点

学前儿童抽象思维水平有限,无法通过高度抽象的文字符号了解科学规律,建构科学概念。因此,学前儿童科学教育的方法要以直观性为根本价值取向。科学教育方法本身并非科学教育的目的,它只是实现科学教育的手段。因此,选择科学教育的方法的标准是:该方法能让抽象的科学概念或隐藏的科学规律显现出来,并让幼儿能直观地感受到。总体而言,观察法、科学实验、群学探究活动等方法是学前儿童科学教育的主要方法。具体而言,在不同的年龄段,科学教育的方法也会有不同的侧重,从小班到大班,科学教育的方法会由具体逐渐向抽象过渡。

幼儿园科学教育中常用的评价方法有观察法、科学小实验、制作和信息交流法等。

一、观察法

观察是一种有目的、有计划的知觉活动,是学习和研究自然科学的方法和技能,也是幼儿探索科学的基本方法。它可以保证幼儿在直接接触事物的过程中,运用多种感官直观、生动、具体地认识事物,提高幼儿感官的综合活动能力,培养运用感官探索周围环境的习惯,并为发展幼儿的抽象思维能力、形成概念提供丰富的感性经验。

(一)观察活动的类型

1. 个别物体的观察

个别物体的观察是指幼儿对特定的某一物体(或一类物体)或自然现象进行观察。通过幼儿有目的地运用感官与周围某一事物的直接接触,了解它的外形、特征、属性和习性。通过对个别物体的观察,帮助幼儿获得有关物体的信息包括物体的外形特征,如物体的形状、大小、颜色;发出的不同声音;散发的不同气味;软和硬、粗糙和光滑、轻和重,以及弹性、黏滞度、光滑度、湿度等不同特性;个别物体的外部结构和功能及其生活、生长习性和特点;个别物体相对的静态和动态;个别物体的存在和周围环境的关系等。对个别物体的观察,是最基本的观察技能,是其他各种观察的基础。

2. 比较性观察

比较性观察指幼儿同时对两种或两种以上的物体或自然现象进行观察比较。使幼儿从中能正确地认识物体和自然现象,并进行分析、比较,为概括、分类奠定基础。通过比较性观察,使幼儿发现物体的不同点和相似点;学习以两样物体或自然现象的相应部分和整体性进行比较,挑选出同类物体,并进行分类。各年龄班进行比较性观察时要求不同:中班比较物体明显的不同点;大班比较物体的不同点和相同点,并比较相似点,最后分类。

3. 长期系统性观察

长期系统性观察是指幼儿对某一自然物或自然现象进行较长时间的系统观察。该观察主要用于观察动物、植物的生长过程，观察气象的变化等，以直观地了解自然界各种因素间的相互关系、因果关系和自然界的发展规律。

长期系统性观察不在于天天去观察某一自然物，而是根据科学教育（观察）的具体目的和要求来决定观察时间。如观察蝌蚪，要在蝌蚪长后腿、长前腿、尾巴退化时观察。

需要强调的是，各种观测方法并没有优劣之分，他们适用于不同的观察目的和对象。需要教师根据不同年龄阶段幼儿的身心发展特点以及观察对象的特征选择恰当的一种或者多种观察的方法，并使之有效地整合在活动中。

（二）观察类活动的设计

根据观察对象的不同特点，观察认识活动的组织可以遵循不同的设计思路，这里介绍四种典型的设计思路，即物体观察活动、展示观察活动、现象观察活动和户外观察活动。见表2-7。

表2-7 四种典型的设计思路

	设计要点	设计思路	活动举例
物体观察活动	物体观察活动包括单个物体的观察、同类物体观察以及比较观察。教师可以引导幼儿在观察的基础上进行表达和交流，并通过指向性问题引导其认识物体的显著特征，或者比较两个物体间的异同，或者总结同类物体的共同特征	出示观察对象 幼儿自由观察 表达交流 教师引导观察 表达交流 教师总结	小班： 小鸡小鸭不一样
展示观察活动	展示观察活动一般用于观察物体的多样性。展示活动中的观察分别渗透于收集展品、布置展览和参观展览的环节中，其中前两个部分是渗透性的自由观察，第三个部分可以在教师的引导下集中观察	收集物品 布置展览 共同参观 表达交流 教师总结（或开放性结束）	中班： 各种各样的桥
现象观察活动	现象观察活动的重点在于观察变化的发生。因此教师可以将观察、指导和交流相结合。根据实际情况，可在观察以后引导幼儿对观察到的现象加以讨论	引出对象或者问题，观察现象 观察中的交流与个别指导 教师总结	中班： 冬爷爷来了
户外观察活动	户外观察活动既有物体观察也有现象观察。其特点在于户外活动人员分散、难以组织，可以采用分组进行的方式以提高师生比例，在活动设计的环节上尽量减少集中指导，注重个别指导和个人经验	激发兴趣、提出问题 个别观察（个别指导） 分享和表达	中班： 拾树叶

（三）观察类活动的指导要点

1. 尽可能提供实物、实景

引导幼儿通过对实物的操作、摆弄，将观察和操作相结合，全面了解对象的变化。

2. 调动幼儿的多种感官参与观察

观察不仅仅是用眼睛看，它也包括其他感官的运用。在科学观察中，教师应该尽量启发幼儿用多种感官观察，在幼儿看看、听听、闻闻、尝尝、摸摸的过程中，获得全面的信息。

3. 教会幼儿观察的方法，引导幼儿多角度全方位去观察

观察的时候教师要控制幼儿观察的方向和深度。引导幼儿既观察整体又注意细节。处理好观察整体和局部的关系，以保证观察的全面性。

4. 鼓励幼儿在观察中发现问题

教师要教给学生观察的方法，但是不能全部包办幼儿观察过程。教师要创造一个既轻松又充满困惑的观察氛围，让幼儿在观察中学会质疑、验证、发现、解决问题。

（四）观察类活动的步骤

一次完整的观察，一般应包括以下主要步骤：

（1）确定观察的目的和选定观察的对象；

（2）做好观察前的准备工作，如准备观察工具，设计、印制观察记录表等；

（3）进入观察场所，获得被观察对象的信赖（用于观察有生命物体）；

（4）进行观察并作记录；

（5）依据观察记录进行交流。

例如，我们选择"磁铁能吸住哪些东西"作为观察的目的，那么选定的观察对象就是磁铁以及一系列可以或不可以被磁铁吸起的物品，还应该准备观察记录表等材料。观察时可在能被磁铁吸起的物品下画笑脸，在不能被磁铁吸起的物品下画哭脸。最后根据自己的观察记录和同伴交流，以得出磁铁能吸住哪些东西的结论。

二、科学小实验

幼儿园科学小实验是指教师或幼儿按照预想的目的或设计，利用一些材料，通过简单演示或操作，对周围常见的科学现象加以验证的一种活动。幼儿科学小实验和研究自然科学的实验方法不同，仅仅是重复前人的实验，不要求有新的科学发现。实验内容和操作简单易行，幼儿在较短时间内就能看到结果。实验形式多采用游戏，幼儿可在轻松有趣的活动中进行科学探索，如图2-4所示。

根据不同目的，科学小实验可分为教师演示实验和幼儿操作实验。由于教师演示实验不符合幼儿自主建构知识的原理，在幼儿科学教育中并不提倡使用，所以我们又常常将幼儿的科学实验活动称之为实验操作型活动。

（一）科学小实验类型

1. 教师演示—幼儿操作

先由教师操作实验来演示，幼儿进行观察，然后幼儿按照教师演示的方法进行实验，并进一步进行观察、获得发现的一种形式。这种实验一般因实验难度较大，幼儿操作困难，或因为仪器设备条件不足而采用。教师进行演示实验时，要做到动作熟练，操作速度放慢；边演示边用简洁明了的语言进行提示和讲解；幼儿座位、仪器大小和

位置等要便于幼儿观察,以保证每个幼儿都能看清楚。

这类实验便于教师组织活动,幼儿实验操作的目的性比较明确,但是教师的演示不可避免地会限制幼儿的想法,所以并不能充分体现幼儿的自主探究学习。当幼儿年龄较小无法独立进行探究,或者实验方式难以被幼儿理解时,可以参考这一设计思路。

图 2-4 幼儿园小班科学小实验《捞泡泡》

2. 幼儿自由摆弄—教师引导探索

教师先给幼儿材料,让幼儿自由摆弄材料,自由探究,然后教师组织幼儿交流各自经验,引导幼儿有目的的、有计划的探究操作。

这类实验由幼儿亲自动手操作并参加实验,主要在简单易行、带有游戏性的实验时使用。在操作中,幼儿可以充分摆弄材料、仪器,充分观察实验过程中的现象和变化;还可以反复操作,多次尝试,满足其好奇心,使其实验积极性提高。因此,只要条件许可,可多进行此类实验。

3. 幼儿猜想—操作验证

发现并提出问题后,教师先让幼儿猜想可能会出现的结果,然后再进行实际的探究操作,来验证猜想是否正确。

这类实验体现了全面的科学观:科学不仅是一种知识,它同时也是一种获得知识的过程和方法,体现了科学探究中的质疑精神、实事求是精神,让幼儿懂得对待科学知识不迷信权威的解释,而要通过事实来验证的道理;同时教会了幼儿科学探究的基本过程和方法:提出问题—做出假设—验证假设,在其中渗透了科学价值观,每个人在问题面前都有平等猜想的权利,而在事实面前每个人都要平等地接受检验。

此设计适合于幼儿已有类似的生活经验,同时答案并不明确的问题。如果学习的内容是幼儿在生活中不熟悉的,让幼儿猜想也就失去了意义。

(二)科学小实验的指导要点

1. 教师演示性实验注意事项

(1)必须做预备性实验;

（2）演示实验时，要让每个幼儿看清；

（3）演示与讲解、提问要紧密结合。

2．幼儿操作性实验注意事项

（1）教师要为幼儿提供必要的用具和材料；

（2）指导幼儿使用工具、材料并学习操作；

（3）讲清实验规则，注意保证幼儿安全；

（4）给幼儿以充分实验的时间。

拓展阅读

幼儿科学实验：神奇的牙签

材料：牙签、一盆清水、肥皂、方糖

操作：（1）把牙签小心地放在水面上。

（2）把方糖放入水盆中离牙签较远的地方。牙签会向方糖方向移动。

（3）换一盆水，把牙签小心地放在水面上，现在把肥皂放入水盆中离牙签较近的地方。牙签会远离肥皂。

讲解：当你把方糖放入水盆的中心时，方糖会吸收一些水分，所以会有很小的水流往方糖的方向流，而牙签也跟着水流移动。但是，当你把肥皂投入水盆中时，水盆边的表面张力比较强，所以会把牙签向外拉。

三、制作法

制作法是指帮助幼儿采用各种自然材料（如麦秆、果核、贝壳、树叶、羽毛、石头、瓜子壳等等）和废旧材料（如木块、包装纸、盒、废塑料盒等），制作一些简单的科学玩具、陈列品和装饰品。如图2-5所示，在制作活动中幼儿通过学习使用某些简单的工具和科技产品的方法，从而了解技术、体验技术，思考、探索其中蕴含的科学原理。

图2-5 制作手工

第二单元 学前儿童科学教育的目标、内容与方法

（一）目标技术制作类科学教育活动的具体目标（见表2-8）

表2-8 目标技术制作类科学教育活动的具体目标

教学内容	适用年龄	具体目标	举例
感受技术产品	0~2岁及以上	应用多种感官感知技术产品的特征和用途	使用学步车、照镜子、玩玩具（0~2岁儿童活动）
体会操作乐趣	2~3岁及以上	提出他们可能办到的事情，在家长或教师的帮助下操作或体验	骑三轮车、玩大型玩具、玩泥巴、泥塑（2~3岁儿童活动）
掌握简单工具的使用	3~4岁及以上	能正确使用简单的测量工具、生活工具和自制工具	学习用推、按、拧等不同方法使用手电筒。（3~4岁儿童活动：我让电筒亮起来）
按程序进行操作或制作	4~5岁及以上	能利用各种材料和设备规定步骤制作简单物品	学习按步骤正确制作。（4~5岁儿童活动：我的降落伞）
设计并开展科技小制作	5~6岁及以上	行动表明有自己的想法，能用交谈、图像、图样、模型等手段来设计并操作，同时能简单说明理由	学习选择合适的材料自行设计并制作。（5~6岁儿童活动：巧做石膏小玩具）

（二）科技制作活动类型

1．模仿——制作式

通过开展小制作活动让幼儿按照固定的步骤学习制作简单的科技产品。如制作降落伞、潜望镜、万花筒等。幼儿在运用工具和材料开展小制作是对技术的一种非常直接的体验。此类活动通常由教师或者家长演示操作制作的过程，幼儿动手实践，师幼共同交流最后制作完成的作品。

2．设计——制作式

让幼儿在已有的制作经验基础上进行扩展和创新。例如，设计并制作石膏玩具，做一个和别的小朋友不一样的不倒翁等。此类活动通常是在教师和家长的支持帮助下通过幼儿自主设计、动手动脑、个性化地完成作品的创作和制作过程。

（三）科技制作的指导

1.活动前充分准备知识和材料

活动前要准备充分，教师要尽量熟悉活动内容，尽可能地把握该项活动的科技含量以及相关的科技术语，对知识技能的重点难点有所预测。同时，尽最大可能为幼儿提供充足的操作材料，安排合理充足的时间。

2．鼓励幼儿大胆设计

作为幼儿学习科学的支持者和引导者，教师应该充分考虑到幼儿的年龄、经验和认识水平等特点，他们的眼光往往是新颖独特的，具有不同于成人的想法。所以，制作不可能完全按照教师的设计思路展开，因此我们应该积极鼓励幼儿大胆假设和设计，同时尊重幼儿的差异。

3. 鼓励幼儿交流、探索并不断改进

给幼儿充足的时间，让幼儿按照自己的想法去动手操作，教师不要代替他们去做。当遇到特别难做的部分时，教师应指导幼儿想办法解决而不是由教师代做，教师应鼓励幼儿在制作中提出问题、交流问题的解决方法，并在不断的探索中解决问题，改进作品。幼儿做事情往往急于求成，当遇到困难时不能坚持，教师要有耐心，努力教会幼儿做事情要坚持，要充满希望地去寻找正确的结论。

4. 及时总结和记录

制作前，教师在幼儿表达交流的基础上，可以小结本次活动的知识点，在制作中对幼儿的学习过程和表现做出评价；在活动中把幼儿的探索分成几个阶段，循序渐进地开展，分阶段总结学习的收获。鼓励幼儿用展示或者实验的方法延伸科学探索。

四、信息交流法

信息交流是幼儿运用言语或非言语的形式表达自己在科学探索活动中的发现，交流自己所使用的方法、探索过程以及认识和情感体验。

信息交流有师生间的，也有同伴间的，包括交流讨论、体态姿势和图画记录。

（一）交流活动的类型

1. 交流讨论

交流讨论是指幼儿通过口头言语，表达自己在科学活动中的发现和探索的方法、过程，询问、了解教师与同伴的意图和看法。它常贯穿幼儿科学探索活动的全过程，包括：

（1）发现现象的交流。例如，一幼儿经过观察，问另一名幼儿："这两个小汽车一个跟着磁铁走，另一个不跟着磁铁走，你猜为什么？"

（2）描述发现的交流。例如，一幼儿与在其他幼儿交流过程中出现这样的语句："我看到了……"或"我发现了……"，这就是描述发现的交流。

（3）表达情感的交流。例如，"我喜欢……"

2. 体态姿势

体态姿势包括手势、动作、表情等，这也是信息交流的一种重要方式。当幼儿在科学探索中遇到一些难以用语言表达的物体或现象，或情绪特别好或者惊异等情况时，常常用手势、动作、表情来进行交流。例如，一名幼儿说："今天我们家里买了一个西瓜，这么大（用手势表示）。"虽然手势、动作、表情不能完全表达学前儿童的思想，但是对于低龄的幼儿来说，当无法用语言来表达、交流的时候，允许他们运用这些方式来进行，是非常必要的。

（二）教师对幼儿交流的指导要点

交流讨论的指导要点包括以下几方面内容。

（1）给幼儿以充分交流的时间；

（2）教师要做忠实的听众；

（3）对幼儿语言表达不清楚的，要对幼儿予以启发、探索，也可直接给予正确的语言指导；

（4）要教会幼儿运用简洁明了的语言来表达、描述科学探索活动的过程和结果。

五、展示法

展示法是指幼儿以记录或者事物展示自己的想法或者作品的方法。通过展示，幼儿可以对集体的想法或者作品进行分类，发现他人的想法或作品与自己的异同，从而获得启发和认同。如图2-6所为"会转的风车"活动，当幼儿做完自己的风车后可以相互展示，会发现有些风车转得快，有些风车转得慢。虽然在制作风车前，幼儿已经集体学习过风车转动的原理，但是实际制作出来的效果有所不同，幼儿就会继续探索怎样让自己的风车也转得快。

图2-6 会转的风车

【案例】

会转的风车（大班）

活动前评析

电视上有"大风车栏目"，幼儿经常看电视，在一次多媒体活动开展之后，在孩子们中引发出许多不同的疑问和意见："为什么风车要叫风车？""风车为什么会转动？""风车都是用纸做的吗？"带着这些问题教师就开展了一系列的活动，目的是解答孩子们所提出的问题，激发幼儿对探索科学现象的兴趣，教师初步尝试在整个活

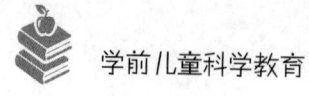

动中注入"做中学"教学的新理念。

活动目标

（1）能初步探索并感知风的大小与风车转动的关系。

（2）尝试运用各种材料制作小风车。

（3）进一步产生科技探索与制作的兴趣。

制作重、难点：

（1）选择合适的材料制作风车。

（2）风车的固定与叶片的制作。

活动准备

小风车若干、记录纸、记号笔、各种卡纸、钢丝、剪刀、筷子、牙签、透明胶等。

活动过程

1．引起幼儿的兴趣

今天我们小朋友都带来了风车，请你来玩一玩，怎样使你的小风车动起来呢？玩的时候要注意安全，同伴之间不要相互碰撞。

2．引导幼儿围绕话题讲述

（1）自由交谈：你刚才是怎样玩风车的？你发现了什么秘密？请你先和旁边的好朋友讲一讲。

（2）个别幼儿讲述：谁来说说刚才是怎样玩风车的？你发现了什么秘密？你还有什么方法可以让风车转起来呢？

（3）教师小结：让风车转起来的方法可真多。只要有风就可以了。

3．扩展谈话范围

（1）那小风车转得一样快吗？为什么？

请你拿着小风车和好朋友去玩一玩，看一看它什么时候转得快，什么时候转得慢，并把它在记录纸上记下来。

（2）幼儿再次操作并记录。

（3）请个别幼儿讲述：谁来说说小风车什么时候转得快，什么时候转得慢？

（4）教师小结：风大的时候，风车转得快；风小的时候，风车转得慢。

4．尝试做风车

（1）今天我准备了许多材料，请你们来制作小风车。

（2）提出活动要求：做的时候要注意动脑筋，找好中心点再去做，注意中心点的部分不能剪掉。

（3）幼儿制作风车。提醒幼儿特别注意安全。

（4）谁愿意把你制作的风车介绍给其他小朋友呢？也可以把你特别的想法告诉大家。

5. 风车转转比赛

风车做好了吗？那我们一起来玩一玩，比比看谁的转得快，好吗？

6. 主持人小结

今天我们一起做了纸风车，但是生活中还有很多种风车，在生活中风车不仅仅是让小朋友玩乐的玩具，还有很多风车有着自己特殊的用途，等待着小朋友们一起去发现、去寻找。你们还能想出哪些风车呢？和爸爸妈妈一起来动手吧。

（活动组织：山东省淄博实验幼儿园）

【评析】这次活动融合了幼儿园的科学教学的多种方法，有观察法、讨论法、制作法、实验法、展示法还有游戏法等。幼儿通过观察法，提出了本活动的核心问题，并贯穿在本次活动的各个环节；讨论交流不仅表达了自己的观点，还能促进彼此间的理解；通过制作了解了风车的原理；通过实验和展示探索了风车转速与风的关系；整个活动由游戏贯穿，寓教于乐，让幼儿在轻松愉快的环境中获得知识，掌握技能，体验了探索的快乐。最后的延伸部分让幼儿和爸爸妈妈以"风车"为主题，通过自己的想象制作出各种材料、形状的风车。这样可以拓展成一个系列主题活动。最后在展台上，孩子和家长们会共同制作出五花八门的风车：有的是用废旧的瓶罐制作成的，有的是用丝袜制作成花的形状，有的是用电动制作成的……不同的装饰，不同的原理，不同的材料带给大家不同的视觉效果，不同的探索方式。

六、记录法

图表记录是幼儿运用数字、表格和绘画形式，记录自然现象和记录科学活动的内容。图表记录是指对探究内容的记录，例如，动植物特征记录、生长记录、四季特征记录、气象记录、参观旅行记录、观察实验记录、结果的记录等。

图表记录指导要点如下。

1. 对不同年龄幼儿确定不同的记录内容

小班幼儿在观察事物时，仅能关注事物的表面现象。中班幼儿则能逐渐认识和了解事物与事物之间的简单关系。而大班幼儿已能在教师的启发、引导下发现事物变化的本质原因。基于此，教师在引导幼儿认识科学内容和表达科学经验的过程中，必须注意幼儿的年龄差异。

2. 为不同年龄幼儿提供不同的记录工具、材料与方法

幼儿思维的发展具有从具体形象到抽象概括的特点，这决定了教师要为不同年龄班幼儿提供不同特点与结构的实验工具、材料及方法，以支持各年龄段幼儿的学习与探究。

小班幼儿思维直观形象，记录能力较弱，应该指导他们更多地采用实物粘贴、照片图片粘贴以及简单的绘画等记录方法，这些方法直观形象，简便易行，适合小班幼

儿操作。而中班幼儿的思维虽然仍以具体形象为主，但已能理解一些简单的符号，所以指导幼儿除了运用小班幼儿常用的记录方法外，还可以加入"√""×"等一些幼儿易于理解的符号，来记录具体的实验过程。大班幼儿的思维表现出了一定的抽象性、概括性，因此指导他们采用数字统计、表格等方法来更加客观、准确地记录。

3. 对不同年龄幼儿，教师介入的程度和组织形式不同

不同年龄班幼儿有关观察记录的经验与能力不同，决定了教师指导的程度要有差异。小班幼儿细致和持续观察事物的能力不足，自主性不够，他们离开教师的直接引导，就难以进行长久的观察和自觉的记录。所以，对小班幼儿的科学观察和记录，教师要采用系统的、直接参与式的引导方式，带动、启发、鼓励幼儿参与观察并记录科学发现。中班幼儿有了一些记录的经验和技能，自主性也有一定的发展，有独立探索、自我学习的需求与愿望，教师可适当放手，根据幼儿探究和记录中出现的问题及时指导，鼓励幼儿独立探究和记录。大班幼儿的自主学习能力较强，在记录方法上表现出较强的自主性和创造性。教师应给予充分的信任与表现的机会，让幼儿按小组或独立完成实验观察和记录，教师可阶段性参与幼儿的经验分享活动，帮助幼儿整理、提升经验，以引领幼儿进一步观察与记录。

不同年龄班的幼儿学习自主性程度的差异也直接影响科学教育的组织形式。在实践中发现，由于小班幼儿没有自觉记录的意识和管理记录工具、材料的能力，他们不但不会自觉记录，还会将个人记录本画得乱七八糟。教师不仅要时时叮嘱幼儿记录，还要手把手地教他们记录的方法，更要防止幼儿将记录本弄丢、弄坏。集体记录是幼儿在教师的带领下共同观察和记录一个具体的事物，更适合小班。如在组织小班幼儿记录小蝌蚪变青蛙的记录过程中，教师可以采用个人、集体呈现的形式，在墙面的低矮处设置一面大的展示墙，教师指导每个幼儿及时将自己的发现加以记录，并张贴在展示墙上。这样既反映了小蝌蚪变化的情况，又减轻了幼儿的记录负担。中班幼儿有了一定的学习自主性，但缺乏自觉性和持久性，需要有人提醒和带领，因此教师可以较多地采用小组记录方式，同时结合集体记录。如在记录小蝌蚪变青蛙时，教师可以将幼儿分成红、黄、蓝、绿四个小组，每个小组由一个小组长负责记录本的管理、记录及经验汇报。这种方式不仅能及时有效地记录信息，还能分享记录的信息和记录经验，锻炼幼儿的合作能力。大班幼儿自主学习的意识和能力较强，能持续地关注事物的发展变化并自觉记录，而个人记录是幼儿自主自觉的记录形式，因此我们在组织大班幼儿记录时，以个人记录为主，结合集体记录。如在记录种子生长变化的过程中，我们给每个幼儿一本记录本，让他们阶段性地观察和记录种子的生长变化。在后期的经验测查活动中，当教师询问幼儿"小种子要多少天才会发芽"时，大班幼儿会马上从自然角里拿出自己的观察记录本，并根据记录内容详细地讲述种子的生长变化过程。孩子们不仅获得了较客观、准确的科学经验，也锻炼了自主观察记录的能力。

总之，不同年龄班幼儿的发展水平不同，决定了幼儿科学活动记录内容、工具材料、方式方法及组织形式都会有差异。教师要认真分析幼儿的心理发展特点，采取适宜的指导策略，使幼儿的科学活动记录留下科学探究的足迹，成为幼儿自我学习、自主学习的有力工具。

七、游戏法

（一）幼儿科学游戏的含义

科学游戏就是能够让幼儿获取有关科学学习经验的游戏活动。幼儿的科学游戏，借助自然界的物质材料，包括水、土、沙、石和科技产品、玩具、图片等，把科学的知识与幼儿愉快的游戏紧密联系在一起，形成幼儿对科学的浓厚兴趣和初步的科学经验。在幼儿科学教育实践中，科学游戏的形式应该是灵活多样的。我们既可以面向全体幼儿专门组织集体的科学游戏活动；也可以将游戏材料或玩具放在活动区中，让幼儿自己选择参与；还可以将游戏活动作为集体教学活动中的一个环节进行。

幼儿科学游戏的显著特点是：特定的操作规则，广泛的适用范围，满足幼儿探索天性，渗透科学教育因素，重复动作等。

幼儿科学游戏很多都属于规则游戏，每一个游戏都具有特定的游戏规则。这些规则约束了幼儿获得科学经验的某些行为，却能引导和放大幼儿对科学现象或问题的探索。例如，"奇妙的口袋"游戏，规则是幼儿不能看口袋里面的东西，只能用手的触觉来判断袋中是什么物体、有几个物体等。游戏虽然限制了视觉的使用，但这样的限制并没有阻碍幼儿的探索，相反，会因为视觉的限制而使游戏增加了几分神秘感，而且还能使幼儿的触觉变得更加灵敏。

幼儿的科学游戏具有广泛的适用范围，既可用于正规性的科学教学活动中，也可独立开展。在游戏的材料和规则运用方面，学前儿童的科学游戏具有很大的设计空间，可灵活地增减游戏的难度，因此既可用于年龄小的孩子，又可用于年龄大的孩子。例如，"奇妙的口袋"游戏，让幼儿摸索的材料如是幼儿体验过的或特征明显的就比较容易让幼儿猜出来，反之则要困难一些。

幼儿科学游戏的教育要求具有隐性渗透性质，教师并不道破自己的用心，让幼儿在无压力的放松状态下，用幼儿乐于接受的游戏方式来渗透教育要求，符合幼儿学习的心理特点，满足幼儿好奇、好动、好探索的天性，容易取得良好的教育效果。

幼儿科学游戏渗透了科学的教育因素，是教师依据教育教学的需要精心设计出来的，每一个游戏的教育价值都值得反复体会，这就是一个好的游戏为什么常常会让孩子们百玩不厌的原因。幼儿在反复游戏的过程中，能获取并巩固有关的科学经验。

幼儿在科学游戏中的操作往往不是尝试性的、探索性的，而是重复性的，而且幼儿常常满足于简单的重复。

（二）学前儿童科学游戏的价值

1. 科学游戏使幼儿在自由、愉悦的心态下学习科学

幼儿的科学游戏，是一种建立在内部动机基础上的活动，这就在很大程度上保证了幼儿学习的自主性。而幼儿投身于科学游戏的最主要的原因就是游戏好玩。新颖的材料、有趣的现象、游戏的形式、重复的动作……都能使幼儿在愉悦的心态中轻松地学习科学。

2. 科学游戏是幼儿认识世界的方式

高尔基曾这样描述幼儿的游戏："游戏是幼儿认识世界的方法，这个世界是他们生活的，也是他们有责任改造的。""幼儿要求娱乐，他的要求合乎生物学的规律，他愿意游戏，愿意玩弄一切，他愿意在游戏中来认识他周围的世界。"游戏是幼儿主要的活动方式，观察正常幼儿一天的活动，你会发现，除睡着了的时候，幼儿做任何一件事情，都是在玩。幼儿在玩的过程中发现了自己同时也发现了世界：原来黏土是可以随心所欲地捏成各种物体的；两块方瓷砖拼在一起，就变成了长方形；一个大套蛋竟能"生"出一群大小不同的蛋娃娃……

3. 科学游戏使幼儿懂得规则的意义

规则是科学游戏的支柱，幼儿必须按照游戏的规则来进行，方能发现和领悟事物的特性以及事物之间的关系。例如，幼儿必须按一定的大小顺序来套蛋，才能将所有的蛋依次放进那个最大的蛋里。幼儿在活动中理解了规则的意义，在执行规则中发展了控制能力以及科学严密的思考习惯。

（三）科学游戏的类型

幼儿科学游戏内容丰富而有趣，以活动类型来分，可分为如下几个类型。

1. 感知游戏

感知游戏指幼儿运用各种感觉器官，感知辨别自然物体的属性和功能。其作用在于发展幼儿的感知能力，帮助幼儿学习运用自己的感觉器官来认识物体，体验物体的特性。依据参与感知的不同感官，感知游戏包括视觉游戏（"伪装小路"）、听觉游戏（"听听谁在叫"）、嗅觉游戏（"气味瓶"）、触觉游戏（"奇妙的口袋"）等。感知游戏需要在一种心平气和的心境下进行，否则，会因心浮气躁影响感知的效果。

2. 操作性游戏

这类游戏是指幼儿通过操作玩具或实物材料，并借助一定的活动规则，获得科学经验与技能。操作游戏包括分类、排序、配对等游戏。

分类游戏是幼儿将一组物体按其共同属性分作几组的游戏。如对若干不同的实物玩具、实物卡片，按"一样的"放在一起。分类游戏就是把一个大的集合分为若干子集。分类游戏可以有效地帮助幼儿体验集合的存在，强化对物体共同属性的注意，为理解类包含关系以及数概念的形成打下基础。

排序游戏是以自然物、玩具、卡片等为材料，按物体某一特征（大小、长短、粗细、厚薄、深浅、轻重）的差异（如等量递增或等量递减）来排列物体。也有以动植物生长过程的顺序（如小蝌蚪长成青蛙）进行的排序和按事件发展的顺序（一树种从发芽生长到衰老，最后轰然倒地）进行的排序等。排序游戏有助于发展幼儿观察、比较和简单的判断推理能力。

配对游戏是根据物体与物体之间的相同关系、相关关系、从属关系进行的一种匹配活动。如"它们的家在哪里""给小动物找耳朵"等。

3. 情景性游戏

情景性游戏是教师根据科学的教学要求，创设特定的情景，让幼儿观察、思考，从中发现事物之间的联系，让幼儿运用已有的知识经验反映他们对事物的认识，并处理特定情景下遇到的问题。情景性游戏需要以幼儿的认知经验为学习背景，对巩固知识、发展智力和表现力有一定的作用。如开超市、角色扮演、帮粮店分粮食等。

4. 运动性游戏

运动性游戏是寓科学教育于体育活动的游戏。幼儿通过身体的活动，加深对事物及科学现象所产生的因果关系的理解。运动性游戏充分满足幼儿好动的特点，激发幼儿的学习热情，发展幼儿活泼开朗的个性。运动性游戏以幼儿具备一定的活动能力和一定的科学与数学基础知识为前提，非常适合复习、巩固学过的概念，如猫头鹰和田鼠、捉影子、玩纸风车、老鹰捉小鸡等。

5. 竞赛游戏

竞赛游戏是以发展幼儿思维敏捷性和灵活性为特点，以竞赛判别输赢的游戏。竞赛游戏适合在中、大班开展，满足中、大班幼儿日益增长的求知欲和好胜的心理。在竞赛游戏中，棋类竞赛是游戏性强、孩子们乐于参加的游戏形式。学前幼儿的棋类竞赛，一般都借助跳棋、转盘棋的基本走棋规则，然后融入科学方面的有关知识概念设计而成。如"动物食性棋"，要求幼儿按所选动物爱吃的食物为走棋的依据；"加法棋"要求幼儿用两个骰子所示数相加，按最后得出的数为走棋的依据。

6. 智力游戏

智力游戏是运用科学与数学知识促进幼儿智力发展的游戏。智力游戏通常以智力题的形式出现，解题时需要幼儿摆脱干扰，突破原有的单一角度思考方式或正向思维习惯，学习多角度兼顾来考虑问题的方式，让幼儿在解题的过程中体味其巧妙和乐趣。

（四）科学游戏的设计与指导要点

1. 设计（或选择）科学游戏要考虑的问题

游戏要体现科学经验的属性，充分挖掘游戏隐含的教育功能。科学游戏的设计直接影响幼儿学习经验的获得。设计时，要将科学经验融入游戏的材料和游戏的规则中去，这一点在设计感知游戏、操作性游戏和智力游戏时尤为重要。

游戏要能激发幼儿的学习兴趣，具有趣味性。趣味性是游戏的生命，设计幼儿科学游戏，要注意结合幼儿的兴趣特点。一是带有神秘的色彩；二是具有自己动手操作的内容；三是可用自己喜欢表现的方式来反映对事物的认识；四是带有竞赛和富有挑战性的问题。因此在设计游戏时，应尽可能多地融进幼儿感兴趣的成分，让幼儿在游戏的快乐中，体会到学习的愉悦。

科学游戏要具有一定的规则。任何游戏都有一定的规则，科学游戏也不例外。科学游戏的规则，应服从于科学教育的要求和游戏的展开，有利于幼儿的操作和智力活动，而不能限制幼儿的活动。游戏的规则要简单，便于幼儿执行。

设计不同类型的游戏，要突出显示各类型游戏的独特功能。如设计感知游戏，诀窍之一就是设法让人们的五官分离，使其专心使用其中一种器官（视觉、触觉或听觉），这样才能有效增强某感觉器官接受信息的敏感性。而设计运动游戏，就要考虑让身体的活动与大脑的活动结合起来，使体、脑的灵活与敏捷同时获得发展。

综合考虑科学游戏的设计要素，使游戏设计完整、清晰。每一个科学游戏的设计由下列要素构成：游戏的名称，游戏所具有的功能，游戏所体现的概念、态度及品质，游戏的玩法，参加游戏的人数，适合该游戏的最佳年龄范围，游戏所需的材料准备。

2. 科学游戏的指导要点

集中幼儿的注意力，调动幼儿参与游戏的热情。教师或以多种方式导入游戏，或以丰富多彩的材料吸引幼儿，使幼儿以期盼的心理来接受游戏。

帮助幼儿理解游戏的规则。教师应讲清楚游戏的玩法，根据需要，可示范玩一次或做一点热身活动，待幼儿完全理解了游戏的规则、要求后再正式开始。

关注游戏的进展和幼儿在游戏中的反应。必要时可给个别幼儿提供一些帮助，如提示下一步可进行的操作。为了给游戏助兴，教师也可介入游戏之中以推动游戏的发展，但应注意的是不要身陷其中，自己玩得乐不可支，却忘记了组织领导的责任。

做好游戏的评价工作。在游戏过程中或结束时，可组织幼儿交流一下游戏中自己的所见所想以及自己的发现和内心的感受等。记住要为每一个幼儿在游戏中的出色表现喝彩，如果是团队集体游戏，还应感谢大家为成功开展游戏所付出的努力。

八、科学制作

科技制作是指幼儿利用一定的材料和工具，通过实际操作，完成某种实物制品的方法。它是对学前儿童开展技术教育的重要方法。随着技术教育在幼儿园越来越受到重视，科技制作活动的开展也越来越普遍。

科技制作能使儿童获得对技术的直接体验，他们亲历"技术设计"的过程，对技术的本质也有了初步的体验。在制作活动中，儿童可以获得一些具体的制作和操作技巧，培养他们的操作技能。科技制作活动还能加深儿童对有关科学现象的理解。

（一）科技制作活动的类型

科技制作活动可以具体地划分为以下两种活动：使用科技产品或工具的活动和科技小制作活动。

（1）使用科技产品或工具的活动。

这种活动的主要目的是引导幼儿学习现代科技产品的操作方法或日常生活用品、常见工具的使用方法。其活动模式通常为"观察尝试操作—交流讨论正确操作"。活动中教师一般不做演示操作，而只是帮助幼儿分析错误操作的原因，总结正确的操作。

（2）科技小制作活动。

这种活动的主要目的是通过幼儿的制作活动进一步发现科学现象，体验其中蕴含的道理，同时掌握制作的技巧。其活动模式通常为"演示—操作交流讨论—展示分享"。对于幼儿自己设计的制作活动，不需要教师的分步演示讲解，而要求幼儿按照一定的程序规范进行的操作则需要采用分步演示讲解的方法。

（二）科技制作的指导要点

教师在组织儿童开展科技制作时，应注意以下问题。

（1）为儿童提供适当的制作材料。

这里的材料既指制作的原材料，也指制作中必需的或可能需要的工具。需要注意的是制作的原材料应尽量为半成品且应具有选择性，即使有的材料看似没有用处，但是它也许能激发儿童的创造性运用，因而也应该适当提供。

（2）使儿童明确科技制作的目标、方法和评价标准。

在科技制作活动中，教师可以通过出示、演示制作的成品，让儿童明确制作的目标和评价标准，知道自己要做什么；教师也可以向儿童讲解或演示制作的步骤和方法，让儿童知道怎样做。不过，教师的演示不能替代儿童自己的操作。

（3）要让儿童自己探索制作的方法和技巧。

在科技制作活动中，也要给儿童主动探索的空间，即要让儿童自己去尝试，通过个人的经验（即使是失败的经验）来学习，而不是向幼儿灌输技能技巧。

此外，利用电化教育手段（如广播、电视、录像、VCD、录音等）进行教育，同样是对幼儿进行科学启蒙教育的方法。这种方法能超越时空的限制，将生动的形象展示在幼儿面前让幼儿去看、去听，在欢乐的情趣中，使幼儿在不知不觉中受到教育。但是电化教育不能取代幼儿直接接触环境探索自然科学的幼儿科学教育活动。以上几种方法在幼儿园实践教学中，多是围绕活动要解决的问题有所侧重地综合性使用。

[思考与练习]

1. 幼儿科学教育目标制订的依据有哪些？
2. 幼儿园科学教育活动内容选择的要求有哪些？
3. 《幼儿园教育指导纲要》中对幼儿科学教育的内容与要求有哪些？

第三单元 学前儿童科学教育的环境创设

模块一 学前儿童科学教育环境创设概述

学习目标：
- 理解幼儿园环境的含义以及如何创设有利于幼儿科学教育的环境。
- 能创设幼儿园科学教育的物质环境和精神环境。

环境是指人生活于其中，并能影响人的一切外部条件的综合。这个外部条件的综合既包括人在社会中的条件和社会关系的综合，也包括人们赖以生存的自然条件的综合。

一、幼儿园环境及其作用

作为专门性的幼儿教育机构，幼儿园通过各种途径对幼儿身心发展产生影响，特别是其特定的环境设置，对幼儿的身心发展起到一种潜移默化的作用。

环境是重要的教育资源，《纲要》中明确指出："环境是重要的教育资源，应该通过环境的创设和利用，有效地促进幼儿的发展。"《纲要》在"科学"领域部分指出："为幼儿的探究活动创设宽松的环境，让每个幼儿都有机会参与尝试，支持、鼓励他们大胆提出问题，发表不同意见，学会尊重别人的观点和经验。"如果说活动课程是显性的课程，那么环境就是隐性课程，它对幼儿的科学学习的影响是潜移默化的。

幼儿园科学教育的环境，是指为了促进幼儿的科学素养的发展，由教育者创设、规划的具有科学教育价值的一种空间范围和场所。这种空间范围既是物质的，又是精神的，它对于幼儿的发展具有重要影响。

1. 促进幼儿社会性的发展

幼儿园环境的诸多方面，如环境的布置内容及其营造的氛围、活动空间的安排以及材料的投放等，会影响到幼儿在交往过程中的情绪状态、交往对象的数量等，从而影响幼儿的社会性发展。洛利斯·马拉古兹（Loris Malaguzzi）说："教育乃是由复杂的互动关系所构成的，也只有'环境'中各个元素的参与，才是许多互动关系实现的决定性关键。"[①]另外，在与教师、同伴、家长共同创设环境的过程中，幼儿与同伴

---
① 【意大利】马拉古兹著，张军红译.孩子的一百种语言——意大利瑞吉欧方案教学报告书.（台）光佑文化事业股份有限公司，1999年，第192页.

进行交流、合作，表达自己在遇到困难、疑问时的沮丧、郁闷，以及完成任务后的喜悦等，在这一过程中，逐渐了解人际交往的规范和技巧，进而能够逐步适应社会生活。

2. 促进幼儿认知的发展

幼儿的认知是在与周围环境相互作用的过程中不断发展的。幼儿园环境作为幼儿发展的一种刺激条件，可以有目的地塑造幼儿的某些行为习惯。根据幼儿的学习兴趣、内容，可以将幼儿学习内容或者成果展示在幼儿园的走廊、教室内，或者是在环境中创设问题情境等，通过环境来激发幼儿的兴趣，呈现学习内容，延伸学习活动，从而发挥其介入功能。

例如，在"我们的海洋朋友"的主题活动中，孩子们把自己和家长一起搜集来的有关海洋生物的图片、模型、仿真玩具等分类整理后，展示在教室的周围，让人仿佛置身于海洋生物的世界之中，从而激发了幼儿自主探索的欲望。此外，教师和幼儿在室外的小路上，用鹅卵石、贝壳等铺设了形态各异的小路，孩子们通过用脚踩、用手摸等感知光滑、粗糙、宽窄等，在与周围环境、材料的相互作用中，认知得到发展。

二、幼儿园科学环境的创设

（一）创造安全、自由的心理环境

幼儿科学教育的心理环境主要是指在幼儿园内对幼儿科学学习产生影响的一切心理因素的总和。心理学家罗杰斯认为心理的安全、自由是促进创造能力发展的两个主要条件。安全、自由的心理环境能使幼儿的好奇心、创造动机和兴趣等心理需要得到满足。皮亚杰特别强调建立积极主动的课堂环境，为幼儿提供心理上的安全感："教师要通过鼓励儿童真正尝试、支持那些大胆谈出不明确的想法和供选择的解释或有其他推测的儿童，为他们建立一个心理安全的支持环境。"雷泽·戈尔伯（Lazer Goldberg）曾用下面的论述表达皮亚杰概括的课堂环境的实质："这是一个愉快的地方，它不受为了使成人满意而限制良好情绪的做法所支配，而是充满着能动性，感情与任务以及同伴的认可相联系。在这里，喜悦和忧伤也像知识一样被分享……"[1]在心理安全、自由的环境中，幼儿的心情愉快，无压抑感，会对周围环境进行积极的探索。相反，不良的心理环境使幼儿处处感到压抑，情绪紧张、消极，幼儿无法专心投入科学探究活动中去，幼儿的发展就无从谈起。因此，幼儿园教师应该为幼儿创设一个心理安全、自由的环境，主要包括创设浓厚的科学学习氛围，为幼儿科学活动营造良好的心理气氛，重视幼儿的科学素养、科学习惯的形成等。

1. 营造心理上安全的探究氛围

马克思说：人创造了环境，同样环境也创造了人。心理上安全的探究环境是指幼儿的需要基本得到满足，尤其是尊重的需要、爱的需要和归属的需要。幼儿认知和理

---

[1] 刘占兰.学前儿童科学教育.北京：师范大学出版社，2008年，第199页.

解的需要也要得到尊重和满足。[1]我国著名教育家陈鹤琴先生指出:"怎样的环境刺激,得到怎样的印象。"在幼儿园教育实践中,幼儿的认知和理解周围世界的需要常常表现为充满探究的动机和需要、强烈的好奇心,乐于动手操作、亲身尝试等特点,但是这些需要在实践中常常得不到应有的尊重和基本的满足。常见的情况是当幼儿的探究与常规发生矛盾的时候,教师首先是维护常规,他们做出责备幼儿的举动,教师的理由是"孩子不遵守规矩"。有时候幼儿的自发探究行为带有一定的破坏性,而这种破坏性在教师的眼里成为品质问题而严厉批评喝止。久而久之,儿童在探究时就会缩手缩脚,"不敢"动。《纲要》指出,为幼儿的探究活动创设宽松的环境,让每个幼儿都有机会去参与尝试,要鼓励他们大胆地提出问题,发表不同的意见。教师要成为幼儿科学探究的支持者、引导者和合作者,努力为幼儿营造安全的探究氛围,幼儿才能放心、大胆尝试和探索。

特别是我们在看到"破坏性"问题的时候,应该有不同的角度和立场。如果我们从幼儿的角度和立场出发,去分析和理解幼儿的行为,就有助于幼儿保持良好的情绪态度。

(1)理解幼儿探索世界的方式,接纳幼儿的探索行为。对幼儿来说,世界是很奇妙的,周围环境中的一切对他来说都是新奇的,是他不曾了解的,而在这样的一种前提下,他自然有了要主动探索外部环境的冲动。所以当我们的孩子在强烈的好奇心驱使下出现一些超乎寻常的探索行为,以及做出为了验证自己认为理所当然,却让成人大跌眼镜的事,也是不足为奇的。

(2)正确判断幼儿的行为,培养幼儿独立自主意识。幼儿总希望以自己的方式,独立自主地活动,他们喜欢动手,喜欢摆弄各种物品和工具,喜欢尝试自己想做的事。在生活中,有些孩子喜欢帮大人做事情,结果出现"好心办坏事"的现象,如把科学角活动区东西越理越乱,打碎了瓶子,撒了一地的水。从心理角度分析这是一种求知欲强、独立性的表现。

(3)理解幼儿的认知水平,寻求幼儿真实探索动机。幼儿在探索中因为缺乏生活经验、受到认知水平的限制,在活动中常常会弄坏物品或伤害小生命。他们不能正确判断自己的是与非,从而导致破坏性行为的产生,充分地说明了幼儿的认知水平极为有限且缺乏生活经验。

 拓展阅读

开水浇花

一、案例

金秋十月,菊花盛开。幼儿为了把幼儿园打扮得更美丽,纷纷从家里带来了一盆

---

[1]刘占兰.学前儿童科学教育.北京:师范大学出版社,2008年,第193页.

盆五颜六色的菊花。他们可喜欢这些菊花了，每天围着观看，还为花浇水。

这天，一个小朋友突然跑过来说："老师，腾腾用开水浇花呢！"我忙跑过去，果然看到他杯子里的水冒着热气。我问他："你为什么用开水浇花呢？"他回答说："你不是说过不让小朋友喝生水吗？我也不想让菊花喝生水，那样不卫生。"多么天真的孩子呀，我刚想要告诉他不能用开水，但是转念一想，这不正是让孩子探究的好机会吗？何不让孩子按照他自己的意图试一试呢？想到这里，我对幼儿说："开水浇花行吗？"有的孩子说不行，有的孩子说行。我继续说："到底能不能用开水浇花，咱们试试看。腾腾，你每天继续用开水浇这棵菊花，看看是凉水浇的花长得好还是开水浇的花长得好。"腾腾当然很乐意，他非常自信地把开水浇到了花盆里。

为了增强幼儿探究的兴趣，我为腾腾做了一个纸杯子标记，让他记录给菊花喝开水的杯数。这项活动也吸引了许多小朋友，他们密切注意着菊花的变化。渐渐地，他们发现，用凉水浇的花越开越大，而腾腾的菊花头两天还没有什么变化，后来却耷拉下了头，叶子也耷拉下来了。幼儿边观察边议论："看咱们的花开得多大呀，腾腾的花开得那么小，还那么不精神……"终于有一天，腾腾忍不住跑过来哀求我："老师，你看我的花快要死了，你能不能救救它呀？"小朋友们七嘴八舌地议论开了，有的说花被烫死了，有的说用开水浇的花不会开。这时，我问幼儿："到底该用什么水浇花呢？"他们异口同声地回答："用凉水浇花。"

通过实践和观察，幼儿最终得出了正确的结论，我真为他们感到高兴。此后，我既肯定了腾腾爱动脑筋、坚持试验的态度，又为他提供了另一盆菊花，让他用正确的方法照料。

在腾腾用开水浇花的这些天中，曾有几位家长找过我，他们起初对我的做法很不理解，认为明知道不能用开水浇花，为什么不告诉孩子，而是让他们尝试用开水浇花呢？我耐心地向家长做了解释，很快得到了家长的理解和支持。后来，部分家长还参加了我们班的"植物为什么要喝凉水"的系列探究和讨论活动。

通过这件事，我更充分地认识到，教师应该为幼儿创造一个宽松的环境，使幼儿大胆地通过自己的探究获得新的经验。

唐山第一幼儿园　李媛

二、案例评析

幼儿的年龄特点决定了他们对事物的认识会受到直接经验的影响，也就是说幼儿具有心理学上所说的"转导推理"思维特点。当孩子用开水浇花的时候，教师不是去指责他，而是去了解"破坏性行为背后的真正动机"。通过询问了解孩子不是想搞破坏，而是出于想让菊花和小朋友一样"讲卫生，喝开水"的善良动机。这样不仅保护了幼儿善良的愿望，而且了解了幼儿原有的经验和认识水平；同时也为幼儿提供了心理安全的探究环境，为教师进一步的指导提供了依据。

总之，对于幼儿这些探索中无意识的"破坏性"行为，教师应当宽容对待，要意识到有些破坏性的行为代表着幼儿当前的认识水平，在成人看来是错误的，在幼儿的认知结构中可能是"合理的"和"正确的"，所以教师应该给予幼儿出错的权利，接纳幼儿的错误认识或者做法，同时寻求幼儿的真实意图，避免误解或者伤害幼儿。

当然还有一些破坏性行为可能是幼儿不恰当的宣泄方法，如心烦的时候摔东西等，报复性心理破坏，如嫉妒心理作祟故意弄坏受表扬的小朋友搭建的桥梁等，还有一些是不良的家庭环境和氛围形成的任性蛮横性格，在自己的需要得不到满足时会破坏东西等。对于这些破坏性的行为教师应该区别对待，或者加强良好行为引导，或做好家园沟通，这里不一一赘述。

2. 创设和谐的人际关系环境

创设良好的幼儿园教育活动的人际关系，需要教师能够构建积极有效的师幼互动、帮助幼儿建立友好的同伴关系。

（1）构建积极有效的师幼互动。

师幼互动是指发生在幼儿园内部的，贯穿于幼儿一日生活中的幼儿教师与幼儿之间的相互作用、相互影响的行为和过程。师幼互动是幼儿园人际互动的核心，贯穿于整个幼儿园的教育活动、学习活动、生活活动、游戏活动等各个环节。

《纲要》的第三部分"组织与实施"中提出："关注幼儿在活动中的表现和反应，敏感地察觉他们的需要，及时以适当的方式应答，形成合作探究式的师生互动"，"以关怀、接纳、尊重的态度与幼儿交往。耐心倾听，努力理解幼儿的想法和感受，支持、鼓励幼儿大胆探索与表达"，"善于发现幼儿感兴趣的事物、游戏和偶发事件中所隐含的教育价值，把握时机，积极引导"。这些表述都体现了《纲要》对师幼互动的特别关注。

要构建积极有效的师幼互动，教师必须树立正确的教育观念，并采取相应的策略。

首先，正确定位教师的角色。教师要正确地认识自己在教育活动中所扮演的角色。在传统的科学教育观念中，教师往往将自己定位于教育者、保护者、管理者，而将幼儿置于被教育、被保护、被管理的地位，从而形成了不对称的师幼互动关系。实质上，教师不仅是教育者、保护者、管理者，更应该是幼儿发展的支持者、参与者、合作者。在师幼互动中，教师是良好的师幼互动环境的创设者、积极互动的组织者和引导者。

其次，教师应该尊重和关爱儿童。尊重幼儿就是把幼儿当作一个独立的人来看待，尊重幼儿的兴趣需要和意愿，理解幼儿的各种情绪和情感的需要，并给予适当的满足。还要尊重幼儿的选择和做出决定的权利，相信幼儿有自我判断和做出正确选择的能力，善于对幼儿做出积极的行为反应，从而建立信任的环境气氛。对孩子的行为表现表示赞赏，除了语言之外，还可以用身体语言，如微笑、点头、肯定性的手势、抚摸、轻拍肩膀和脑袋等。让幼儿敢于接近教师、信赖教师。

（2）帮助幼儿建立友好的同伴关系。

"同伴是指儿童与之相处的具有相同社会认知能力的人。同伴关系是指年龄相同或者相近的儿童之间的一种共同活动并相互协作的关系。"[①]同伴交往对幼儿的科学知识的认知、科学技能的发展、科学情感的形成都有着积极的作用。因此教师要帮助幼儿建立良好的同伴关系。

教师要为幼儿同伴交往创设有利条件。从现实中我们可以观察到，在科学探索中，幼儿与同伴的交流较少，更多的是与客体（材料）交流。缺乏主体之间的交流，如与教师的交流、与同伴的交流。教师要充分利用探索中的资源，通过合作参与活动，学会处理活动中的矛盾，或者让幼儿跟同伴分享自己的认识，了解同伴的想法。

3. 创设高质量的问题情境

培养幼儿分析问题和解决问题的能力已经成为国内外教育界的共识，所以在心理环境的创设方面还应该要重视一种特殊的学习环境——问题情境。著名的教育家布鲁纳认为，学习者在一定的问题情境中，经历对学习材料的亲身体验和发展过程，才是对学习者最有价值的东西。

问题对于个体获取知识、探究未知是一种准备，是雨前的一阵雷声，催化着一场"科学之雨"的来临。从孔子的"学而不思则罔，思而不学则殆"到"疑是思之始，学之端"无不清楚地告诉我们：求知的起点在疑问。幼儿天生就有很强的好奇心和探究欲望，孩子从刚刚学会说话就开始了问的旅程。幼儿真正的主动探究和学习是从意识到有问题开始的。幼儿有了疑问或问题，并产生想寻求答案的愿望，主动探究问题才进入了真正的准备状态。幼儿也正是在一个个问题的解决中不断地健康成长。

但是，幼儿在很多情况下，并不一定能够提出自己关注的问题，这主要是幼儿已有的经验与将要探索的主题之间存在一定的心理距离或经验上的差距。如何缩小新旧事物、知识间的距离，就必须在孩子提问之前，通过讲故事、做游戏、参观品尝等方法，创造一定的问题情境，从而去唤醒去激活幼儿同主题相关的经验。这种"黎明前的准备"又称"前置性的活动"，是活动的脚手架。比如在"陀螺"主题中玩陀螺，制作陀螺；在"奇妙夹子店"幼儿收集夹子活动；在"蛋糕"主题中的到蛋糕店参观；"奥运会"主题中看录像材料；等等。这种前置性的活动，是为了让幼儿更好地提出疑问而铺垫的一块踏板。踏板上的快慢、轻重、远近完全因人、因主题内容而定，具体的情况具体选择，无一模板让你参照。只要灵活地去激活、唤醒幼儿头脑中的资料库，形成新旧认知上的冲突，那么孩子的问题就如同星星之火可以燎原那么有势头。

随着旧知识的唤醒，孩子开始提出多种多样、层次不一的问题。但幼儿注意力容易分散，原先提出的问题会随着新问题的出现而被遗忘。为了更好地展示孩子的问题，结合孩子自身表现的方式，可采用一系列的问题呈现的方法。

[①] 王振宇. 学前儿童发展心理学. 人民教育出版社，2004年，第221-222页.

总之，教师通过创设富有启发性的问题情境，引发幼儿思考与探索，一方面可以帮助幼儿明确活动的方向，使幼儿的探索更积极更生动更有目的性。另一方面可以启迪幼儿的思维，帮助幼儿获取科学的知识和技能。

4. 给予激励性的评价和具体的反馈

著名的教育家苏霍姆林斯基指出："教育的技巧的奥妙之一正在于此：儿童从一个好老师那里很少听到禁止，而经常听到的是表扬和鼓励的话。"这段话道出了评价的作用——来自重要他人的评价塑造着孩子的自我和个性。评价决定着孩子的未来，影响着他们的情绪情感，决定着他们的认知和创造。因此无论幼儿的想法对与错，教师都要真诚地接纳和认可，并鼓励幼儿轮流表达他们的看法。教师可以点头或者微笑表示她的认可，也可以用"还有别的想法吗""这也是一种可能""这种想法很有意思"等语言表明教师明白她听到了幼儿的回答。在倾听幼儿的回答时教师要保持中立。尽管可能并不赞同幼儿的想法，但并不把自己的想法强加给幼儿。在具体的评价中教师注意：

（1）从泛泛的表扬到描述性表扬。

教师要对幼儿操作的过程和结果给予具体的描述：先描述你所看见的，再描述你的感受，最后把孩子值得赞赏的行为总结为一个词。

（2）先认真倾听再继续追问。

在科学探索中，幼儿安全地表达了自己的想法后，教师应该对所有的幼儿都进一步地询问。不但应该询问回答错误的幼儿的想法，而且也要询问回答正确的幼儿的想法。这种做法会使所有的幼儿都感到安全。对于回答正确的幼儿来说，询问可以鼓励他们重新思考他们的答案并寻找更有说服力的证据。对于回答不正确的幼儿，询问有助于他们澄清他们的理解，接受教师的指导。同时教师还可以介绍补充材料对幼儿原先的结论提出质疑，使幼儿进一步思考。

总之，形成安全的、自由的鼓励幼儿探究的心理氛围是幼儿科学学习的前提和基本条件，教师必须为幼儿营造这样一种氛围。

（二）创造丰富优美的物质环境

1. 室外环境的创设

室外环境是指幼儿园室外可以供幼儿自由活动和休憩的空间，包括环境的绿化、美化、专门探究动植物的园地、水池、沙箱等。幼儿园的每一个角落都可以成为幼儿学习科学的场所。每个幼儿园里的草木、山水、昆虫等都吸引着幼儿无穷的好奇心和探究的热情。

幼儿园常设的户外科学园地有种植园、饲养角、气象角、沙水池等。

（1）种植园。

种植园是幼儿园选择合适的地点设置一块或者多块土地，幼儿种植蔬菜、花卉、农作物的地方。在这里可以引导幼儿爱护动植物，珍惜自然资源。关心周围环境，亲近大自然。让孩子在种植园地、自然角中种植小植物、管理小植物，用图片的形式来记录植物的发芽、生长的过程，从而让他们掌握种植的方法、管理方法；了解一些粗浅的科学知识，同时也培养他们对种植活动的兴趣。

图 3-1 汴塘新星幼儿园冬瓜种植喜获丰收

幼儿园的种植活动可以根据各地的气候等自然条件，考虑各园所的场地、人员等方面因素，因地制宜地进行设计，然后有目的、有计划、有组织地带领幼儿开展种植活动。如图 3-1 所示为汴塘新星幼儿园冬瓜种植。

（2）饲养角（见图 3-2）。

不适合在自然角饲养的动物可以安排在室外的饲养角，如体型较大的兔子、鸡、鸭等一些幼儿喜爱的家禽、家畜等。选择饲养动物的种类时，应该根据各幼儿园实际情况，并考虑幼儿的兴趣以及教学的需要。一般选择本地区常见的动物的种类，选择那些外形美观、动作灵活、叫声悦耳、性情温驯而又易于管理的小动物。饲养角选择在离活动室稍远、地势略高、阳光充足、空气流通的地方，可以修建笼舍或者小棚屋，要便于清扫。幼儿在教师的帮助下，懂得按动物的生活习性喂养，喂食要定时定量，同时还要学会清洁。在活动中教会他们一些简单的饲养技能，尝试做一些管理小动物的工作。

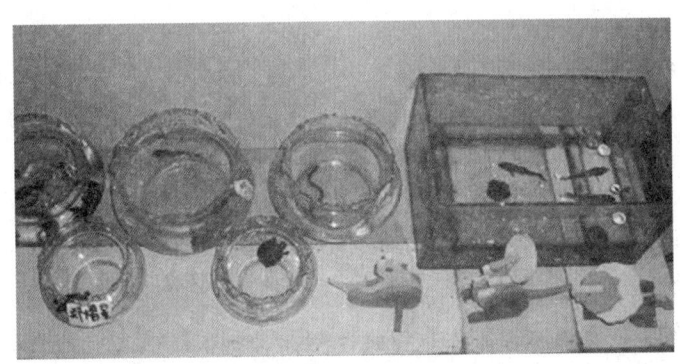

图 3-2 饲养角

（3）沙池、水池。

玩沙、水是幼儿最喜欢的户外活动之一。沙、水是自然界最容易得到的资源，是大自然赐给孩子的最好玩具，也是幼儿科学教育活动极好的教育资源。水和沙子没有固定的形状，幼儿可以根据自己的意愿和想象随意地玩耍，同时游戏也没有固定的玩法和必然性的结果。在千变万化的玩法中，幼儿的创造力得到发展。

沙池设置：幼儿玩沙好处多多。通过堆沙、拍沙、铲沙、运沙等活动提高幼儿动作的灵活性。用沙子堆小山、架大桥、挖山洞、建房子、造公园，这样的活动可以让幼儿感到快乐，尽情地发挥想象力去创造，自主地去尝试体验活动的乐趣。

沙池的设计首先要安全合理，不需要太大，能同时容纳五六名孩子即可，太大了孩子的数量也可能会更多，反而存在一定的安全隐患，里面的沙子最好有粗有细、有大有小，大小粗细不同的沙子可以帮助幼儿获得一定的感知觉经验。

为了增加活动的乐趣，更好地开发幼儿的创造力和想象力，可以在沙池中投放一定的辅助材料，比如，小筛子、小铲子、小货车等必不可少的玩具，饮料瓶等材料的投放对幼儿的发展来说也是很有必要的，可以提升幼儿玩沙游戏的质量。

水池设置：幼儿天性就爱玩水，有条件的幼儿园可设置玩水池、涉水池和游泳池，玩水池玩水设施较简单，一大盆的水就可满足小朋友的玩水兴趣；专门玩水池，大小可因地制宜，可做成环形。水槽内可设几个同向的喷水嘴，使水流动。如果地方大，还可在中间设养鱼池、雕塑、喷泉，不仅提供了玩水的设施，还增添了园内景色；涉水池水深在10~30厘米为宜，池中可以排列不同大小的石墩。夏天可让孩子赤脚在池中涉水。平时，小朋友穿着鞋，可在石墩上面行走，培养勇气和平衡能力。

沙池、水池的管理：

首先，保证沙子和水的清洁。沙子要经常过滤，每次活动结束后要清除遗留物，筛去小石子等杂质。沙池中的沙在雨后应该翻晒，经常翻动，保持沙子的松软、清洁。露天沙箱中的沙子也要定期进行清洗，要有遮盖设备，以防止动物尿粪等污物。如果是沙量较少的沙箱，可以将沙子倒在能够滤水的容器中，用清水冲洗后晒干。水池中的水要经常更换，根据要求进行消毒。在不能玩水的季节要及时放掉水池中的剩水。

其次，提供活动时必要的清洁措施。在玩水前要清洁玩水的用具，在玩沙子和水的时候教师可以给孩子准备专门的罩衣围裙等。还可以帮助年龄较小的儿童把领口塞住，袖口扎紧，以免沙子进入衣服。

再次，活动前制定必要的规则。在活动前要说明游戏的规则，游戏中也要提醒幼儿玩沙子不要抛沙子，不要揉眼睛，把游戏的用具收拾归位，保护水，节约水。

最后，合理组织活动。要保证活动的正常进行，除了提供必要的物质条件和充足的时间保障外还应该灵活组织，户外活动容易受到季节天气的影响，因此，可以将室内外活动结合起来。在户外让幼儿自由活动，定期组织幼儿集体玩耍。

（4）气象角。

有条件的幼儿园可以设置简单的气象角，供幼儿对气象要素和对有关物象进行观测，了解天气状况。教师可以为气象角购置或者自制一些天气观测的仪器，如方向标、雨量筒、气温计等。千变万化的天气，会吸引每一位好奇的幼儿，通过气象角活动，可以让幼儿了解天气以及天气变化的状况，培养幼儿对气象科学的兴趣和熟悉天气预报的内容。

 拓展阅读

幼儿园种植园活动的实践

幼儿园种植园地是幼儿园所有设施中一个重要的组成部分，它有着自然角不可比的优势，它可以系统地帮助幼儿观察、认识植物生长过程。自然角受多方面因素的影响，许多植物在生长的过程中会死亡，严重影响幼儿的整体观察效果。当前幼儿园对种植园地的重视度还不是很高，有些幼儿园的种植园地是教师在管理，有些幼儿园的种植园地是保育员老师在种植，有些幼儿园的种植园地甚至承包给有资质的外部人士在打理……幼儿园应该将种植园地作为活动来开展，在活动过程中让幼儿成为活动的主体，教师成为活动中的参与者、指导者、观察者。

第一，做好前期工作，为活动开展提供良好的条件。

整理土地：对于幼儿园刚开辟出的新地，有些土质非常贫瘠，没有肥料，土的下面可能还有石块，应该先进行园地的整理，将石块等杂物去除掉；然后施加复合肥料、有机肥料。这个过程可以请有经验的人员帮助进行，幼儿通过参观的方式学习。通过整治后的园地为孩子们的参与提供了一个好的实验场所。

采购种子：教师可在孩子们中间开展调查活动"你知道的蔬菜宝宝"，联系采购种子人员、地点，根据幼儿调查结果进行统计、采购。

第二，做好管理工作，为活动开展提供切实的保障。

加强假期间的管理：种植园地的植物刚刚种下不久，就面临着放假，暑假期间，种植园地的植物该如何管理，使孩子们在新学期开学时能看到自己种的蔬菜呢？首先，在安排值班时将其列入值班内容之一，每天值班教师要到园地观察一下，给它们浇水，保证土壤湿润，植物不被干死。其次，请幼儿园绿化师傅进行管理，结合绿化过程顺便进行种植园地的管理，确保园地植物安然度夏。

当孩子们开开心心来上幼儿园时，园地里的植物都已经长得非常茂盛了：长长的豆角、青青的辣椒、绿绿的花生苗，丝瓜、菜瓜满架爬，香瓜……

加强过程管理：

（1）根据植物特点：植物特别是露天植物季节性特别强，每个植物都有自己的生长特点，都有自己对土壤、对温度等的要求，只有当一切适应生长的要求时，植物才能长得旺盛。根据本地的气候特点进行蔬菜种植，不能完全根据幼儿的爱好，可以在以后的时间内安排幼儿调查表内的蔬菜宝宝。在以后的实践中考虑将种植园地内开辟一块"大棚蔬菜地"，这样可以种植一些反季节的蔬菜水果，让幼儿亲历科学的魅力。

（2）根据幼儿特点：幼儿是活动的主体，幼儿是活动的实施者，在种植园地中，蔬菜宝宝的种植和孩子是分不开的。幼儿感兴趣的植物是种植对象，如胡萝卜、豌豆、辣椒、豇豆、菠菜、大蒜、花生、丝瓜、土豆等，可以让幼儿观察各种特色、形状的植物。①根据幼儿好奇的心理、爱探究的特性，种植前将蔬菜的种子发放给孩子们，让他们看看植物的种子长得什么样，猜一猜是什么蔬菜的种子，长大后是什么样；②和孩子们一起亲手将种子播撒在园地内；③中、大班孩子都安排值日生，每天早晨入园时要去照顾一下自己种的植物宝宝；④全园的孩子利用中午餐后散步，玩沙的时间去看看自己的植物宝宝，下午家长接的时候，和爸爸妈妈一起去观察，教师要根据植物生长的不同时期定期或不定期带领幼儿去观察植物的变化。孩子们通过以上活动，对种植园地的植物越来越有兴趣，"土豆切开来排在土里面，就能长出新土豆""一粒小种子能长出胡萝卜""大蒜头能长出大蒜"……在种植园地内孩子们发现了许多在教室内没有的秘密，比课本、课件更直观的现象，他们的积极性非常高，兴趣非常浓。

（3）根据园地实际情况。在种植植物时要根据园地的实际情况，因地制宜，合理科学地安排园地的布置，不仅对植物的生长起到重要的作用，而且对园地美观、便于幼儿观察也起到积极的作用。根据班级情况，每个班级一块，四周为草地，种植班级的植物，每个区域可以用一些丝瓜等爬藤类植物隔开，将边上空余的地方种植山芋等"懒庄稼"，或者都用鹅卵石进行分隔，这样孩子们可以站在一个地方观察到所有的植物，想细看还可以走近些。根据每个区域的特点，合理地进行布局。

在种植园的活动中，孩子们从一开始就参与其中，在幼儿园种植园地中能充分发挥自主性，他们都会喜欢上这片小小的绿色角落。在这片角落中，孩子们通过自己动手操作，自己管理，和教师、家长、同伴一起分享劳动的成果，并且乐在其中。

2. 室内环境

教师要在幼儿园室内专门为幼儿提供幼儿科学探索的场所，包括自然角、科学区和科学发现（实验）室等。

幼儿园室内环境是指幼儿生活、学习空间内各种条件的总和，包含物质环境和精神环境。物质环境主要是指影响幼儿各方面能力发展的周边环境和教育条件，包括地面、墙面、顶面的环境布置和空间布局。它是满足幼儿学习、生活的需要，促进其身心全面发展的基本保障，是开展各种教学活动的条件和基础。精神环境指符合幼儿的审美情趣，适合幼儿的身心发展，使幼儿感到温馨亲切的气氛。良好的气氛可以更好地促进幼儿对"自我"的开掘、发展和完善，促进幼儿对自身先天潜能最大限度的实现，它直接影响到幼儿生活的质量。幼儿园室内环境作为一种课程形式本身包含丰富的教育价值，对于幼儿的发展至关重要。

（1）幼儿园室内环境创设的教育价值。

幼儿是在与环境的良好互动中得到成长的，良好的教育环境对促进幼儿的身心发展具有重要价值。

第一，有利于激发幼儿学习的积极情绪。

第二，有利于培养幼儿团结合作与动手的能力。

第三，利用环境的作用让幼儿主动活动，让幼儿充分参与到环境创设中来。

第四，有利于对幼儿进行潜移默化的教育。

第五，安全教育在幼儿园教育中非常重要。如果用简单说教的方式向幼儿灌输安全方面的知识必定枯燥无趣。倘若将安全教育纳入环境创设，如教师在教室外的走廊上粘贴文明用语或行为规范；在班级里开设"每周礼仪小故事"栏目，形成浓浓的日常礼仪小氛围等，有利于发挥环境的教育暗示作用，诱发幼儿积极行为的产生，促进其文明习惯的养成。

第六，有利于幼儿获得多元化发展。

良好的环境布置不仅能促进幼儿认知、观察、情绪等心理方面的发展，还能促进幼儿身体机能的发展。例如，利用环境的美化引导幼儿欣赏美的能力；利用各种形状的装饰物引导幼儿认识图形和空间的能力；利用玩具、教具的制作发展其想象、机体协调能力等。

（2）幼儿园室内环境创设应遵循的基本原则。

室内环境是幼儿教育的重要资源，是幼儿健康发展的前提与保障。室内环境的创设需要遵循以下几个原则。

第一，教育性原则。教育性原则是指在创设室内环境时要充分地体现其教育性，并要符合幼儿身心全面发展的需要，与幼儿园教育目标相一致。室内环境不仅仅有美化的作用，更是教师实现教育意图的重要中介。室内环境的布置隐含着大量的教育机遇，具有其他教育所不能替代的作用。在创设室内环境时，要让环境的每一部分都有利于幼儿各方面的全面发展。比如在装饰设计教室墙面时，要结合小、中、大班各年龄阶段幼儿身心发展、审美与情趣爱好的特点来选择装饰内容。在创设室内环境时，要有明确的目标意识，体现活动的主题。比如以"认识植物"为主题的活动，可以让幼儿搜集或动手设计各种植物叶子的图片展示在墙上，创造出认识、学习各种植物的情境，使幼儿在潜移默化中得到熏陶和学习。

第二，安全性原则。安全性原则是指在室内环境的设计中安全是个很重要的因素，是幼儿安全健康成长的前提和能力发展的重要保障。幼儿的骨骼发育还不完全，他们的行为运动还比较笨拙，自我保护的意识还不强，这就需要教师给予必要的保护。在装饰物的选择上要避免有毒、棱角尖锐等有安全隐患的材料。教师还可以利用此机会向幼儿传输安全教育的知识，让幼儿在日常的生活中得到更多的安全知识。

第三，适宜性原则。适宜性原则是指室内环境的创设要符合幼儿的年龄特征，适合幼儿能力、认知、兴趣等方面的个别差异，从而促进每个幼儿全面健康和谐的发展。这就要求教师要十分透彻的了解幼儿身心发展的特点，既要了解共性，还要了解个性。年龄阶段不同，对环境的要求也不同。例如，同样是娃娃家游戏，因小班幼儿模仿能力强，为培养其角色意识，通常让其佩戴角色标志。而大班幼儿认知经验丰富，社会接触面广，游戏的材料多是一些富有开放性和创造性的材料，让其在游戏中获得更多的经验与知识。

第四，趣味性原则。趣味性是指在室内环境的设计中，墙饰、悬挂物等要符合幼儿的审美情趣，其造型要充满童趣特征。环境的布置不能脱离幼儿已有的经验，也不能超越他们所能接受的界限。如墙饰内容不能枯燥，要接近幼儿的生活，要能很好地促进幼儿认知、理解、想象、创造能力的发展。墙饰的取材可以源于幼儿熟悉、喜欢的童话故事等。尽量采用夸张、拟人化的形象，这会让幼儿感到喜爱、亲切。

第五，艺术性原则。艺术性原则是指室内环境的创设在色彩和形式上要富有美感，且环境是清洁整齐的，能很好地激发幼儿的情趣、陶冶情操。视觉上的形式美和色彩美对幼儿来说是很重要的。形式美让幼儿体验到对称、整洁、和谐之美。色彩的明亮鲜艳、纯净自然给幼儿带来的是美的享受。

第六，参与性原则。参与性原则是指在室内环境的创设中，幼儿在教师的帮助指导下与教师合作完成的过程。在此过程中，幼儿是积极的参与者、主动的学习者。正是在这种过程中，幼儿增强了自信，体验了成功，发展了动手操作能力，培养了创作热情及团队合作精神。

总之，幼儿园室内环境设计的目的是要为幼儿教育创设一个较为理想、合理、卫生、安全、丰富多彩且充满人文关怀的教育环境，促进幼儿更好地去生活和学习，不断得到各方面的发展。因此，教师应根据具体情况，与时俱进，去创造性地开展环境的创设工作。

模块二 学前儿童科学教育环境创设存在的问题

学习目标：
- 了解幼儿进行物质及教育环境创设时存在的问题。
- 懂得解决幼儿环境创设问题的对策。

一、幼儿园在进行物质环境创设时出现的问题

（一）在幼儿园物质环境创设中往往大主题较明显，具体的主次却很模糊

我们可以用一棵大树来比喻幼儿园的室内环境布置。把每次幼儿园要进行环境布置的主题比作大树的主干，一般情况下，负责环境布置的教师总会根据园里布置下来的内容去寻找所有有关该主题的资料，这些资料就是大树的主干和主干上的大分支和小分支。然而当布置呈现在人眼前时，往往会发现整个室内环境布置由主体到部分就只有树干和树的分支，主干部分最容易被忽略掉。这样，当我们去看着这棵大树的时候，我们只能看到树干上一堆凌乱复杂的分支，没有主干部分的存在，便失去了大树本身的美感。幼儿园室内环境布置就如同一棵生长茂密的大树，它的成长需要各个方面的"养料"充足，只有这样才可以长成一棵健全的参天大树，在茂密的丛林中茁壮成长。并且大部分幼儿教师将幼儿园内环境创设主要理解为班级环境的创设，将班级环境的创设主要理解为墙饰。还比方说将幼儿园环境创设主要理解为空间的布置，设施设备的提供，而没有包含材料，特别是幼儿活动的材料；或者将幼儿园环境创设主要理解为物质环境的创设，忽视或分割了精神与物质环境创设的关系。

（二）不能灵活地运用各种材料

环境与材料一经教师"精心"设计布置，相对"稳定"的时间长，墙饰与活动材料内容、功能、操作方法上较固定。教师习惯用直接指导的方式教会幼儿使用材料，通过练习达成教师预设在环境中的教育目标。这种现象在各幼儿园表现得很明显，这些幼儿园很容易将环境布置的位置和布置时的操作方法保留下来，以用来应付下一期的环境创设，并且其材料多是以卡纸、皱纹纸、硬纸之类为主，很少看到用现实生活中可以再利用的物品。

（三）过于强调美化环境，忽略了幼儿思维、想象力的扩展

在中国，幼儿园过分强调环境的"美化"功能，环境创设的重心放在如何帮助儿童"获得知识上"，强调幼儿的接收学习的过程；强调分科教育与划分领域的学习活动；强调区角设置的完整与材料投放的均衡；强调幼儿严格地入区活动；强调区角基本材料的配置与数量。因此，各班计算、语言、美工、科学、建构等区角一应俱全，

材料基本雷同，设置大同小异，中国也不存在像国外一些在大自然中建设的幼儿园、完全以玩为主的幼儿园等。

（四）以教师制作布置为主，忽略幼儿主人翁意识

为了环境布置的完美性，往往由成人"自编、自导、自演"，很少让幼儿参与，只是让幼儿充当教师布置环境的观赏者，机械地接受成人的安排，这样的布置过程，不利于幼儿思维的发展，个性和创造力的培养，孩子们只能眼巴巴用欣赏和羡慕的眼光看那些被教师精心设计的布置，这种问题使得环境创设的作用被大大削减，很难起到应有的作用。

二、幼儿园在进行教育环境创设时出现的问题现状

（一）大部分幼儿园对教育环境的重视程度理论大于实际，形式大于内涵

多数幼儿园展示了很多与教育环境创设有关的理论知识来丰富幼儿领域的人群，却没有在行动上做出与之相适应的环境创设。多数幼儿园在招聘时会非常关注幼师的手工和美术功底，以帮助幼儿园进行环境创设，他们这种应聘方式表面上是秉着《纲要》的要求挑选人才，实质起的作用反而是钝化了应聘者对"环境创设"的正确意识，单纯以为只要会手工制作、能交出令招聘者满意的作品就行，从而忽略了应聘者的精神层面对环境创设同样有着不可言喻的作用。而这种理解与实践的偏差最常反映在上级来园视察的择标导向上，也反映教师只重视物质环境创设的错位思想上。

（二）在进行学习环境创设与布局上，教师和幼儿的互动太少

现在多数大型幼儿园都在致力构建多元化环境，多元化环境创设也是对当前优秀幼儿园各项工作制度已渐趋于成熟的标志性体现之一。多元化的简要定义是："任何在某种程度上相似但有所不同的人员的组合。"而将其运用到幼儿园环境创设上面，正是与多元化教育相衔接的重要桥梁。多数教师一般要为班级创设"语言教育、游戏活动、科学教育、艺术教育"等环境，教师为了应付不同教育领域中所需的环境创设，常常会从各个教育当中找出环境创设的合并项，这样就缩短了时间以应付教学，但后果却会限制孩子的思维能力发展。如果教师与孩子一起互动，一起讨论怎么设计墙面或地面，怎么设置"图书角、美术角、数学角"的环境装扮，要投入多少材料、多少人一起合作，会耗用多少时间等问题，这些有趣又有益的方法既可以进一步了解孩子在环境创设方面所具有的心理特点，也可以缩短环境创设的时间，更可以提高孩子的动手和动脑能力。这种问题同样也表现在教师忽略孩子的心理，不符合幼儿的特点，以成人的眼光、做幼儿的环境的思想上。以"教师是环境的创设者"观念为指导，教师在班级环境设计上下大力气，室内外场地布局、区角设置、材料投放、墙饰布置等均由教师一手操办，据调查发现，80%以上的幼儿园在进行室内环境布置时，总是根据教师自我的需要考虑环境创设，追求表面上的"好看""漂亮"，没有从孩子的角度出发。美的环境可以使人心情愉快，但是不能以成人的眼光来评价幼儿园的环境。

有的幼儿园的环境布置得像童话世界，幼儿园以环境材料是否美、精致，教师是否"手巧"衡量教师在多元化环境创设的作用，以绝对标准评价儿童作品质量。在成人看来，这些都漂亮极了，这类环境确实能吸引幼儿，但时间一久，幼儿就失去了兴趣。而那些在成人看来拙劣、幼稚的环境布置，幼儿却情有独钟。多数教师为了求新求异，不顾孩子的主观视野和心理特点，凭借自己的想象和教学方法的需要，使环境创设单纯地成了摆设和装饰，从而掩盖和违背了"环境育人"的基本教育理念。

（三）很少注重培养幼儿尊重事实的科学态度，不给幼儿尝试的机会

长期以来，有些教师习惯于由自己来判断幼儿的对错，使幼儿感到真理只存在于教师的头脑中，他们关注的是教师的态度，而不是客观事实本身，这就造成了幼儿对教师的一种依赖和迎合心理。要改变这种现象，我们就必须更新教育观念，从"教师讲，幼儿听"转变为"让幼儿主动探究，自己找答案"，制造机会和条件让幼儿参与教育活动，逐步培养幼儿形成尊重客观事实，依据事实得出结论的科学态度。

三、针对当前的幼儿环境创设问题提出的有关改善策略

（一）坚持将全面性、适宜性、参与性、一致性的原则贯穿到环境创设实践当中

对于环境创设原则的理解，从事幼教行业的人员多少都知道一些，只是将其贯穿落实到实践中来就显得人单力薄。那么怎样将这些原则有效地运用到实践当中去呢？首先教师对环境创设的理解要明确无误，要充分认识到只有将园内环境和园外环境有机联系起来，找到环境创设的重点和教育价值，才能真正地做到环境创设，进而促进幼儿的心理健康发展和知识水平提升。再者是对幼儿的心理发展特点要理解熟悉。一般说来经验丰富的教师都能将班级创设与孩子的心理特点较好地联系起来。比如，活动室材料的堆放应放在距离孩子多远、多高的地方会有利于孩子拿放，美术作品的展示应当和孩子一起去讨论怎么装扮，只有让每个孩子都能在其视线范围内看到他们的作品和名字，他们才会领略到自己的成功与被重视感。

又比方说自然角的浇水，教师可以带领孩子一起去参观浇水的过程，然后亲自示范，引起孩子的兴趣，就可以让幼儿自己去给自然角的盆栽浇水，激发他们积极参与的热情。落实参与性的原则实质是幼儿与教师合作努力的过程，教育者要有让幼儿参与环境创设的意图，要让其养成将环境与教育联系起来进而思考创新的习惯。环境和教育是相互渗透相互联系的。环境创设同样要与幼儿教育目标相一致，并且要有利于教育目标的实现。如幼儿园在制订每一学期的周、月、期活动计划时，都应该考虑怎样使幼儿教育目标与环境创设结合起来，从而有效地促进幼儿发展。也要考虑投入哪些材料合适、投入多少、还需要创设哪些条件？只有获得环境支持的教育才能成为开启幼儿心智和创造力的有效工具。

（二）适时提供物质材料，调整环境设置

物质环境是幼儿学习的中介和桥梁。所以，我们要努力将教育目标和内容物化，将期望幼儿获得的知识经验蕴含在物质环境之中，使幼儿通过与环境的不断相互作用获得最基本的知识经验，或通过观察、询问、提供情境或材料等手段来了解幼儿的兴趣和需要。如某班在搬迁活动室时，教师事先把那些精美的壁画和墙饰都拆除掉。幼儿来到时，面对空荡荡的一点也不漂亮的活动室，他们产生了和教师一起布置墙面的想法，这个想法得到了教师的赞同和支持。教师当即鼓励幼儿自己设计他们感兴趣的、想表达的内容，主动收集有关资料，准备材料，激发了幼儿布置墙面的积极性。在这个过程中，幼儿学到了手工、常识等多方面的知识，锻炼了他们的动手动脑能力。墙饰制成后，幼儿根据墙饰的内容，向家长、同伴、教师讲述自己的故事。随着墙饰内容的不断增加、变化，幼儿的故事内容也在不断丰富充实。

为了充分发挥环境的教育作用，我们除了安排特定的教育活动外，还要尊重和支持幼儿自发产生的兴趣和问题，灵活调整教育计划。如某教师正准备按原定计划进行教学活动，这时候有两个幼儿把动物角的蜗牛放到活动室的桌子上，于是全班幼儿的注意力一下子都集中到蜗牛身上来了。看到幼儿对蜗牛如此感兴趣，教师决定临时调整教育活动计划，积极支持幼儿自发产生的探究活动。在探究过程中，针对幼儿提出的"蜗牛有没有嘴"这个问题，教师没有直接回答，而是引导幼儿通过自己的探究活动寻求答案，使幼儿不但学到了知识，还获得了探究解决问题的方法和初步能力。

（三）环境要有弹性，让环境活起来

一成不变的环境只会限制和阻碍儿童的发展。幼儿园环境创设应当紧跟时代的潮流，联系现今孩子的生活实际，让园内环境和园外环境保持一致。这样才能及时有效地捕捉孩子对观察事物的切入点和着重点。比如说，现在孩子对"奥特曼、喜羊羊"这些动漫形象的兴趣浓厚，我们在教学时可以把这类形象搬到课堂上面来，可以让"奥特曼、喜羊羊"作为问题提出者，以牵动孩子解决问题的心理，亦可以将"宝宝卡片""奖励贴纸"用他们的形象代替，让这些静止的具体环境活在课堂上，走进孩子的兴趣范围。传统的活动室多为中间摆放几张桌子，这样的空间布局停留在"教师讲授、幼儿倾听记忆"的层面上，这样空间布局仅仅实现了教师与善于表现的少数幼儿的交流，不便于幼儿之间进行深入的、详细的，甚至有冲突的讨论，这样的空间布局使教师对幼儿发展情况的观察、了解仅仅局限在对全班幼儿的大致的、模糊的、一般性的水平上，阻碍了教师对幼儿发展情况深入的、具体的、个别性的把握。因此，我们要充分地挖掘有用的空间，激发幼儿尝试使用各种材料，发现问题和解决问题，使幼儿处于积极的探究状态。比方说，我们可以把桌椅摆成半圆形，让所有孩子都能和教师保持着近距离，也可以和孩子一起商量把桌椅怎么摆既好看又能让所有的孩子都听得到教师的声音、看到教师的面孔。这样就能提高孩子学习的积极性和热情，又能方便教师观察分析孩子的举动和心理。所以我们应当打破生硬的环境布局，敢于创新、打破陈

规,让每一个孩子都能在平等、自由的环境下健康成长。

教学过程中我们要利用好有限的环境补给孩子奇妙的想象,想办法满足孩子的好奇心和探知欲,让环境能伸缩自如,既能让孩子看到事物的表象又能通过表象发散思维和想象。

(四) 要将物质环境和精神环境紧密联系起来

无论是师生共同准备和创设的环境材料,还是教师根据教育目标和内容提供的环境材料,我们都应积极支持和鼓励幼儿进行探究和操作活动。在指导幼儿进行探究操作活动时,我们要改变以往的"检查者"的角色,把精力从"检查玩具是否掉了,东西是否乱了,幼儿是否发生矛盾了"等问题转移到幼儿的探究和操作活动上来,关注幼儿的兴趣和需求,正确判断他们的发展水平,引导幼儿向更高的水平发展。如我们可引导幼儿讨论问题"汽车在什么样的路面上跑得更快?"并鼓励幼儿说出各自的答案。为了让幼儿验证自己的猜想,我们可以发动幼儿找来各种高低、形状不同的积木、纸板、易拉罐等,启发幼儿运用这些材料搭出不同角度的斜坡,并提供橡胶、木板、玻璃等不同质地的斜坡面。我们可让幼儿在搭好的斜坡上进行赛车,并启发幼儿注意观察汽车速度和路面的倾斜度以及光滑程度有什么关系。通过多次操作,幼儿可发现汽车滑下斜坡的速度不仅与路面的倾斜度有关,还与路面的光滑程度有关,初步体验到速度与倾斜度、速度与摩擦力之间的关系。

(五) 欣赏大自然让孩子体验大自然的喜怒哀乐,培养幼儿对大自然的热爱

幼儿园物质环境中大环境就是指大自然、大社会。对幼儿进行环境科学知识的教育,我认为很有道理。作为一个幼儿教育者,我们致力于如何深入浅出地把这些内容贯穿于我们的教育活动方案之中,并利用有趣的游戏(可利用听觉、视觉、触觉感受)和活动方案来让幼儿掌握环境知识、生物知识。如让小班孩子认识"花"是各种各样的,教师设计"花仙子找家"的游戏引导他们认识花生活在不同的环境:仙人掌长在沙漠中,荷花长在池塘里,牵牛花长在篱笆等,达到让幼儿观察与比较了解植物的多样性,体会植物和环境之间的关系的目的。

让幼儿亲临大自然、感受大自然、分享大自然的乐趣。除了充分利用幼儿园内玩沙区、玩水区、观察区与种植区外,把幼儿带入大自然中做游戏会使幼儿对大自然的情感更加深刻与丰富。如参观农庄、到郊野公园等。除了开展探索活动的方法,还应利用多种途径,通过社会或园所制度举办一系列与自然环境息息相关的活动。资料调查显示,约50%的幼儿园与小学初中一体化的学校都会联合组织春游种植树木之类的活动。通过这种互相合作与交流的活动,孩子们充分体验了小学生们独立自主的精神,也懂得了一些粗浅的环境知识、生物知识以及爱护环境的道理。将大自然宽泛、包容的自然环境展示给孩子们,能让教师与孩子一起感受自然环境对我们的重要性,从而与教育目标紧密联合,提高孩子的环保意识。

归根结底,幼儿园环境创设,前提是要从园所的实际情况出发,重点是培养骨干

教师对环境建设的正确认识，关键是对幼儿的身心发展特点有全面透彻的了解，不断改革创新，不断探索发展，才能一步步、更好地构建好这一复杂而系统的伟大工程。

模块三 学前儿童科学教育环境创设的要求

学习目标：
- 了解幼儿科学教育环境创设的基本要求。
- 模拟创设幼儿园科学教育环境。

一、科学性与教育性

在创设科学教育环境时，给幼儿提供的科学教育内容应符合科学的原理，不能违背科学事实，即强调给幼儿正确的、符合客观事实的科学知识，同时要反对迷信。科学环境创设要围绕科学教育的目标而进行，充分体现环境的教育性。这里有一个同学们做的纸杯螃蟹玩具，请大家观察，你发现了什么（螃蟹几条腿）？观察同学做的牙齿的模型教具，儿童的牙齿和成人的牙齿应该是多少颗（20，28~32）？种地是往地里种大米吗？我们在幼儿园的墙饰上和孩子们的作品上常常能够看到蚂蚁变成了4条腿，螃蟹变成了6条腿。

二、探索性与操作性

幼儿科学教育环境的创设尽量要提供能让幼儿自己尝试着去探索、发现的内容或者情景。尽量给幼儿提供一些可操作的材料，培养幼儿的动手能力、操作能力和创造能力。

例如，投放沉与浮的材料让孩子们操作，什么东西能够沉下去，什么东西能够浮起来，怎么能让沉下去的东西浮起来（如磁铁等）。这些材料的投放既体现了可操作性，又体现了可探索性。

三、启蒙性与层次性

启蒙性即提供给幼儿的科学内容应该是一种粗浅的科学知识，以此激发幼儿的好奇心和科学探索的欲望，启示幼儿的科学学习，而不是超越幼儿的发展水平和理解能力。

不同年龄班幼儿的可接受性不同。大中小班科学教育环境创设要体现本班幼儿年龄特点，要有层次性。小班可以多提供一些认知的东西，多观察，可以从事一些简单的操作；中大班不仅要提供观察的对象，还要提供一些动手操作的材料和探索的内容。（如某中班教师给幼儿讲9大行星——教师不能凭想象进行教学）

四、综合性与趣味性

幼儿园的科学教育是不分科的，在教育内容上包括了生物、数学、天文、地理、物理、化学等广泛的内容，是综合性的基础教育。另外，我们还应考虑与其他领域教育内容的相互配合、相互渗透（如与健康领域、社会领域、语言领域、艺术领域的相互结合与渗透）。

如观察小蝌蚪的成长过程，可以结合语言教育进行讲故事训练，如《小蝌蚪找妈妈》。因此，在布置幼儿科学教育环境时应蕴含着数量、大小、颜色、变化等，让多种因子融合在一起体现其综合性。科学教育本身富有很强的趣味性，所以环境创设的同时还要体现趣味性，以此激发幼儿的好奇心和学习兴趣。

模块四 学前儿童科学区域教育活动的环境创设

学习目标：

- 理解科学区域活动的含义、价值以及材料的投放和指导策略。
- 了解班级自然角创建、材料的提供和管理的方法，能够创建班级自然角并能组织班级自然角活动。
- 了解科学发现室的创建、材料的提供和管理的方法，能够组织科学发现室活动并管理科学发现室。
- 能灵活运用科学区域活动的指导策略指导分析活动案例。

一、科学区域活动概述

（一）科学区域活动的含义和价值

区域活动是幼儿一日生活的一部分，是幼儿非常喜欢的活动。区域活动一般是指教师从幼儿的需要、兴趣出发，融合教育目标和正在进行的各种教育活动的要求，将活动场地划分为若干个不同的区域（如阅读区、表演区、结构区、美工区、益智区、自然角、科学活动区或专门的活动室等），在其中投放适合各类活动的材料，制定相应的活动规则，让幼儿自由选择活动，在不同的区域内幼儿通过与材料、环境以及同伴的相互作用，进行个性化学习并获得发展的一类教育活动。

区域活动的目的是为了给幼儿提供更多的时间和空间，让幼儿依靠自身的能力通过对各种材料的摆弄、操作去感知、思考、寻找问题的答案。区域活动越来越受到教育者的青睐的原因是对于幼儿来说，区域活动中不仅仅能习得知识与技能，更是一种充满意义的生活。在区域活动中，教师和幼儿可以有更多的对话碰撞和情感的交流，教师和幼儿在积极地与活动的融合中可以享受无限的乐趣。

科学区域活动是幼儿区域活动之一，是指幼儿在专门的科学区域（主要包括发现区和自然角等），自主选择活动内容、活动方式、活动材料、活动伙伴，并按照自己的兴趣和现有水平，进行各种各样科学探索和科学游戏活动。科学区域设置的目的让幼儿的个性得到充分的发展，各种需求得到必要的满足，在此基础上形成一种对于未知事物积极的探究态度，并对自己的探究能力充满自信。

1. 科学区域活动的价值

（1）科学区域活动便于幼儿自主性发挥。

在大部分情况下，科学区域活动是以幼儿为主体的活动，是幼儿自己的活动和游戏，不像集体活动和其他领域活动那样由教师预先设计和组织。在科学区域活动中，幼儿完全可以在其中寻找他的问题情境，自主、自信地开展互动，他可以自由支配面前的一切，不用关注教师的态度，其自尊和安全的需要得到满足。

（2）科学区域活动能够满足幼儿的个体差异的需要。

科学区域活动能够满足幼儿不同的兴趣和需要。在区域活动中幼儿可以选择自己喜欢的材料和玩伴，进行自己感兴趣的科学探索和科学游戏；科学区域活动还是满足幼儿不同发展水平的场所，幼儿可以根据自己的经验、发展水平来选择适合自己的学习场所、学习速度和学习过程，幼儿通过对各种材料的操作摆弄完成动作的内化，以自己的方式向教师设定的学习目标迈进；在科学区域活动中幼儿关注更多的是自己从活动中得到的乐趣，因此外界压力小，能有效促成幼儿个性化的发展。

2. 科学区域活动的材料投放

科学区域活动的设计应该是一种"以材料为中心"的设计，活动目标和过程应该依附在材料的设计中，因此，区域活动材料的投放影响着幼儿活动的开展。教师要根据幼儿的个性特点、幼儿的实际发展水平、近期的教育目标等进行投放。在选择科学区域的活动材料时应该注意如下几种。

（1）结构性材料。

结构性材料就是指活动材料能够将科学的原理蕴含在材料或者对材料的探索中，同时，又蕴含着探索和发现的可能性。材料的结构高低会影响幼儿的探索。高结构化的材料可能蕴含丰富的科学原理，但是会限制幼儿的操作方式；低结构化的材料，幼儿喜欢玩，但可能蕴含的科学价值不够。因此，教师要根据幼儿的发展水平和需要慎重选择材料结构的难度。

（2）开放性材料。

开放性材料是指活动材料可以由幼儿自己提供或者在教师提供的范围内自主地选择。在探索的过程中，幼儿也可以根据自己的需要自由调整材料，选择自己喜欢的材料进行操作。如，"不倒翁娃娃"可以是成品，也可以是半成品和一些制作需要的材料。开放的材料给幼儿提供了选择的自由，能够较大程度调动幼儿的积极性。

（3）多样性材料。

多样性是指材料在数量和种类上要足够多，让幼儿可以按照自己的兴趣和爱好来选择。充分发挥幼儿的积极性，使其主动投入探索中，也避免了因为材料的不充足而引发幼儿的争执。如关于"沉浮"的内容，教师可以提供幼儿日常可见的丰富的材料，如积木、塑料插片、玻璃弹珠、调羹、橡皮泥、纸杯、磁铁等，让幼儿通过尝试操作发现不同物体在水中的沉浮情况并思考缘由。

（4）层次性材料。

层次性材料是指材料要满足不同儿童的需求。幼儿可以在各自的原有水平上探索材料，幼儿探索到一定程度后可以自行选择材料以增加难度。

（5）安全性材料。

幼儿的自我保护意识比较弱，教师在设计材料时要充分考虑材料的安全性问题。不要提供有棱角或者边缘锋利的铁钉、铁片、玻璃等，一般不选择有缺角、有毛刺、不卫生的材料，以免幼儿在探索的过程中受伤。

（6）经济性材料。

科学活动区的材料不是用来当作摆设的，因此教师不必过于强调美观，也不要投放太多无法摆弄的成品，应该尽可能满足幼儿喜欢动手操作的特点，提供富有变化的材料。这些材料要经济实用，可以多选择自然材料和废旧材料，除了必须买的如放大镜、电池、磁铁等，大多数材料可以在周围环境中或者日常生活用品中寻找，这样既经济环保，又符合现阶段我国幼儿园的发展状况。

3. 科学区域活动中的指导策略

区域活动中教师是活动的主体，幼儿自觉地在教师所创设的、有准备的环境中"玩中学"，幼儿因在活动中教师能够自主和胜任而感到快乐。在区域科学教育活动中虽然教师成了隐性要素，但是教师仍然是活动的主导，教师的主导作用表现在能为幼儿创设活动的条件，并能够在活动中发现幼儿的意愿和创造性，帮助幼儿实现其自主性。教师在幼儿的科学区域活动时是活动的观察者和间接的指导者。

（1）通过观察了解每个幼儿的特点。

科学区域活动的指导首先是观察。通过观察了解幼儿的特点，了解幼儿的知识储备、发展水平和实际需要，从而去发现幼儿的潜力。在观察的基础上，有目的地、灵活地投放或者变换材料以支持幼儿的游戏和学习，并提供适宜的指导。如在幼儿搭建汽车城的时候，需要有与汽车城相关的材料支持；而在幼儿搭建新型城市的时候，就要增加与城市建设和设施相关的材料。在观察中发现幼儿的认识水平差异后在材料投放中就可以有针对性地投放层次性材料。例如，认识图形（小班）可以投放两组材料，一组是颜色的认识，一组是颜色与图形的搭配。这样幼儿就可以根据自己的兴趣、需要选择，教师可以根据幼儿的实际水平进行不同的指导和帮助，幼儿也会在不同的水平上获得不同的经验。

教师在科学区域的观察以自然观察为主，要做到耐心、静心、细心。观察有时需要经过一定的时间后才能有更好的针对性，耐心就是不要怕花费时间，这样才有可能真正适应、满足幼儿的发展需要。静心就是尽量不打扰幼儿自然的行为过程，与之保持一定的距离。细心是注意捕捉幼儿行为表现中的有益信息和其发生的时间、背景等，必要时可以做记录。总之，一个成功的教育者首先是一个好的观察者。

（2）设置问题情境挑战儿童。

在区域活动中，教育的要求不再由教师直接向幼儿提出，而是以问题情境的方式呈现在幼儿面前，此时教师的指导作用转向问题情境的设置。根据幼儿的兴趣和水平，教师可以不断提出有挑战性的问题和任务，这样才能够激发和引导幼儿的学习不断深入。如"桥的建设"，教师根据主题在区域中准备了很多种搭桥的材料，但是幼儿的搭建在没有新要求的情况下，就只搭建了几种简单的桥，这时候教师可以向幼儿设置新的问题情境：怎样建一座"有孔的桥""高高的桥""结实的桥"……在这个过程中让材料的使用翻出新意，这样的问题设置也可以引导幼儿从简单低级的桥式结构向着复杂高级的桥式结构发展。

（3）适宜地介入和引导。

在区域活动中，教师的指导隐藏在活动材料的设计之中，较少用语言指导。教师基本上不干预幼儿的操作。如果情况需要，教师可以根据幼儿在活动中的不同表现，选择不同的介入方式。教师的介入方式有平行介入（教师不打扰儿童活动，在一旁自己做）、垂直介入（以教师的身份指导）和交叉介入（进入游戏成为其中一个角色）。教师的介入只是在幼儿遇到困难、需要帮助时给予一定的引导，或者在其不遵守活动区规则、妨碍了他人活动、可能发生危险等情况下，才会出面干涉；或者以某一个角色身份介入，通过询问、建议等方式对幼儿进行指导。

总之，科学区域的活动，不必过于关注幼儿的知识获得，而应该重点关注幼儿是怎样获得这些知识的，所以科学区域的指导策略比较强调创设心理自由和心理安全的环境；强调以探索为中心投放材料；强调给幼儿充分的操作探索时间而不急于直接指导；强调注重活动过程，也就是幼儿在探索中所做出的努力，即幼儿在自信心、坚持性、独立性、创造性等方面的表现。教师应当明白科学区域活动不仅仅支持幼儿在科学教育领域的发展，它对幼儿综合素质的提高也有着显著的作用。

二、班级自然角的环境创设

（一）自然角的含义

自然角是幼儿认识自然界的一个窗口，是指在幼儿园的室内、廊沿或活动室开辟一角，作为饲养小动物、栽培植物、陈列实验品之用。如图3-3，3-4为班级自然角。

自然角可以单独设置，也可以从属于班级科学区。科学区与自然角的区别在于：自然角突出对生命科学的探索，活动类型突出种植、饲养和观察活动；而科学区突出对物理现象的探索，活动类型更强调实验操作。

图 3-3 班级自然角一

图 3-4 班级自然角二

（二）自然角的独特价值

自然角的核心价值是让幼儿了解和认识生物的基本特征，主要包括生命的多样性、生命体的特征、生命体的周期性以及生物间的相互依存及其对环境的依存。[1]而自然角的创建以及在其中组织的活动对儿童教育也有着独特的价值。

1. 自然角的创建符合孩子的思维特点

自然角展示在孩子面前的是一个多彩的、真实的世界，里面的东西可以摸、可以闻、可以听，可以通过直接感知积累得到认知概念，而不是靠语言和图片来间接认识。这符合孩子在幼儿阶段的思维特点，以直觉行动思维和具体形象思维为主。

---

[1] 刘占兰.学前儿童科学教育.北京：师范大学出版社，2008 年 5 月第二版.

> **拓展阅读**

对幼儿园自然角创建的思考

自然角的创建给孩子带来的价值无可估量，但其高价值与现今幼儿园自然角创建的现状形成了极大的反差，这其中的落差使笔者感到深深的担忧，如何发挥自然角的最大教育效能，让孩子在富有生命力的环境中获得认知、发展能力、赢得情感呢？面对此课题，笔者认为应关注三个群体、把握三种关系、遵循三项原则。

1. 关注三个群体

（1）幼儿。

任何一项教育只有以幼儿为主体、遵从孩子的意愿、重视孩子的主动参与才能发挥其最大的教育效能。自然角的创建尤应如此，因为那是完全属于孩子的天地，因此在内容的设置、材料的选择、形式的采用、过程的管理等方面都应以幼儿的发展为出发点和归宿，这样的自然角才是真正属于孩子的。

（2）教师。

"一个好的教师就像一本百科全书"，教师首先要端正自身对自然角的态度，储备丰富的知识，培养对自然界的兴趣，以自己喜爱大自然的情绪感染幼儿，以生动的语言、有趣的形式引领孩子进行活动。当孩子对自然角的兴趣越浓，效果就会越好，这就要求教师自身要有广博的知识和端正的态度准确地向幼儿展示客观事物的现象和事实。

（3）家长。

家庭是幼儿园重要的合作伙伴，所谓的家园合作即指幼儿园和家庭都把自己当作发展孩子的主体，双方互相了解、配合、支持，共同促进孩子的身心发展。自然角的创建应遵从平等、互助、尊重的原则，吸引家长参与其中。可利用家园直通车、邀请参观等形式向家长介绍班级自然角的创建情况、需要提供的帮助等，在家长理解、认同的基础上，主动参与创建过程。在寒暑假期间还可邀请家长和孩子领植物、动物回家，从而拓展其教育外延和内涵。

2. 把握三种关系

（1）自然角内容的安排与孩子意愿之间的关系。

自然角的创建内容是首要元素，种什么？栽什么？养什么？种、栽、养的物品必须是孩子们喜欢的，是孩子们自主选择的，只有这样才能吸引孩子们主动参与到自然角的活动中来。在自然角创建之初，教师可以广泛地征求和听取孩子们的意见和建议，同时可以对班中自然角的动植物采用领养的方式分配到个人，让孩子们照顾其"生活起居"，自愿的选择能让孩子们较好地投入活动中去。

（2）自然角内容的设置与幼儿的认知水平之间的关系。

根据孩子的年龄特点和认知水平选择自然角的内容。到了中、大班，自然角的动植物品种就可以丰富一些，可以观察一些周期较长的动植物，如蚕宝宝变蝴蝶的过程、茎叶的吸水性实验等。诚然，各年龄段的观察、饲养并没有绝对的界限，有的动植物可以在各年龄段的自然角中出现，但前提是教师必须有不同的指导要求。如小兔的饲养，在小班仅停留在外形特征的认知，到了中大班则应进一步研究它的生活习性。

(3) 自然角内容的选择与主题教学之间的关系。

现今许多幼儿园都在进行主题教学，在以主题为中心开展系列活动的大背景影响下，自然角内容的选择也不可与之割裂，应尽可能地做到与主题教学同步。如在"美丽的秋天"主题活动中，自然角可以相应地增添秋天的水果、孩子捡来的落叶等，使自然角与主题教学互为补充、互相渗透与促进。

3. 遵循三项原则

(1) 放手原则——给孩子参与自然角活动的时间与空间。

在幼儿园的自然角中的观察和学习应以不干扰正常的教学活动为主，但又得保证孩子观察的时间。要做到让孩子自主学习，教师要遵循"放手"原则，给孩子充分的时间与空间。一般在三个时间段比较适宜：晨间来园时、午餐后、离园前。因为这三个时间段的孩子都是陆续的、零散的，不至于使原本不大的自然角显得拥挤，影响观察的质量。在孩子参与自然角的活动时，教师应扮演好支持者的角色，在孩子遇到困难时予以帮助，让他们的观察与学习能顺利进行。

(2) 相信原则——相信孩子是有智慧的群体。

在自然角的创建中，如何管理一直是教师们最头疼的一个问题。自然角经常会发生小花因不断地浇水而涝死，小金鱼不停地吃东西而撑死的现象。管理方法是个抽象的概念，对教师强制的方法孩子们迫于权威会遵从，但是在操作中经常会发生"忘记"的现象，可见孩子们并没有从心里认同。如果我们相信孩子的智慧，让他们自主地制订管理方法，就会是不一样的局面。针对小金鱼的喂食问题，孩子们想出了在鱼缸上贴小点点的主意：一天最多只能喂10粒食物，喂过一颗就贴一个点点，没有贴到10个点点的可以继续再喂。虽然想法幼稚可爱，但却不失为一个好方法，自从用了这个管理方法，再没有金鱼因喂食过多而撑死的现象了。相信你们的孩子，他们是有智慧的群体！

(3) 就地取材原则——体现废物利用。

自然角的创建应本着因地制宜、就地取材的原则，地点的选择应考虑到班级所处的地理位置，应阳光充足；器皿的运用，提倡废物利用，如塑料瓶子、酸奶杯等，安全不易碎，孩子人手一份的器皿运用这些废旧物简单易得，还可在上面做可爱的装饰。

自然角是孩子认识世界的一扇窗，是亲近自然的最好途径，如何让这扇窗外的风景引人入胜、美丽迷人并非易事，作为幼教工作者，我们任重而道远。只要我们用心去发现、用心去创建，一定能给孩子一片绿色而富有生机的自然之林。

——班级自然角的创建与思考. 东方尚谷国际教育网.

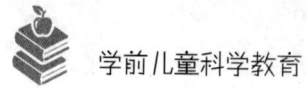

2. 自然角的创建能发展幼儿的观察能力

观察是一种有目的的知觉，是孩子学习的基本方法，孩子正是通过观察获得了对世界的第一手经验。在观察中，孩子能不断地发现大自然的奥秘，通过发现问题、提出问题激发了孩子探究大自然的兴趣，从而进行了再次更新的或更细致的观察。

自然角的设置直观、丰富、生动、具体，孩子们在不知不觉中进入了自然角，在不知不觉中进行了观察。春天，他们在教师的引导下系统地观察了蚕宝宝变蝴蝶的全过程；秋天，有些树开始落叶了，孩子们通过观察、比较了解了落叶树和常青树的不同；冬天的水仙花引起了孩子们无限的遐想："咦，天这么冷，水仙花还站在水边，不冷吗？"在观察中，孩子们不仅获得了快乐，还逐渐培养了观察的持久性和有效性。

3. 自然角能培养幼儿对周围事物的美好情感和责任感

《纲要》特别突出了情感态度形成的重要性。自然角生动、活泼、丰富的材料激发了孩子探究的欲望、鼓励着孩子们的好奇心，并逐渐使孩子由自发的好奇心转化为具有特定方向的好奇——对科学的好奇、对探究的兴趣，为幼儿播下了爱科学的种子，为今后学科学奠定了良好的基础。孩子们每天观察，期待着植物的生长变化。有时，他们异常惊喜：豆子发芽了，番茄叶子长大了，牵牛花开了……有时他们十分困惑：辣椒、茄子怎么总是细细长长、只见长不见壮？这该怎么办呢？有时，则因管理不慎，花草枯黄而伤心，体验失败的焦灼。这一切为孩子们增添了童趣，增长了他们的知识，开阔了他们的视野，激发了他们的好奇心，同时通过管理，让他们学到了简单的劳动技能，萌发了对动植物的爱怜之心，陶冶了爱自然的美好情感，还可以培养幼儿从小保护生态环境的意识。

例如，幼儿会从家里给小鸡带来爱吃的小米，小兔爱吃的青菜和萝卜，边喂边和他们轻声地讲话。当有人捏一下小兔或小鸡时，他们会马上大声地干预："不要这么用力，小鸡会疼的！"当有其他班的孩子想采摘自然角的花时，他们会着急地说："花是给我们看的，不能摘！"他们出现了自觉、认真的保护动植物的行为。幼儿每天和自然角的物品相处，并且可以自由地接触和观察这些物品，在潜移默化中，幼儿把自然角中种植的植物、饲养的小动物看成自己的不可缺少的小伙伴，从而倍加关注和照顾。它们的每一个细小的变化都会引起幼儿的注意，从而培养了幼儿对事物的观察力和关爱、保护生命的责任感。

（三）创设班级自然角时应遵循的原则

1. 安全性原则

由于幼儿年龄小，基本活动能力较差，对一些动植物的危害性了解得不够，自我保护能力弱，因此，创设班级自然角应该在教师的监护下开展，从而避免一些安全隐患。

2. 目标性原则

自然角的创设不是盲目的、随心所欲的，应根据教育的目标而定。

3. 适宜性原则

孩子生活的环境不同,孩子的学习能力与发展水平也有差异,动植物资源的利用也有它的季节性,因此,创设班级自然角应因时、因地、因人开展有针对性的活动。

4. 动态性原则

班级自然角的创设是动态的过程。幼儿在动植物生长发展中自主探索、积累经验,它注重的是孩子与动植物生长互动的过程,而不是静态的结果。

5. 整合性原则

在班级自然角的创设中,发挥整合功能。如教育资源的整合,教育目标、内容、方法的整合,活动组织形式的整合等。

6. 兴趣性原则

创设班级自然角应充分满足孩子的兴趣与需要,激发孩子积极主动地参与,调动孩子运用多种感官参与其中。

(四)班级自然角的选择和布置注意的问题

1. 班级自然角的大小和选择应该因地制宜

班级自然角的选择要根据班级活动室的面积、朝向、班级幼儿人数等因素来确定,要兼顾教学活动和区域活动的需要,要兼顾集体活动、小组活动和个别活动的需要。一般来说,室内面积较大的班级,创设班级自然角就容易一些,可以摆放较多的物品以供幼儿观察与操作;相反,人均面积较小的班级在创设自然角的时候就需要与其他区域结合起来考虑,可以把科学区和自然角相结合,也可以把科学区、数学区、语言区统整为益智区。

2. 引导幼儿参与自然角的布局

在布置自然角时,许多教师担心幼儿怕麻烦、怕布置不够美等,于是包办自然角的布局。其实成人布置的自然角就是再美,幼儿也感觉那不是自己的自然角,不会对它产生浓厚的兴趣。凡是幼儿自己能做的,就让幼儿自己做,凡是幼儿能自己想的,就让幼儿自己想。鼓励幼儿发现自己的世界。因此,在布置自然角时,引导幼儿参与进来,以他们的审美与爱好去布置。这样布置出来的自然角虽不及成人却充分发挥了幼儿的创造性思维。幼儿才会觉得那是自己的东西,才能真正吸引他们,成为他们观察、实验的园地,使成人化的自然角布局变为儿童化的自然角布局。例如,秋天来了,教师要求幼儿布置以"丰收的秋天"为主题的自然角,虽然幼儿按照教师的要求布置了,但是孩子们观察的兴趣不高。于是,教师征求孩子们的意见,让他们自己确立自然角的布局。孩子们在叽叽喳喳的讨论中布置了"秋天的果娃娃",每天都有幼儿来欣赏观察自己的作品。

3. 材料的摆放合适,充分利用班级空间

在许多幼儿园中,由于场地有限,各班级的自然角场地划分不够合理。幼儿园要从整个幼儿园统筹安排各班级的场地,宜选择能接收阳光雨露滋润,利于植物成长的场地。教师在创设自然角时，要充分考虑每个班级自然角的空间大小，选择场地宽敞、能容纳幼儿以小组为单位进行观察的区域。对于空间不充足的幼儿班级来说，要利用一切可以利用的空间进行班级自然角的创设。要懂得充分利用园内每个角落创设自然角。要合理利用每个窗台、栏杆、墙脚边，以及操场旁边的空地等。

4. 自然角的创设要根据季节变化，选择不同的内容

自然角是幼儿了解自然知识的一个窗口，自然角的环境变换要结合科学教育的计划、季节变化及幼儿的观察兴趣而及时更换，激发幼儿对自然的热爱，对周围世界的关注及探索兴趣，让幼儿亲近自然、喜爱动植物、喜欢观察、发现周围环境中有趣的事物。教师提供的养殖内容要易于养殖，养殖周期不宜过长，易于幼儿观察和了解动植物成长变化的过程。如，春天是万物生长的好季节，这个时候可以结合主题、领域中的学习内容，种植适宜在春天里成长的植物，例如豌豆、蚕豆、苋菜等。春天里动物生长最明显的是青蛙和蚕。秋天是收获的季节，这个季节教师可以提供各种成熟的瓜果让幼儿欣赏，从中体现收获的喜悦。

三、科学发现室的环境创设

（一）科学发现室的含义

科学发现室实际上是一个扩大了的科学角，是班级自然角的延伸，是幼儿园专门设置的为幼儿提供自主探究活动的环境。近年来，随着幼儿园物质条件的改善，特别是对区角学习活动重要性的认识，很多幼儿园都建立了科学发现室（图3-5），供幼儿进行科学探索、发现和操作活动。虽然名称有所不同，但就功能而言，都是指开展非指导性区角活动的场所。

图3-5 幼儿科学发现室

（二）科学发现室活动的内容

由于科学发现室的空间区域较大，我们在设计布置科学发现室时可以根据不同的活动内容进行分类投放材料。

1. 观察阅读类

观察阅读类的内容是指幼儿运用多种感官了解自然物与科技产品等客观事物的特征和用途,从而获得感性经验,进而丰富幼儿的科学知识、揭示科学现象和原理。本区可以有适合墙面布置的壁画、悬挂等,如蝴蝶的生长过程、动植物的图片等;适合参观的内容有模型、标本、实物等,如地球仪、昆虫标本、树叶标本等;适合早期阅读的科普读物、绘本、幼儿杂志、音像等。

2. 科学玩具类

科学玩具类的内容是指幼儿通过操作蕴含科学现象与原理的成品或者自制的玩具,探究科学现象、获取科学知识。如操作电子积木、观察万花筒、摆弄平衡玩具、玩光影游戏等。这里可以投放的有电动玩具、声控玩具、遥控玩具、磁性玩具、学习玩具、拼插玩具。这些玩具可以有选择地购买,也可以利用废旧材料自行制作。

3. 实验操作类

实验操作类的内容是指幼儿通过动手操作解释科学现象和原理的材料,尝试改变变量,来发现客观事物变化及其因果关系。如开展物体的沉浮、不吹自灭、不湿的手帕、睡莲开花等。科学实验类的材料可以围绕以下主题提供。

探索光和影:各种哈哈镜、平面镜、三棱镜、凸面镜、各种透镜、可以叠加颜色的彩色塑料片、报纸、水盆、厚纸卡、透明玻璃、毛玻璃、手电筒、应急灯、各色布料、手偶玩具等。

探索电的现象:会亮的电珠、电线、小块毛皮、橡皮棒、手电筒、铁片、铜丝、丝绳、塑料尺子、各种形状的磁铁、指南针、小纸盒等。

探索声音:音叉、响铃、各种纸盒子、瓶子、盛水的杯子、小石子、豆子、沙子、漏斗、橡皮筋、线绳、PVC管、录音机等。

探索空气:大小不一的透明塑料袋、玻璃杯、气球、打气筒、风车(或制作的材料)、蜡烛、纸飞机、碎纸片、纸船、吸管、纸扇、记录表等。

探索水和沙:水盆或者水槽、粗细不同的沙子、漏斗、漏勺、各种各样瓶子、杯子、铲子、水车、盐和糖、喷枪、肥皂、海绵块、各种能漂浮的小物件等。

探索运动和力:大小纸盒子、积木块、斜面板、小汽车、皮球、易拉罐、塑料碗、纸杯、乒乓球、独轮车、羊角球、玻璃球、滑轮、天平、弹簧秤、筷子、各种各样夹子、各种各样陀螺、光滑不一的布料、毛巾、弹性玩具等。

4. 科技制作类

科技制作类的内容是指幼儿学习制作产品或者掌握某些工具的操作方法和技能,尝试制作各种蕴含科学现象的作品。科学制作类的材料主要有两种:一类是某种制作需要的特殊材料,包括各种玩具制作、标本制作和陈列品制作等,如制作风车、降落伞、陀螺、喷泉、风筝等所需要的材料;另一类是一些基本的工具,用于制作各种活动的必备通用材料,如剪刀、钳子、螺丝、镊子、各种纸张、各种线、各种颜色的碎布等。

（三）科学发现室的使用和管理

科学发现室不能成为陈列室，而应该成为幼儿进行科学探索活动的富有趣味的活动室、游戏室。一旦幼儿园创建了科学发现室，就应该充分发挥其作用，不要使其成为摆设。

（1）专人负责日常管理和活动指导。

选择工作细致、有条理、有责任心，而且具有丰富的科学学科知识和幼儿教育知识的专门人员负责发现室的管理：不断提供和补充消耗性材料；布置、整理材料；不断淘汰幼儿不感兴趣的材料；照料科学发现室内有生命的物体；记录发现室的使用情况等。

（2）制订科学发现室活动计划。

按照计划组织各个班级的全体幼儿定期来开展活动，考虑各个年龄段幼儿知识经验的不同以及特点和兴趣的不同，有计划地安排不同的活动重点，拟定不同的核心问题让幼儿进行探讨。

（3）经常维护和检修仪器，避免发生意外。

（4）充分发挥社区和家庭资源优势，不断补充和更新室内材料，把科学发现室活动引向家庭和社区，使其形成有效互动。

 拓展阅读

科游室活动制度（厦门第九幼儿园）

1. 活动前，老师准备好实验材料。幼儿有序进入，不准随意走动和乱动桌上的一切实验器材。

2. 老师要向幼儿交代实验中的注意事项，讲清实验操作的目的和方法，示范操作。

3. 注意安全，一切实验材料不能入口，在试验中若发生意外事故（如着火、伤害）应立即报告。

4. 爱护仪器和实验材料，节约用水、用药。实验室的仪器及材料未经老师许可不能带出实验室。

5. 在实验中损坏的仪器及材料应报告老师处理。

6. 活动完毕，老师应处理好废物，清理好实验器材，归还原位，做好清洁，并组织好幼儿有序离开游戏室。

7. 活动结束必须填好活动登记簿。

总之，幼儿园科学区域活动是幼儿园实施科学教育的重要途径，科学活动区因其内容丰富，操作性强，活动方式更具主动性、自主性和探索性而深受幼儿的喜爱。一个精心设计和安排的科学活动区，将有助于引发幼儿积极主动的科学探究行为，使之

获得探究的乐趣和成功的体验，引领幼儿更多地去发现和了解身边的科学。

附表：

山东省城市幼儿园科学发现室配备基本标准
山东省教育厅制 2010 年 7 月《山东省幼儿园基本办园条件标准（试行）》

教育内容	材料配备标准	观察认知类	操作探究类
生命科学	动物	动物标本10~20个（昆虫、家禽、家畜、飞禽、野兽等） 动物图片5~8种（每种不少于10张） 动物仿真玩具不少于30个	动物生长过程图片2~3套（如青蛙、蝴蝶、蚕等） 食物链拼摆图片或仿真玩具2~3套 动物分类卡片5~8套（不少于80张） 恐龙玩具
	植物	植物标本10~20个（种子、花卉、叶子等） 植物生长过程标本1~2套（小麦、玉米等） 显示年轮的树墩	植物图片（根、茎、叶、花、果实等）不少于50张 果实仿真玩具
	人类	人体孕育及生长过程图片或影像资料 人类进化过程图片或影像资料 人体主要器官模型1~3种（头、耳、牙齿等）	人类进化过程拼摆图片 指纹操作材料（放大镜、印泥等）
物理科学	沙和水		玩沙工具3~5种不少于10个（铲子、瓶子、盒子、漏斗、筛子、模具等） 配色实验材料5~10套（透明容器、三原色颜料） 沉浮实验材料若干（木质、塑料、铁质等物品） 吸水性实验材料若干（不同质地的纸、布、海绵等） 吹泡泡工具和材料5~10套 量水工具不少于10个（不同形状、不同容量的量杯） 喷水壶3~5个 自制潜水艇玩具※、手摇抽水井※、水车玩具※、水的三态变化实验材料※、水温计、浮水印画材料（墨汁、宣纸）

续　表

教育内容	材料配备标准	观察认知类	操作探究类
物理科学	空气和风	风的作用和危害图片或影像资料 人类预防风沙灾害的图片或影像资料 风向仪	空气实验材料：气球、大小饮料瓶、蜡烛、小皮球、塑料袋若干 充气筒2~5个、充气玩具6~10个、玻璃广口瓶6~8个 风的实验材料：小电扇3~5个，扇子、小旗、各种风车玩具、风筝若干 小吹风机、玩具帆船
物理科学	声音		打击乐器3~5种（鼓、锣等）不少于15件 自制乐器材料3~5种不少于10件（瓶子、盒子、皮筋等） 传声筒（粗细长短不同的管子）、自制电话材料若干（纸杯、毛线等） 声控玩具
物理科学	电和磁		电实验材料：电池3种(干电池、锂电池、纽扣电池等)，不少于20个 导电实验材料10~20套（电线、小灯泡、干电池等） 摩擦生电实验材料5套（尼龙布、塑料棒、纸屑等） 磁性实验材料：各种磁铁不少于20块，曲别针，厚度不一的纸板、塑料板等若干 电动玩具、指南针、司南、磁性玩具
物理科学	运动和力		天平1~3个、平衡玩具不少于10个（如不倒翁等） 陀螺10~20个 弹性实验材料（弹簧、海绵、皮筋、松紧带等）若干 弹性玩具5~10件（弹力球、弹簧小人等） 斜坡实验材料（可调节高度、不同质地的坡面、各种球、测量长度的工具等） 桥承重实验材料（纸、塑料板、小块积木等） 自制降落伞材料（手绢、长绳等） 多米诺骨牌※、弹跳类运动玩具（小蹦床、羊角球、跳跳球等）※、离心力玩具※、省力工具（杠杆、滑轮、独轮车等）、沙漏
物理科学	光和影		小镜子20个（可用铝塑板代替）、放大镜5个、万花筒、手电筒各10个，望远镜3~5个，各色透明塑料纸或塑料片若干 可拆装的万花筒※、三棱镜※、潜望镜※、凹（凸）透镜※、哈哈镜※、三面镜※、显微镜※、数码相机※、便携式应急灯※
地理科学	宇宙概貌与宇宙探索	太阳系八大行星相关图片或影像资料 宇宙飞船、人类探月、宇航员图片或影像资料 火箭模型※、天文望远镜※	模拟火箭上天实验材料（卷筒、塑料袋、饮料瓶、纸杯等）

续 表

教育内容	材料配备标准	观察认知类	操作探究类
	太阳月亮地球	地图、地球仪 1~3 个	三球仪※、月相图
科学技术	四大发明	火药、指南针、印刷术、造纸术图片或影像资料	造纸实验材料（纸、胶水、滤网等） 活字模具（可用图章代替）
	交通工具	各种交通工具及发展史图片或影像资料	各种交通工具玩具不少于 30 件 轨道模型玩具
	通讯	各种通信工具及发展史图片或影像资料	各种通信工具实物、模型或玩具不少于 10 件

说明：1. 目录中带 ※ 的为选配设备，供有条件的幼儿园结合实际选配
2. 本表中与玩教具配备目录相同的设备，在满足需要前提下，不再重复配备

科学区域活动，是教师依据教育目标和幼儿发展水平，利用游戏形式创设环境、提供材料，促使幼儿按照自己的意愿和能力在与材料的互动中进行个别化、自主化学习的活动过程。显然，它是一种个别化的、低结构化的、过程性的学习活动。教师在指导区域活动时，材料的投放要注意有效性，指导策略上要注意个别性、自主性。

[思考与练习]

1. 在进行区域科学教育活动的指导时，教师可以采用哪些策略？
2. 在选择和布置班级自然角时应注意哪些方面的问题？
3. 科学发现室使用和管理时应注意哪些方面的问题？

模块五　学前儿童科学教育的资源

学习目标：

- ➢ 了解幼儿科学教育的社会资源类型以及选择原则。
- ➢ 能够有效整合社会资源进行幼儿科学教育实践。
- ➢ 掌握并能够描述科学的完整内涵，形成正确的科学观，能够运用已有的经验分析科学的内涵。

幼儿科学教育资源是指具有教育意义或能够保证科学教育实践进行的各种条件，包括幼儿园所在地区和临近地区中可以被教育所利用的一切人力、物力、自然环境和社会组织等。

一、幼儿科学教育资源概述

（一）幼儿科学教育资源的选择原则

1. 与幼儿生活经验密切联系的教育资源

应当选择与幼儿生活密切相关的教育资源。贴近幼儿生活的科学教育资源，不仅为幼儿获得科学知识与经验提供前提和可能，而且能够让幼儿真正体验到学习内容对自己的意义。只有幼儿自己知道想要了解和解决的问题，才能积极主动地学习和探索，才能发现和感受到周围世界的神奇，才能保持强烈的好奇心和探究的欲望。幼儿经常食用的蔬菜、水果是幼儿进行观察的最好资源。幼儿接触最多、能看得见、摸得着的事物是各种材料，如水、沙、泥、石头、塑料、颜料这类资源，它包含了材料的性质及其简单的相互关系，应该充分选择和利用。与幼儿生活关系密切的社区资源如乳品加工厂、农业种植园区、淡水鱼养殖场等，可以引起幼儿的好奇心，让孩子走进大自然，走入社会，因此这些应该纳入科学教育的内容；而风、雨、雪、雾等是大自然赐予人类的礼物，是发生在幼儿生活中的自然现象；放风筝、打雪仗、戏水、采摘、郊游是幼儿喜欢的活动，在这些活动中幼儿感受到自然界的变化，发现自然界的奇妙，因此这类资源也应该注意选用。

2. 从幼儿的兴趣和需要出发

兴趣是最好的老师，在选择资源时幼儿的兴趣是非常重要的因素。有些教育资源本身就有吸引幼儿的要素，能激发幼儿的强烈兴趣，如超市、麦当劳餐厅、公园等，在这些场所中，色彩比较丰富，活动空间很大，幼儿在其中可以比较自由地参观观察，与这些场所中的人、物发生互动。如在公园中幼儿很容易就能够观察到树木、昆虫等，它们自身的形态、色彩、变化都会对幼儿产生极大的吸引力,让幼儿产生探索的愿望。幼儿的兴趣也可以在活动中产生,幼儿喜欢摆弄和操作分类物体,幼儿的已有经验和认知正是在摆弄和操作中发展的。例如农贸市场,幼儿可以观察认识各种蔬菜、水产,观察菜摊上的摆设,与卖菜的叔叔阿姨交流,亲自实践买菜的活动,回到幼儿园也可以进行丰富的主题延伸活动。此外,幼儿在活动中自发地对某种资源产生兴趣,活动延伸就必须利用这些社区资源。如幼儿娃娃家"我是消防员",随着活动开展,幼儿就对各种灭火措施产生了兴趣,可以请当地的消防员到幼儿园做介绍,帮助幼儿解决问题,深入活动探索。

3. 适合幼儿的发展水平

虽然每个幼儿的认知基础、习得经验不同,但是每一个幼儿都有可能在各种活动中去习得与自己发展水平向适应的经验。要充分考虑到幼儿的个体差异,允许幼儿在自己原有的水平上获得发展。在资源的选择上要想满足幼儿发展水平的需要,促进幼儿自主建构知识、发展能力显得更为重要。幼儿的年龄特征决定了他们对世界的认识还是感性的、具体的、形象的,所以实物一类的资源是最好的选择。同时,在选用资源时要注意灵活性和层次性,可以为不同水平层次的幼儿提供适宜的资源,这样就不会因为资源过于简单,使幼儿失去探索的动力,也不会因为太复杂,让幼儿陷入不知所措的状态,所以探索性、操作性的资源也是很好的选择。

4. 就地取材

资源的利用可以从本地、本园的实际出发,选择幼儿周围环境中比较丰富的、在实际生活中容易接触到的现实资源,体现本社区的文化和自然特点的资源,提高资源的利用率和使用价值,发挥优势,形成自己的科学探索的特色。如海边的幼儿可以让幼儿赤脚在沙滩上感受沙子的柔软,也可以在沙滩上堆沙堡,并且闻一闻海水的味道。农村附近的幼儿,可以直接将幼儿领到农田边,让孩子观察各种农作物的生长变化。山里的孩子接触到的树木、虫、鸟特别多,可认识生物的多样性。

5. 保证安全卫生

幼儿科学教育资源的内容包括了公共场所、设备设施,各种工具和材料,有生命的动物和植物。在选用时必须考虑到这些资源无损幼儿的健康,是安全与卫生的。无论是室内还是室外种植的植物、饲养的动物都要考虑卫生与安全,特别是在室内饲养的动物一定要考虑是否会影响室内的卫生,影响到幼儿的健康。探索、操作的工具、材料在选用和使用前一定要采取安全措施进行认真的检查,避免尖锐、破损、生锈,要减少使用玻璃制品,与幼儿零食相似的材料一定要谨慎,以免幼儿误食。用于训练的气味瓶中的气味必须保证幼儿的健康。利用社区资源要考虑到周围的安全隐患,在使用之前必须消除。另外,幼儿园内的设施在创建时必须要考虑到安全性,如发现室内的标本、模型安放的稳定性以及高度等。

(二)幼儿科学教育活动资源的利用

教育部颁发的《纲要》指出:"幼儿园应与家庭、社区密切合作,综合利用各种教育资源。共同为幼儿的发展创造良好的条件。"幼儿科学教育资源可以分为幼儿园资源、社区资源、家庭资源。幼儿科学教育的资源就涵盖其中。

1. 幼儿园内可以利用的资源

幼儿园内的资源包括幼儿资源、教师资源、物质资源、信息资源。

(1)幼儿资源。

幼儿是教育对象,更是重要的资源。幼儿资源包括幼儿的身心发展的特点,兴趣和情感以及生活和学习习惯,性格特点和自身的经历,以及所处的家庭和社会关系圈等;也包括幼儿群体的特点,如对班级的认同程度、与同伴教师的交流方式、合作学习的动力,以及班风和氛围等。这些资源的共性和个性是复杂交错着的,相互感染性很强,其个体差异不仅是因材施教的依据,也是幼儿发展取长补短的直接参照。

(2)教师资源。

教师资源包括教师具有的生活经验和教育经验。幼儿园教育是一个综合性教育。人力资源丰富。幼儿园的保健医生、保育员、炊事员由于工作的岗位不同,在专业知识和能力上各有优势,在幼儿的科学活动中,我们可以引入这些幼儿园内部人力资源。这类资源最直接作用于幼儿,而且可以挖掘的内容很多。他们的言行举止会对幼儿的科学学习产生直接的影响,反过来幼儿的活动也会对他们的经验积累以及情感世界产生影响。

(3)物质资源。

物质资源包括科学发现室、自然角等室内科学活动区以及区域内教学设备、实验用具、各种操作材料、网络设施、标本、模型、挂图以及幼儿园环境和其他活动场所、设施等。利用这些资源,激发幼儿观察、探究自然的兴趣和好奇心、学习科学的欲望,并利用这些资源设置幼儿科学学习活动的具体情境,让幼儿成为学习的主动探究者。幼儿园应该统筹创建供各个年龄段幼儿使用的专用的活动场地,如"科学发现室""种植园""饲养角""气象角""戏水池""玩沙区"等,每个班师幼共建班级特色的"自然角""科学桌"。要不断增加、更换供幼儿探索和进行小制作的操作材料,随着季节的变化进行种植和饲养。合理、有效地组织幼儿进入科学发现室,让幼儿有机会自主地进行实验操作活动,有计划地组织幼儿参与园地的活动,参与种植园、饲养角的管理,通过合理配置和有效使用,使资源发挥最大的作用。

(4)信息资源。

信息资源是指在科学教育活动中可以利用的各种信息资料,它的获取主要来自教师用书、儿童读物、电视、音像资料和网络。许多生活中不能亲身经历的科学现象和事物,可以让孩子们从图书、影视资料中获得和了解。教师要给孩子们时间和自由,为孩子们准备丰富的、生动的、适合幼儿阅读和理解的儿童科学读物,让幼儿能够有针对性地选择相关的图书资料并能够在读书区自由查阅,还要为幼儿选择电视内容和音像资料。同时,在幼儿的科学教育活动中,每一个幼儿和教师本身就是信息源,应该建立稳定的幼儿和幼儿之间、幼儿和教师之间、教师和教师之间的信息交流渠道。教师可以充分利用网络平台,将教育案例、活动反思、教学经验等资源放在平台上形成资源库,实现资源共享。

2. 家庭科学教育资源

《纲要》指出,家庭是幼儿园重要的合作伙伴,应该本着尊重、平等合作的原则,争取家长的理解、支持和主动参与。越来越多的事实证明,充分利用家庭教育资源,开展家园互动,能更加有效地促进幼儿的全面发展。

儿童的家庭科学教育家庭资源包括其背景、文化传统、经济状况、专业特长、性格特点、合作意识、对子女的期望值以及需求和投入的力度等。这类资源有较大的挖掘潜力,也最容易调动。家庭是幼儿有生以来最早的课堂,父母将为幼儿的成长提供更好的条件。

(1)家庭教育在幼儿的科学教育中的价值。

第一,幼儿园的物质设施,教师的精力和知识储备都是有限的,而幼儿科学教育活动的开展,往往需要丰富的环境来支持幼儿的探索,需要他人(包括同伴和成人,尤其是成人)与幼儿的互动和共同建构。家庭作为幼儿生活学习的主要场所之一,家长作为幼儿教育的承担者之一,顺理成章地成为教师开展科学教育的支持者和合作者。家庭资源可以弥补幼儿园科学教育资源的不足。

第二,如果一个幼儿要维持他内心的好奇,那么他至少需要一个成人与他分享,与他一起快乐、兴奋地探索这个神秘的世界。与幼儿分享的成人可以是教师,也可以是家长或者其他成人。而科学教育中家长与幼儿之间的亲子互动,更能给予幼儿更有针对性的指导。激发幼儿的好奇心和支持幼儿对事物展开深入探索,仅仅通过幼儿园活动还难以满足幼儿的需要,尤其是每个幼儿的兴趣都有差异。家庭教育则更能够根据幼儿的特点进行持续的、个别的指导,充分实现幼儿与成人之间的互动。

第三,利用家庭资源进行可持续教育有利于了解幼儿已有的科学经验。教师开展的科学教育应以幼儿已有的经验为基础,而家庭正是幼儿获得大量科学经验的重要场所之一。家长有很多可以和幼儿园的指导教师分享的信息。如有些儿童对某些生物有些兴趣;有些儿童养过宠物或者耕种的经验;有些儿童在家里帮忙种过植物;有些儿童也许有痛苦的经历,如被狗咬过或者被蜜蜂蜇过。因此幼儿园应该有效利用家庭提供的很多相关经验的重要线索进行科学教育。

第四,利用家庭资源进行科学教育有利于教师的专业成长。教师在与幼儿一起探索时,由于自身的能力和知识的限制,常常需要向他人求助。而来自各行各业、拥有不同兴趣和特长的家长便成为教师的得力帮手。可见,家庭资源不仅为幼儿提供了丰富的信息,同样是教师获取科学知识和信息的重要来源。教师在利用家庭资源的过程中，也提高了与家长沟通合作的能力，促进了自身专业化的全面提升。

第五，利用家庭资源进行科学教育也有利于提升家长的教育能力。有研究表明，家长通过参与孩子在幼儿园的科学活动可以意识到自己实际上拥有大量的科学知识，从而消除对科学教育的恐惧和困惑，增强在幼儿科学教育中的参与程度。

（2）家园互动开展幼儿科学教育活动指导策略。

①搭建家园之间科学教育的互动平台，帮助家长树立正确的教育观念。

为赢得家长的支持，可以采用讲座的形式向家长宣传家园合作共同培养幼儿科学素质的重要性及作用，并通过科技教育宣传栏宣传科技常识及开展科技教育活动的方法，介绍培养幼儿科学素质的有效途径；各班教师还根据本班幼儿的实际情况，采用"家园直通车""家园联系栏""家长信箱"等形式，搭建教师、家长之间互相交流科教信息、经验的平台，达到资源、信息共享。例如，幼儿在认识"中秋节"的教育活动中，家长从网上下载了有关"中秋节来历"的图片及传说，供幼儿在班级内创设专栏之用；幼儿在认识"海洋生物"的活动中，家长与幼儿共同收集了许多有关海洋生物的图片、图书、音像资料等，投放到班级科学角，与其他幼儿分享；还可以创设"探索频道""科技知识你问我答"等专栏，采取幼儿提问题、幼儿与家长共同解答的方式进行宣传活动，都能收到良好的效果。这些活动的开展还向家长宣传了现代的教育思想和科学教养方法，帮助家长建立起全新的教育观念，家长很快进入了配合幼儿共同开展科技教育活动的角色。

②利用家庭资源激发幼儿的求知欲望。

要引导幼儿对身边常见事物和现象的特点、变化规律产生兴趣和探究的欲望，光靠幼儿园的教育资源是难以实现的，因此，要充分发挥家长的配合与支持作用，更要善于利用家庭科技教育资源。

首先，采取措施引导家长重视幼儿园科技教育活动。有条件的幼儿园可以定期向家长展示幼儿园的科技教育活动基地，"科技长廊""种植园地""动物园""果园"等全方位向家长开放，家长接孩子后可一起去实验基地操作、探索、观察。在家长的帮助下，幼儿动手操作、观察能力有较大的提高，在帮助孩子的过程中，家长也感受到了科技教育活动对幼儿智慧发展所起的重要作用，提高了他们对幼儿参与科技教育活动的认识。

其次，鼓励家长提供教育资源。幼儿园应该鼓励家长主动为幼儿参与科技教育活动提供教育资源，使家长知道每一种教育资源都是孩子开阔视野的最好的学习课堂。如利用家长的工作岗位特点，根据科技教育活动的需要，请幼儿参观家长开设的"酒店""工艺品商场""超市""印刷厂"等，幼儿在参观活动中拓展了活动和学习空间，丰富了对有关科技现象的生活经验，激发了参与科技活动的兴趣。

再次，请家长配合科技教育活动，主动带幼儿到自己的工作单位参观，例如，带幼儿去气象台参观，观察、了解天气预报制作的常识及如何进行天气预测等；带幼儿去科技馆参观,并在家长的带领下亲手做实验。

③请家长走进幼儿园做科学教育的专家。

幼儿的家长来自各行各业,有着丰富的背景、专长和兴趣,成为幼儿园科学教育的有益资源。幼儿对医生、工程师等这类专业人员的讲解,通常会表现出浓厚的兴趣。

④引导家长挖掘自身潜在的教育资源,发挥家庭教育优势。

家庭教育对幼儿的发展影响是其他教育环境无可比拟和取代的,这是由亲子关系和家庭教育本身的特点决定的。孩子和父母亲人之间具有血缘亲情,家庭教育和家庭生活密切结合,渗透在家庭的方方面面。而现代家庭生活中,处处有科学技术,家家有科技教育资源。我们重视引导家长平时配合幼儿园抓住各种教育契机,对幼儿实施科技启蒙教育。

幼儿天生就充满好奇心,平时常常会问:我是哪里来的?天为什么会下雨?为什么我种的黄豆不发芽?等等。对这种好奇的问题,他们都渴望得到解答。幼儿园可以针对孩子的特点开展亲子科学活动,对家长进行有效的引导,帮助家长及时捕捉幼儿探究的火花,与幼儿一同寻求答案。教师还可以定期布置家庭科技"动手做"实验活动,例如:"你能用几种方法让鸡蛋浮起来?"幼儿与家长一同尝试,结果发现不仅盐水能让鸡蛋浮起来,糖水、果珍水、可乐、雪碧等饮料均能让鸡蛋浮起来,幼儿通过自己的尝试发现了鸡蛋浮起来的奥秘,有了成功的体验。

⑤家园互动应把握生活契机,随机对幼儿进行科学教育。

幼儿园科技教育活动提倡"做中学,做中教,做中求进步"。这里的"做"除了计划性的安排,更多的是日常生活小事。所以幼儿园不仅要有组织有计划地进行科技活动,而且要特别重视偶发性的随机教育。

 拓展阅读

花纹的秘密

我园后山游乐场有许多废旧轮胎,一次,幼儿偶然发现轮胎上有许多花纹,并且都说有花纹才好看。教师听见后,就让孩子们回家看看自己和父母穿的鞋底有没有花纹,并与父母共同探究。通过观察,幼儿发现不管是运动鞋底还是皮鞋底都有花纹。接下来教师又进一步启发幼儿思考:"为什么鞋底会有花纹?为什么汽车的轮胎上要有花纹?"幼儿七嘴八舌地讨论起来……家长也给予大力支持,他们告诉幼儿有花纹的鞋底走路时不容易滑倒的道理。教师还请来当物理教师的家长给幼儿讲摩擦力的科学现象,幼儿受益匪浅。轮胎上的花纹引起了幼儿的好奇心,而教师、家长的积极引导,使其成为有益的科技教育内容。

偶发性的科技活动与幼儿的日常生活紧密相连,在任何时间、地点都可以进行。例如,有一天,一名幼儿和家长一起在菜地观察时,发现菜地的菜叶全是小洞,赶紧问家长："菜叶怎么了？"于是家长与幼儿一同寻求答案，幼儿在观察中发现，原来是被害虫吃了，幼儿向教师报告，教师与家长、幼儿一同寻求解决方法，买来了杀虫剂。灭虫后，菜地的菜叶又变绿了，幼儿解决了问题……在这种随机教育中，教师和家长都应该注意不要强调让幼儿接受知识，而是通过日常的随机活动，丰富幼儿的科学知识和经验，让幼儿发现问题和解决问题。

(叶钟．家园互动开展幼儿科学教育活动．学前教育研究．2006，1．)

⑥鼓励园内外的亲子科技活动。

教师可以根据活动的需要，要求家长与孩子在家庭中进行一些科学小实验。一方面，有利于幼儿在家长的个别指导下对特定现象获得初步的感知认识和相关经验；另一方面，可以解决幼儿园无法给每个孩子提供特定的探索和实验条件的困难。

幼儿园开展的亲子游戏活动是家园合作的载体，也是促进幼儿发展的重要途径之一。在家园合作过程中，大家的目标是一致的，都是为了幼儿的全面发展，但对幼儿的学习过程双方观点有时候差异较大。有些家长在教育观念上有误区，例如，一味地追求智力的开发，所以在幼儿知识学习上配合很积极，而在其他方面不积极；重视学习的结果而忽视学习过程，关注孩子学会了什么，而不在乎是怎么学会的。为此幼儿园教师应该寻找幼儿兴趣、家长需求和幼儿发展的结合点，开展科技性的亲子游戏，使家长在参与中提高对幼儿学习特点的认识。

开展亲子科技游戏的征集与设计。家长会热情参与，与教师共同收集，然后在游戏中家长和幼儿或者互问互答，或者共同操作，如"制作石膏小玩具"等，这些游戏能做到动手又动脑、动口又动脚、全家总动员，从表面上看是玩，其实在玩中有各种智能的运用。

举行"家长技能大展示"。请家长献给孩子菜肴、点心，蛋糕师妈妈制作蛋糕，美容师美容，牙科医生介绍保护牙齿的知识等。

开展"亲子科技创作展"。家长与幼儿一同利用废物制作溜溜球、拉力器等玩具，这些活动不仅充分发挥了家长和幼儿的聪明才智，还可以利用变废为宝的活动对幼儿进行环保教育。

请家长带孩子外出参观。尤其是参观科学教育资源，如公园、博物馆、科技馆等，这类场所既为幼儿所喜欢，又是幼儿接触自然、了解社会、探索世界的好去处。

双向有效的互动能使家长提高教育认识，重新审视自己教育孩子的角度，转变自己的家教观念和教育方法，融洽了亲子之间的情感，发展了幼儿的综合能力。

总之，家园配合能使幼儿园科技活动的开展形成教育合力，丰富幼儿的知识面，为幼儿科技素质发展奠定良好的基础。

3．社区资源的利用

《幼儿教育辞典》对科学教育的社区资源做了如下划分：人力资源，包括社会人士、家长等；社会组织资源，指当地可以用来对幼儿进行科学教育的社会设施，包括博物馆、公园、动物园、活动中心等；自然资源，包括当地的山川、气候、森林、名胜古迹、土特产等。随着生活水平的提高，社区配套的生活设施不断地完善。许多幼儿园周围就分布着超市、银行、车站、商店、农贸市场、医院、邮局等设施。这些周边的生活设施也是幼儿园可以利用的科学教育资源，也能成为幼儿园开展科学教育的活教材。

（1）利用社区资源进行科学教育的价值。

首先，利用社区资源进行科学教育能够丰富幼儿的感性经验。运用社会资源，既可以弥补幼儿园科学教育设备的不足，又可以使幼儿在社会大环境中亲自感受、体验，获得广泛的感性经验。例如，科学探索"季节变换——冬天"这个活动，有的教师就是给小朋友看看挂图，看小兔子躲起来，狗熊也藏在树洞里冬眠了。这就是冬天了。而利用社区资源，可以带领小朋友到公园里去观察，冬天人们穿什么衣服？树叶怎样了？湖水有什么变化？这样对事物和现象的认识，不再局限于单纯听成人讲，或者看图片。社区资源的利用为幼儿提供了与真实世界互动的机会，让幼儿在符合其发展水平的活动中，获得对自然现象、动植物、现代科技等科学经验的真实体验。

其次，利用社区资源进行科学教育可以培养幼儿的环保意识和行为。现代社会发展所带来的严峻的环境问题已经让我们意识到环保教育必须从小做起。《纲要》提出应该在幼儿园生活经验的基础上，帮助幼儿了解自然、环境与人类生活的关系，从身边的小事做起，培养初步的环保意识和行为。教师利用真实的社区环境，如让幼儿观察人们在草地上的行为，参观废水处理厂等，让幼儿通过亲身感受来体验环境保护的意义，萌发初步的环保意识和行为。

总之，社区资源是一个真实多样的科学探索库，充分利用社区资源不仅为幼儿提供了真实的探索环境，提高了幼儿的环保意识，培养了幼儿的科学探究精神，还通过和社区人员的交流发展了幼儿的表达交流能力，提升了幼儿教师的专业水平。

（2）幼儿园利用社区资源进行科学教育的资源种类。

①社区物质资源：包括自然环境，如气候、土地、山川、湖泊、森林等；设施资源，如专业科技馆、植物园、昆虫馆、海洋水族馆、动物园等（这类场馆资源基本对公众开放，实行有偿或者无偿的服务，场馆内的展品为幼儿园开展不同主题的科学活动、丰富幼儿的感性经验提供了有力的支持）；社会公共设施，如消防队、公安局、医院、电信局还有附近的公司和行政机构等，幼儿园都可以与之横向联系，使之成为科学教育的支持单位。

②社区人力资源：社区中的专业人士（如各类科技人员，有一技之长的人士，各类特殊专家，以及从事各种职业的人士）、热心人士和退休人员都是可以利用的人力资源。社区人力资源的开发和利用不仅可以丰富幼儿和教师的科学知识，同时对幼儿科学教育的开展提供了物质材料、活动设计等各方面的支持。将社区人员请进幼儿园，

更是可以解决幼儿园外出活动的安全、经费等方面的困难,幼儿园和相关部门应该经过沟通和协作,充分发挥社区人力资源在幼儿科学教育方面的重要作用。

(3)利用社区资源进行科学教育的主要类型。

利用社区资源进行科学教育的类型主要有走出去和请进来两种类型。

①走出去类型:

主题活动型:教师为配合活动的开展利用社区资源进行科学教育活动,为幼儿创设更为丰富的科学学习环境,从而提升幼儿的感性经验,激发幼儿的探索兴趣。

例如,幼儿园在交通主题活动时,带领孩子走向社会,让幼儿亲眼看见高架公路、地铁、斜拉桥、立体交通网等融合了高科技技术的新成就,具体感知现代科技的作用;在开展动植物有关单元的时候,除了让幼儿观看有关动植物的图片、录像外,还要幼儿到植物园、动物园、自然博物馆、海洋世界等处参观游览,使幼儿感受到存在于大自然中的活生生的形象及自己与其他的生物间存在的密切关系;在"认识火"的主题活动中,教师把幼儿带到消防大队,让幼儿观看消防员叔叔的消防演习,听消防员队长介绍先进的消防器材,让幼儿亲身练习逃离火灾现场的技能。这种身临其境的学习比在课堂上干巴巴地认识消防车的结构要有价值得多。

休闲娱乐型:利用幼儿园集体出游等休闲活动开展与科学教育有关的活动。在这类休闲活动中教师有意识地选择一些动物园、科普馆等,利用幼儿的参观游览获得经验从而开展一定的科学教育。

②请进来的类型:由专家或者志愿者组织的科普宣传活动,社区专门人员进入幼儿园展开的专家讲座活动等。

(4)利用社区资源开展活动的组织。

活动前做好常规的准备工作和活动计划,包括目的地、人手安排、联系交通工具、知会家长等,特别要做好和联系单位的沟通工作。

活动开展中首先做好秩序的维持,保证幼儿的安全;其次,指导幼儿进行观察,进行讲解或者介绍,也可以请专业人员讲解。

活动后根据幼儿表现出来的兴趣通过多种形式,适当地进行活动延伸。例如,演一演("有趣的水族馆"孩子们自由地表演鲨鱼、海龟、饲养员等),画一画(秋天的美景),做一做(各种树叶贝壳造型、科技小模型),说一说(自己最感兴趣的东西)。

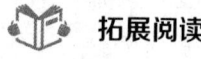 **拓展阅读**

利用乡土资源,生成特色课程

1.找寻环境与材料的优势,发掘乡土资源在课改中的潜能

我们幼儿园地处农村,开始找寻环境与材料的优势。从寻找中我们发现,我园天然资源得天独厚:宽阔的田野是优越的地理环境;砖瓦厂、玻罐厂、布纱厂、手工编

织加工厂、专业养殖业是富足的乡村物质条件；飞舞的落叶、茂盛的瓜果蔬菜、成熟的玉米、向日葵是丰富的自然材料；逛庙会、赶集市、婚嫁、拜年是独特的人文风俗。这些教育资源唾手可得，如能利用好它们，可以扩展孩子们的学习与探究的空间，大大丰富他们自由活动与游戏活动的内容。于是我们力求多角度地发掘乡土资源的教育功能，设计创编富有园本特色的活动方案，让孩子走向自然、走向社会，以积累大量的感性经验，获得有效的发展。经研究与能力检测发现，这样做确实能有效促进孩子的多元智能发展，同时还可为幼儿园节约不少经费，使农村幼儿园有限的经费能投入到事业发展上。

2. 挖掘潜力，开发人才资源与人文资源的优势，形成家园、社会合力一体

在幼儿园教育教学工作中，家长起着举足轻重的作用，家长的行为、思想极大地影响着孩子的发展。因此在工作中我们注重抓家长思想意识的提高与转变。通过开设家长学校、办宣传栏、家教园地等形式不断向家长传递新信息，逐步更新他们的教育观念，竭力争取他们对幼教工作的支持与配合。在此过程中，我们从家长身上发现许多能力优势，他们有各自不同的文化、劳动、手工技能，其中有许多则是教师不具备的，如柳条加工等编织技能、玻璃工艺等制作技能、养鸡养鸭等养殖技能、培育豆苗等农副生产技能。于是我们积极开发他们的优势，将他们请进来做"家长助教"，带孩子走出去参观各行业制作生产工序等，同时我们还发挥家长各自不同的优势，请他们进行"家长配教""家长帮制"等活动。

人文资源也是一大优势。在农村流传着许多颇具生活气息、风采各异的民间风俗，赶集市、逛庙会、端午节吃粽子、过新年的喜气洋洋、婚嫁娶亲时的热闹，都是孩子们所熟悉而又喜欢的风俗，这些远比那些生日聚会、圣诞联欢来得亲切。于是我们积极把这些风俗引进我们的教育教学活动中来，通过教师、家长以及社会人士的共同努力，合力打造亲近幼儿的特色活动，开阔孩子们的眼界，让他们在自然、快乐的气氛中学习。

3. 充分利用园内外的各种教育资源，丰富课程教学形式与内容，有效促进幼儿多元智能发展

大自然是一个丰富多彩的物质世界，神奇的地理环境、形态各异的自然物、五彩缤纷的自然景色无不可成为孩子们很好的教育资源。小土坡、田沟、田间小路、竹林等是孩子们开展户外体育活动和游戏活动的良好场所，由此，我们生成了活动"小小解放军""我是勇敢的消防队员""小小杂技员"等健康活动，有效促进了幼儿身体素质的提高；随处可见的沙、石、土是孩子们百玩不厌的材料，由此生成的"玩泥""石头小动物""泥板刻画""有趣的沙漏"等艺术和科学活动更能调动起幼儿与材料的互动，让活动有实效；棉花、玉米、稻草、麦秸、贝壳、竹枝是手工活动的好材料，一幅幅拼贴画、手工制作从幼儿稚嫩的小手中诞生；农村植物种类繁多，不同的根、茎、叶、花和果实，不同的土质，不同的阳光条件，不同水分的植物生长情况能引发

幼儿不同的思考，"家乡的荷藕""有用的砖头""奇妙的草种""神奇的根"等活动从而生成出来；让幼儿聆听大自然美妙的声音，用形体演示自然界事物的变化不失为艺术活动的一种创新，秋叶落、树长高、花开放、蝶飞舞等自然现象在孩子们细心观察与感知下被栩栩如生地通过艺术活动展示在大家面前；而大自然中一切事物的变化，形态各异的自然物加以装饰后配上背景与人物，便成了幼儿训练语言表达能力的教材。孩子们在这些贴近生活内容与经验的活动中得到了知识的增长、技能的提高、情感的发展、能力的提升。

二、材料资源

为了更加清晰、具体地了解资源在学前儿童科学教育中的作用，本部分将分析各种材料资源隐含的教育价值，说明如何使这些价值最大化。材料是科学教育活动目标的物化，在学前儿童科学教育活动中发挥着重要的作用。

（一）材料和学前儿童学习科学的关系

如前所述，材料对学前儿童科学教育意义重大。没有材料，任何教学计划都无法体现出教育价值。对于学前儿童来说，材料的作用尤为明显。这是基于以下几方面的考虑。

首先，幼儿的思维方式决定了材料是实现教育、教学的主要媒介。众所周知，学前儿童正处于前运思阶段，直观形象思维是他们主要的思维方式。他们无法理解用符号表述的科学概念和科学规律。例如，摩擦力的概念用文字表述出来是：一个物体在另一个物体表面运动时，在两个物体接触面会产生一种阻碍运动的力叫摩擦力。在这个定义中蕴涵着诸如"物体""运动""阻碍""接触面"等其他概念，还有这些概念之间形成的关系。要理解由符号表达的"摩擦力"概念，学习者必须建立一个广泛的概念群，这对于学前儿童来说是无法做到的。让幼儿了解"摩擦力"的概念就必须借助于材料。在材料的帮助下，幼儿直观感受到了某种力的存在。虽然在一段时间内他们还不会形成关于摩擦力的精确定义，但这种直观感受会在儿童抽象思维开始发展后顺利转化为抽象概念。也可以说，儿童对世界抽象化的看法始于直观的感受，而材料在儿童认识客观世界的过程中意义重大。

其次，科学教育的特点决定了材料在教学中的重要性。科学研究的对象是客观物质世界，其特性就是借助物质材料对研究对象进行操作。科学教育必然反映科学的属性。我们很难想象脱离了材料的科学探索，同样也不可能存在脱离了材料的科学教育。

再次，关于认识是如何发生的理论假设赋予材料重要的价值。皮亚杰的相互作用论阐释了儿童认识的起源：学前儿童的认知发展是在其不断地与环境的相互作用中获得的。材料是幼儿操作的对象，通过操作，学前儿童认识了材料的属性，也了解了材料之间的关系。

可以看出，幼儿对概念的建构是基于对客观事物的操作。在这一过程中，孩子逐渐看到了事物之间的潜在联系，这正是所谓的"规律"。幼儿在不断主动操作材料的过程中获取信息、积累经验和发展能力。因此，材料是学前儿童建构知识的依托，是促进他们发展的载体。

（二）材料资源的种类

科学教育资源的使用是一个非常宽泛的问题，资源自身没有好与不好的差别。但资源在不同的教育情景下的确能发挥不同的教育价值。材料资源在学前儿童科学教育活动中是必需的而且是丰富多样的，主要包括科学探究材料、科技活动材料和科学工具。

1. 科学探究材料

科学探究材料是指可以达成某种科学探究目的的材料，如常见的沙、水、木头、岩石等。幼儿可以通过操作这些材料看到某种规律性或因果性的联系。科学探究材料也可以是科学教育活动的媒介和工具，幼儿借助这些工具才能更直观地了解到客观事物的性质及其变化过程。

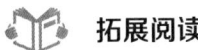 **拓展阅读**

常见的科学探究材料

①常见物体和各种材料。如沙、水、黏土、碎布、纸和纸板、木头、树枝、橡皮泥、颜料、塑料、金属、岩石或石、植物的秸秆和种子等。

②有关植物的材料。如不同生长条件，即需要不同土质和水分、不同阳光和温度的植物；不同种类的茎、不同种类的根、不同种类的花和不同种类的果实或种子；种植植物所需的各种工具，包括花盆、容器、洒水瓶、小铲子等。

③有关动物的材料。如常见的动物有毛毛虫、小蝌蚪、蚯蚓、乌龟、兔子、鸡、金鱼等；饲养和照顾小动物的材料，包括容器、沙砾、沙土、炭、洒水瓶等。

④探究物体的位置和运动的材料。如玩具小汽车、玻璃弹珠、橡胶球、塑料球、小推车、滑轮和轮子、杠杆以及木板或塑料做的表面粗糙程度不同的可供物体滑动的斜坡或轨道。

⑤探究能量的材料。探究光能的材料有放大镜、平面镜、三棱镜、多棱镜、凹凸透镜等；探究热能的材料有蜡烛、酒精灯、小块铁板、小铁棒或小勺等；探究电路的材料有电池、电灯泡、电线、曲别针、纸片、塑料片、铁片、木片等；探究摩擦生电的材料有玻璃棒、木头、丝绸、塑料梳子、碎纸屑、皮毛等；探究磁力的材料有磁铁、铁钉、曲别针、扣子、金属丝等。

⑥探究自然力的材料。探究浮力的材料，包括水、容器、塑料小鸭子、木块、海绵、石头等；探究重力的材料，包括斜坡、玩具小汽车、球等；探究弹力的材料，包括弹簧、球等。

⑦附着板。用于附着各种物品的揭示板，如磁性板、绒布板、拼插板、泡塑板、

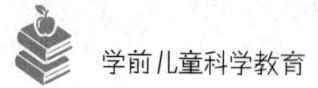

拉线板等。各种各样的附着板，能结合其他材料用于科学教育中。

⑧电化教具。用来播放各种教育内容的机器与材料，包括幻灯机、摄像机、录像带、幻灯片、录音机、VCD、CD等。

要根据科学探究目的以及材料的适宜性、材料的可操作性和安全性等来选择和运用科学探究材料。

2．科技活动材料

不同类型的科技活动可能需要选择各种不同的材料。例如，建构活动可能需要纸板、木板、线、铁丝等物品；而木工活动则需要木条、锤子、钉子等材料；编织活动需要各色毛线、剪刀等。在使用这些材料时，安全性是教师首先要注意的问题。幼儿肌肉力量差，控制力和技巧性都远不如成人，因此要在成人指导下进行这些活动。

3．科学工具

科学工具是科学教育活动的媒介，有些科学现象在极其微观的层面上发生，如细胞的裂变、电子的运动等，不借助观察工具很难看到这些变化。测量工具可以将观察的现象数量化，进行比较和鉴别。有些工具可以改变物质的存在方式，以明确揭示出物质性质。常见的科学工具有以下几种：

（1）观察工具，如手持透镜、显微镜、望远镜、笔形电筒、听诊器等。

（2）测量工具，如测量绳、卷尺、直尺、钟表、温度计、天平和秤、勺子、杯子等。

（3）发明创新的工具，如筛子、漏斗、石磨、榨汁机、豆浆机、压面机、烤箱等。

（三）材料的选择、制作和投放

既然在学前儿童科学教育中材料的作用如此重要，那么在现实教学过程中如何对材料进行操作才能达到理想的教学效果呢？这涉及材料的选择、制作与投放。

1．科学教育材料的选择

可以用于课堂教学和幼儿实践操作的材料有成千上万种，但每次教学活动或区角活动使用的材料却是有限的。如何从浩如烟海的材料中选择最适合幼儿操作的材料，有以下几点需要注意。

（1）目的性原则。

每一种教育都有其预期的教育目标，学前儿童科学教育也不例外。在进行科学教育时，为能达到教育目标，需要选择环境中的资源作为辅助。例如，让儿童认识植物和动物，教师就需要带领幼儿走到户外，寻找植物和动物，用手持透镜进行观察，用笔和纸进行记录。因为这些资源的运用，才使科学探究取得成功成为可能。

学前儿童科学教育活动是多元的，应在科学教育总目标的指引下，选择和创设相应的资源。学前儿童科学教育的目标之一是要发展学前儿童的思维，在选择资源时就应考虑到这一点，以能启发幼儿思考的资源为佳。例如，在"浮和沉的材料"活动中，教师为儿童提供的资源除了水箱、纸巾（清洁用）外，还为他们提供了各种沉或浮的物品，包括塑料小鸭子、自制纸帆船、金属钥匙、螺丝钉、玻璃弹珠、石块、硬币、树叶、泡沫、铃铛等材料。这些资源组合在一起能够启发儿童思考为什么有的东西沉下去了而有的东西一直是漂浮的，是比较理想的科学教育资源。另外，在选择和创设科学教育资源时还应考虑到，所选择的资源不仅能够达到本次活动的目标，而且能够诱发儿童的探索兴趣和欲望，能够生成科学延伸活动。例如，在户外探究植物之后，教师可引导儿童在活动室内，在干净的塑料瓶中，用湿纸巾包住种在土壤中的豆类种子，看种子是怎样膨胀、发芽的。

完成某一科学教育活动目标，不一定必须选择某一种教育资源，不同的教育资源也可以达成同一教育目标，但是，目标达成的效果有高有低。我们当然会选择其中效果最好的资源。除了教育学、心理学中所说的学前儿童的材料和玩具要色彩鲜艳、能活动之外，由于幼儿缺乏丰富的生活经验、理解力较差，因此尤其要注意所选择的资源要真实或逼真。一般来说，生物养育箱没有户外环境好，标本没有实物好，模型没有标本好，照片没有模型好，图片没有照片好。比如，认识小蝌蚪，就应当选择实物，形象逼真。学前儿童只有有了最真实的感性经验才能真正理解科学知识和科学现象。但也不能一概而论，有时实物的效果反而不如标本或图片。如要了解火车全貌，去参观一天，反而没有观察模型效果好。此外，进行科学教育活动往往需要优化组合多种科学教育资源才能达到目的。例如，认识植物，就可以将参观植物园和花园的实物、看植物照片、看植物录像等资源结合起来。

（2）适宜性原则。

资源的选择和利用要考虑学前儿童身心发展的特点，以儿童为本。例如，自然角内的生物和非生物的摆放，要便于学前儿童近距离观察；天气预报台中的天气预报表，不能高于学前儿童的视线水平；科学发现室内的桌子和椅子要与学前儿童的身高成比例。另外，学前儿童科学教育资源要具有可操作性，超出学前儿童实际操作能力的资源不宜利用。比如，为了便于儿童挖掘蚯蚓，为儿童提供的挖掘材料是一把成人用的大铲子，可是儿童的小手根本握不住它，显然此材料的提供是不适当的。又如，为了让儿童探究植物和动物，邀请自然学家来活动室，如果他们没有带自然学家探究工具来与儿童一起探究，而是仅仅用语言介绍植物和动物的知识，这样是不能激发幼儿的探究兴趣的。

（3）安全性原则。

学前儿童好奇心强、自控能力弱且注意力很容易分散。教师在选择科学教育的材料时首先要考虑材料的安全性问题。一些细小的材料容易被儿童误食，造成窒息等严重后果。所以教师在选择材料时对其潜在危险要有充分预期，以防事故发生。探究场所的选择必须尽可能远离危险物品，如锈金属和碎玻璃。

在选择材料时尽量用自然物不用替代物，其前提是该自然物不存在危险，是安全的。让儿童直接接触的科学材料、科学玩具及其他用具也必须是经过消毒的。幼儿园周围不能种植有毒的植物，如毒藤或毒橡树，也不能种植可能给儿童造成外伤性伤害的植物。在探究动物时，要避免学前儿童被蜜蜂叮蜇；饲养动物时，要检查动物是否有传染病，如有传染病则不能饲养；在禽流感流行期，要及早隔离鸽子、小鸡等动物。

（4）审美性原则。

学习和生活对于苏霍姆林斯基创办的学前班——"蓝天下的快乐学校"，对孩子们而言是非常幸运和幸福的，因为他们可以自由地与大自然对话。大自然的和谐美能给儿童带来美好的情感和愉悦的心情。同时，学前儿童科学教育的基本理念之一就是强调培养幼儿与自然的和谐关系，科学教育本身的内容也决定了在选择和创设环境与材料时，必须考虑自然的要求。这样，自然物和自然环境成为学前儿童科学教育不可替代的资源。教师应当尽量引导学前儿童在真实的自然环境中进行科学探究，即使在自然角或科学发现室内探究，也要尽量为学前儿童提供自然物。在幼儿园的自然环境中，应当做好绿化和美化，让儿童随时随地感受到自然的气息。比如，在自然角摆放四季常青的海棠，这样幼儿在冬天也能很方便地看到绿叶。教师如果要保持学前儿童小小科学家的天性，就应当与学前儿童一起探索自然。无论选择自然环境，还是创设人工环境，都要尽量满足幼儿的审美兴趣和审美需求。比如，自然角的环境布置，材料质地选择，植物色彩搭配、高低错落，动物动静交替等都要讲究审美。

（5）经济性原则。

学前儿童科学教育资源的选择和利用，不能犯"富贵病"。要根据幼儿园自身的物质和经济条件，合理配置和选择，因地制宜，综合利用。幼儿园购置一些儿童科学玩具、科学材料等是必要的，但是，幼儿对自然物和自制玩具更加感兴趣。同时，学前儿童科学教育的主要内容是引导儿童认识周围生活中美好的人、事、物。学前儿童对贴近其生活、自身有生活经验的事物和现象的兴趣更加浓厚和持久，如幼儿园周围的植物和动物、用废轮胎自制的玩具等。自然环境和自然物是学前儿童科学教育最宝贵的资源。材料的选择应遵循"价值最大化"原则，用最少的资源实现最大化的教育价值。在科学教育中，材料并非越贵越好，而是越适合越好。

不能说昂贵的岩石博物馆没有任何教育价值，它引起了孩子的好奇心，为教师后续活动的开展提供了一个契机。但以这个博物馆的教育价值和它的成本来看，却是不相匹配的。在现实的教学过程中，昂贵的昆虫标本和植物标本只是用来展示，这些完全可以用图片或影音资料代替的材料，幼儿园是否有必要购进，是一个值得思考的问题。

（6）直观化原则。

材料的选择要考虑到幼儿的年龄特点和思维水平。在成人看来显而易见的科学原理，在儿童看来可能就难以理解。材料可以帮助隐性的科学规律显性化，幼儿通过对材料的操作，了解隐藏在现象后面的科学规律。

纸偶不会湿是因为杯中有空气，但空气无色无味，幼儿很难直观感受到它的存在。教师选择纸偶作为实验材料，能有效引发幼儿的认知冲突，在探索中思考"杯子中到底有什么?"这个问题。随着探究活动的深入,幼儿最终可以发现纸偶不会湿的秘密。因此,让潜在的科学规律用生动形象的方式表现出来,也是选择科学教育材料时要考虑的重要因素。

2. 科学教育材料的制作

科学教育材料的制作与投放是科学教学的重要环节,虽然现在学前玩、教具多样,但也无法和本土化的材料资源相提并论。幼儿园自己制作的材料有以下几个优点:首先,自制材料是主动生成的,它可以根据本园甚至本班幼儿的发展水平、教学进度等因素生成和调整,有很好的适应性。其次,自制材料可以尽可能地降低成本,使资源价值最大化。许多自制材料在幼儿活动结束后,可以重新加以组合,形成新的材料。再次,自制材料的结构性较低,幼儿可以在活动中发掘材料多方面的教育价值。

图3-6、3-7、3-8是幼儿园教师和孩子们一起制作的活动材料。

图3-6 自制骰子帮助幼儿了解数概念

图3-7 自制玩具:通过简单的游戏发展幼儿的精细动作和促进小肌肉的发展

幼儿园除了购置成品材料,如哈哈镜、电动玩具等外,还会购置一些半成品材料,如打上个数不同眼的塑料片。自制材料是非常受学前儿童喜欢的。自制材料多是用自然材料，如电线、棉线、木棍、碎布、皮筋等制作而成的。学前儿童喜欢自己制作材料，同时也喜欢操作自制的材料。自制材料不仅可以节约经费，而且能发展学前儿童动手操作的能力，从小培养儿童利用身边资源的意识和能力。自制材料能让儿童学会节俭，学会珍惜和利用资源，并且让儿童体会到科学就在身边，体会到通过创造能使废弃物和某些闲置的自然物发挥意想不到的价值。

图 3-8 一些抽象的概念也能通过材料直观地表达

自制材料的出发点是物化学前儿童能够达到的科学教育目标和内容，促进学前儿童的发展。教师在利用自制材料或与儿童一起自制材料之前，就要明确本班幼儿的年龄特点及发展水平，并以此为依据来自制材料。如刚入园的小班幼儿持勺吃饭时，手眼协调能力和手部肌肉对勺的控制能力较弱，常出现掉饭洒汤的现象。为增强学前儿童手眼协调能力和手部肌肉控制能力，教师可以自制一份"娃娃吃饭"的科学区材料。先在娃娃的小碗内放入大豌豆，随着儿童手部肌肉和手眼协调能力的增强，再将大豌豆换成小红豆、小绿豆、芝麻等，最后让儿童扮演妈妈用勺子喂娃娃喝牛奶。同时，我们也要注意到，一提到自制材料，人们往往就想到教师自制材料，容易忽视材料的使用者——儿童。自制材料不是教师的特权，而应该是教师与儿童互动的媒介。从学前儿童的角度来说，自制材料的过程是他们发展各方面能力的契机。儿童从基本素材的寻找与加工、与同伴和教师的交流合作中获得有益的经验。如寻找基本素材时，儿童在教师的引导下，比较基本素材的各种属性是否适合于自制材料，不仅认识了各种素材的基本属性，而且也体验了通过摸、听、闻、看、敲等方法来比较的过程。选定所需要的基本素材之后，接着儿童就要凭借已有的相关经验来操作和加工素材。通过自制材料，儿童的手眼协调能力以及手部肌肉的灵活性得到了增强，关于形状的概念和数的概念得到了发展，对于色彩的感知能力得到了提高。在整个过程中，幼儿与同伴及教师之间的交流和合作是贯穿始终的。无论是寻求同伴、教师的帮助还是寻求他们的合作，儿童的社会交往技能都得到了发展。从教师的角度来看，自制材料对教师的专业要求很高，教师在观念上首先就要发生改变，不是为自制材料而自制材料，自制材料的目的是为了促进儿童的发展。认识自制材料所蕴含的科学教育价值以及探索怎样自制材料的过程，对于教师来说，是一个促进专业成长的过程。当然，不能走另一个极端，自制材料的过程，不是让儿童散漫迷惘的过程，教师要发挥主导作用，要给予儿童及时的、适当的支持、引导与合作。

3．科学教育材料的投放

完成对材料的选择后，教师面对的另一个关键性问题就是材料的投放。相同的材料用不同的方式或比例投放会有截然不同的效果。这是因为材料投放的数量、密度、组合都会对幼儿的操作产生影响。

（1）材料投放的数量。

在科学教育活动中，材料必须有一定数量才能保证幼儿的操作。试想如果10名幼儿才能得到一套操作材料，用轮流的方式进行操作，那么幼儿等待的时间就会大大延长。考虑到幼儿注意力的时间，可能有些孩子还没进行操作就放弃探索了。

在这一活动过程中，幼儿活动的主要目的就是要观察放大镜的特性，因此，放大镜这个材料是作为主要活动材料投放的，而不是作为观察工具投放的。当幼儿所有的注意力都集中在有限的材料上时，对材料的争夺就很难避免。这个探究活动演变成对放大镜的争夺也是预料当中的。所以，教师要在充分了解教学目的、材料性质的前提下，对操作所需的材料数量进行充分估计，并在条件许可的条件下多准备一些操作材料，以备不时之需。

（2）材料投放的密度。

材料投放的密度是指单位面积或单位人数内投放的材料数量。有时绝对的数量很难说明科学教育所需的材料数量，而材料投放的密度则能很好地说明材料投放的科学性。不同的科学教育活动需要的材料投放密度有很大的差别。需要幼儿对多种材料进行尝试性试验的活动，就需要密度较大的材料投放，如浮与沉的试验和磁铁试验等；而需要幼儿关注过程的科学活动就不需要太大的材料密度，如观察植物生长等。不同材料的投放也有不同的密度要求，如试验性材料投放密度要大一些，而工具性材料则不需要太大密度。有时候，材料投放的密度甚至会改变活动的目标，影响活动的结果。

从以上例子可以看出，材料投放的数量、种类和密度有时会改变幼儿探究活动的方向。材料揭示出的事物内在规律会在操作过程中逐渐展现出意义。教师要善于发现材料之间的关系，引导幼儿在操作过程中获得有益的经验。

（3）材料投放的组合。

材料间的不同组合有时暗示材料的性质，有时会指出探究问题的方法。这些都是教师在投放材料前应该想到的问题。

（4）材料投放的层次性。

材料投放的较高要求是教师必须考虑到不同孩子的不同发展水平，让幼儿通过对不同材料的操作达到各自的最近发展区。在投放材料时，教师要考虑到材料对幼儿的不同意义，不能一刀切。

材料投放的层次性保证了在共同的活动过程中，幼儿能够在自己原有水平上得到最大限度的发展。这也弥补了集体教学活动中，教师很难同时兼顾不同发展水平的幼儿的发展程度的弊端。

（四）乡土资源

随着园本课程日益被重视，乡土资源的概念被越来越多的教育工作者关注。

1. 乡土资源的内涵和价值

乡土资源是指幼儿园所在社区的自然生态和文化生态方面的资源，包括乡土地理、民风习俗、传统文化、生产和生活经验等。

乡土资源对学前儿童科学教育有着重大价值。首先，乡土资源和幼儿生活经验最为接近，是儿童喜爱和乐于接受的。其次，乡土资源通常简便易得，在操作过程中经济实用。再次，和其他资源相比，乡土资源的生成性较好，可以根据幼儿和教师的不同需要衍生出更多教育价值。

图 3-9 幼儿园区角

图 3-10 民俗区角

图 3-11 幼儿园自制陶艺

2. 乡土资源在科学教育中的运用

具体来说，乡土资源的选择和投放也要遵循一定的原则，才能发挥其应有的作用。

首先，教师要善于发现存在于社区中的各类资源。不同的地域会有截然不同的资源。例如，春天时南方和北方的气候条件不同，幼儿能观察到的动植物生长情况也不同。教师可以通过乡土资源让幼儿体会到周围环境发生的变化，也可以让幼儿将自己收集到的乡土资源与书中或其他资料中发现的其他地区的环境加以比较，开拓幼儿视野。

其次，明确运用乡土资源的优势，在教学中将资源的"本土化"特点发挥到最大。在课程设计的过程中，从课程目标的设定开始，教师就要思考乡土资源的问题。

大自然是一个丰富多彩的物质世界。在农村，一年四季的各种各样的瓜果蔬菜、植物种子长年不断。这些形态质地各异的自然物，成了我们极好的美术创作的材料和内容。例如：在装饰活动中，我们将各种玉米粒、豆子、小麦、花生、稻草秆等运用到装饰中去，通过贴贴、画画、剪剪等形式，将它们做成了漂亮的衣服、挂毯、小包和头饰等；将萝卜、土豆、红薯、黄瓜等装饰成了各种小动物、小玩具，既好玩，又可以布置教室；用捡来的芦花、枯叶、草梗粘贴成了鸟窝；德兴的竹资源丰富，教师在活动中根据本地特色和幼儿的兴趣创设了"竹之家"，并根据材料的特性，使用同种材料变化多样，创造出丰富的美术活动。图3-9、图3-10、图3-11为幼儿园区角、民俗角和幼儿园自制陶艺。

从上面的例子可以看出，在教师的挖掘下，乡土资源可以发挥出多层次的教育价值。也就是说，乡土资源自身不仅能作为幼儿认识的对象，它也能为幼儿理解那些远离自身生活的新奇经验提供坐标和导向。

[思考与练习]
幼儿园内可以利用的资源有哪些？

第四单元 学前儿童科学教育活动组织

模块一 学前儿童科学教育活动组织的特点及类型

学习目标：
- 理解集体教学活动的价值和设计程序。
- 运用所学理论分析集体教学活动设计过程。
- 了解集体科学教育活动过程设计的要点和操作方法，能根据理论合理设计科学教育活动的过程。

3~6岁的幼儿具有独特的生理与心理特点，其思维和学习方式与小学阶段的儿童有着明显的甚至是本质上的差异。目前，幼儿园的科学教育活动按照其活动特征可以分为集体科学教育活动、区域科学活动、科学游戏活动、生活中的科学教育等。本模块重点介绍集体科学教育活动的组织和指导。

一、集体科学教育活动概述

（一）集体科学教育活动的含义和特点

集体科学教育活动是幼儿园教育活动的一种重要的传统的组织形式，是教师根据幼儿科学教育的目标，有计划、有目的地选择教学内容，提供相应的材料，面向全体幼儿开展的专门的教学活动。

1. 集体科学教育活动特点

（1）教师主导，面向全体，高结构。

集体科学教育活动是由教师发起的教学活动，其中主题确定、目标制订、内容的选择、材料准备、环境创设、过程指导等都是由教师在教学之前预设的，教师在整个活动中起主导作用。因为面向众多的幼儿，要求全体幼儿参加，以便使幼儿都能掌握教师预设的基本科学经验，所以缺点就是很难估计到幼儿个性化的兴趣、需要，对活动计划的调整较小。

（2）教师统一，直接指导，效率高。

基于我国幼儿园的师生比例较高的国情，集体教学便于教师进行统一直接的指导，尤其在班额人数比较多的情况下，集体教学的优势明显。因此，它是幼儿科学教育必不可少的一条途径。但是其缺点就是幼儿缺少"错误尝试"的探索过程，减少了探索的乐趣。

（3）便于交流互动，感受共同学习的快乐。

集体教学可以为幼儿提供分享、合作等互动的机会，便于组织幼儿进行集体讨论，能使幼儿和同伴相互交流、相互启发、相互合作，分享探索过程的快乐，也有助于帮助幼儿建立科学的学习态度，如轮流使用材料、倾听他人的意见和观点、愿意考虑和接受不同的意见等。缺点就是幼儿常常"随大流"，自我思考少，很难坚持少数人的"真理"。

2. 集体科学教育活动中的师幼关系

从以上的分析可以看出集体教学有自己的优势但是也存在缺点，因此我们在进行集体教学的时候要特别注意把握好师幼关系：一是集体教学中教师是活动的引导者、支持者而不是主宰者，教师通过展示材料、提供信息、创设环境等方式将幼儿引入集体活动的情景中后，应该让幼儿通过和物质材料的相互作用、探索和操作进行学习，让幼儿在"做中学"，避免教师灌输一讲到底，主宰课堂。二是教师要处理好面向全体和兼顾个体的问题。尽可能根据幼儿的具体情况给予有针对性的个别指导，要顾及每个幼儿的自我发展水平，切忌"一刀切"的要求。三是在评价环节，不要以知识的获得为最终评价的唯一标准，而应当多关注幼儿在探索中的科学情感和科学技能的获得。

（二）集体科学教育活动的设计

1. 活动课题的选择

活动课题的设计，就是从幼儿科学教育的内容范围中，选择出适合幼儿探究学习和教师组织开展的活动课题，即将课程的内容转化为活动的内容。幼儿科学教育的内容广泛，不是所有的内容都适合开展集体教学活动，因此，在设计集体教学活动的课题时，应该考虑以下几点。

（1）选择最基本的科学经验。

因为集体教学活动要求所有的幼儿都参加，其内容必须是最基本的、最具代表性的学科知识内容。而对于那些需要拓展幼儿的知识面、启发幼儿更广泛的探索为主旨的内容，则可以放在区域性的学习活动中，或者通过其他形式（如阅读科普读物）来进行。

（2）要注意内容贴近幼儿的实际生活经验。

在设计集体教学活动的课题时，还要注意贴近幼儿的实际生活经验。集体教学活动的内容不能一味地追求新颖性，这样并不能达到激发每个幼儿的活动兴趣的目的。应该选择那些具有"适度新颖性"，并与幼儿的生活经验相联系的内容，以保证绝大多数幼儿可能对此内容感兴趣，并在已有的经验基础上吸收、学习新内容。要避免脱离幼儿的实际经验甚至完全抽象的内容。例如，在集体教学活动中向孩子介绍"克隆"知识，或者向偏远的农村幼儿介绍"地铁"都是不贴近幼儿实际生活经验的。

（3）选择时间和地点适合集中教学的内容。

有的内容虽然很重要，但是在时间上不便于集中学习，例如，引导幼儿注意并观察晶莹的露珠，最好的办法是在秋天的早上，带领幼儿到草地上玩耍，这比组织室内的活动要更直接、有趣；再如观察月亮的变化，利用影像或者图片的形式进行集体学习就不如让幼儿在家庭中同父母一起观察。而那些需要集体讨论、共同学习的内容更适宜在集中时间集中地点学习，如探索"水的三态变化"等。

2．活动目标的设计

在选定了集体教学的内容后，教师就要考虑设计活动的目标，我们在制定目标时可以遵循以下几点。

（1）注重幼儿年龄特点和科学学科特点。

制订活动目标不能过高或者过低。如中班科学"各种各样的纸"的目标：收集、观察各种各样的纸张，理解其质地和用途。这个目标对于中班幼儿就显得过低了，可以增加"尝试根据某一特征给各种纸制品进行分类"的教学目标设置。

（2）注重目标的可操作性。

了解活动的主要特质，制订具有可操作性的目标，避免目标的泛化或者烦琐，才能进一步体现集体教学活动的价值。

例如小班科学活动"水果的种子"的目标：① 了解各种水果都是有种子的；② 有求知的欲望，喜欢探索身边的科学现象。这个目标的第一条缺乏可操作性，第二条缺乏针对性。再如"美丽的蝴蝶"的目标：① 欣赏蝴蝶的多姿多彩，感知蝴蝶形状和花纹的对称美；② 在活动中体验成功的快乐。这个目标的第二条调整为"在活动中，体验把自己打扮成蝴蝶的乐趣"，这样的改动，马上使目标明朗化，也具有可操作性。

（3）注重目标的适切性。

所谓的适切性即所选的教育资源本身能更好地促进幼儿与活动的共同发展，同时该资源在使用的时适合于本班年龄幼儿的心理与体力的接受能力。

如"美丽的风筝"活动目标：① 初步尝试运用不同方向的对称图案装饰风筝；② 激发幼儿对装饰画的兴趣。我们可以将第一条调整为"在活动中，初步尝试运用上下、面对面的方向的对称图案装饰风筝"，第二条调整为"在摆弄风筝中初步感知不同方向的对称图案，体验装饰风筝的乐趣"。

（4）注重目标的挑战性。

注意把握新旧经验的交集点，对幼儿已有经验和可能产生的新经验之间进行把握，不能简单重复原有的经验，而是适度把握新经验，考虑向目标的深度、广度进行探索。

如中班数学教育活动"生活中的数字"目标：① 乐于在生活中寻找各种各样的数字并理解其作用；② 体验观察发现的乐趣。把第一条目标调整为"交流讨论生活中的数字，初步了解数字与人们生活的关系"。第二条目标对应的活动是"给动物找家的数字操作"，这个环节与第一个"交流发现的数字"有重复的地方，我们可以提高为"幼儿设计数字情景"活动，这样第二条的目标就可以调整为"在情景再现中，体验设计数字的乐趣"。

这样的目标对中班的幼儿具有一定的挑战性，而是对幼儿原有的经验进行概括和提升，从横向上对幼儿原有的经验进行拓展。

3. 活动材料的设计

活动的材料既可以是成品又可以通过收集或者制作的方式获得。活动材料必须保证满足幼儿在活动中的操作需要，而且保证活动目标的达成。在设计材料时应该注意以下几点。

（1）要考虑材料和活动目标的关系。

科学活动的类型有实验类、操作类、观察类、制作类等，准备的材料首先要考虑的是活动目标的要求，提供可以帮助幼儿达成目标的材料，不要提供多余材料，干扰学习目标的达成。

（2）考虑材料的结构性。

材料的结构性既包括一个材料所具有的特性，也包括不同材料之间的联系和关系。教师对材料的结构性认知越丰富，就越有利于幼儿的操作。

（3）考虑材料的数量。

在活动中要提供足够的材料，才能保证每个幼儿在活动中的操作需要。但是对不同特征的科学活动，对材料的要求也不一样。如果是桌面操作材料，一般需要为每个幼儿都准备一份，以保证各个幼儿进行单独操作；如果是需要合作的实验或者解决问题的活动，可以每小组一份；对于感知观察活动，则应视情况而定，有的要求每人一份，有的需要全体幼儿观察一份材料；有的材料有很多种，需要幼儿分组轮流观察。

二、集体科学教育活动过程的设计

集体教学活动的过程，是在教师指导下进行的主动的科学探索过程。具体活动内容不同，集体教学活动的过程也不尽相同。集体教学活动过程一般可以分为三个部分。

（1）导入，激发幼儿兴趣，营造学习氛围。

（2）展开，有效提问推进，深入科学探索。

（3）结束，总结灵活延伸，情感态度提升。

优质的过程设计可以帮助我们轻松地、自然地达成目标，推进幼儿在活动中的发展。而缺乏智慧的活动设计不仅不能完成活动目标而且对幼儿的发展是无意义甚至是负面的。在设计集体教学活动的过程中，要能做到既体现幼儿的主体作用，又体现教师的指导作用，还要根据活动的内容，灵活地加以考虑和安排。

集体教学活动的过程都是在教师的指导下实现的。对幼儿园教师来说，面对日新月异的新教材中的一个个素材点，往往想不出有哪些可以演绎和拓展的内容，导致活动过程就事论事，缺乏趣味性和整合性；其次，活动目标确定后，教师缺乏有效的方法合理架构环节、精致地设计细节，致使活动过程的设计逻辑不清，环节之间缺乏联系，环节与目标不相匹配。我们先来看一个案例。

"我和书"（小班）

甲老师：以"爱护书"为切入口，通过修补图书将小班幼儿阅读中的行为为题提出来并引导解决。

乙老师：将书中的内容以有趣的游戏方式传递给幼儿，引发幼儿看书的兴趣。

【评析】甲老师设计的第一个环节是幼儿小时候看过的书，凸显"有趣"，在整个活动过程中是简单带过的；第二个环节是现在看的书，凸显"多样"，在整个活动过程中是重点突出的；第三个环节是长大后要看的书，凸显"功能"，在整个活动过程中是为了引发后续阅读的兴趣。

乙老师设计的第一个环节是"交流关于书的经验"，在整个活动中起到铺垫导入的作用；第二个环节"创设问题情境"，让幼儿运用各自的方法查找答案所在的页数，在比较、验证中直观展现最优化的查找方法。

从以上的案例中可以看出，活动过程的设计是教学目标的具体实现过程。一个好的活动过程设计应当体现出：对目标的理解与落实；对内容的确定与分析；对环节的推敲与推进。

因此，我们在设计一份合理的活动过程时应该考虑这样的问题：

※ 如何将教材演绎成一份鲜活的活动？

※ 活动的过程与目标定位如何匹配？

※ 如何呈现与表达活动设计？

※ 活动过程设计中如何架构大环节，处理小细节？

一般来说，集体教学活动的结构可以简化为开始部分、展开部分和结束部分。下面我们就这三个部分的设计和组织做详细的分析。

（一）教学导入的设计

幼儿园集体教学活动的导入环节，目的在于引起幼儿注意，激起他们的学习兴趣和求知欲望，以明确学习的任务和目的。在这个环节中，幼儿教师使用的教学语言被称为导入语。它是活动开始时，教师为吸引幼儿的注意、引出活动而说的话。其主要作用在于激发幼儿学习的兴趣，从而诱发学习。具体的方法有以下几个。

1. 材料导入

教育家布鲁纳说："学习的最好刺激，乃是对所学材料的兴趣。"活动中的材料具有暗示性，能够激发幼儿的操作兴趣。幼儿科学教育活动中的材料，归根结底是为幼儿感知、观察、操作准备的，幼儿通过看看、摸摸、捏捏、敲敲等摆弄活动，会产生很强的探索欲望。在活动之前，先给出材料，由材料导入活动，可增强活动的有效性。这一方法适合于以操作、探索物质材料、获得科学发现为主的活动。

2. 悬念导入

这种方法是结合教育内容设计一些既符合幼儿认知水平，又生动有趣、富有启发性的问题，以造成悬念，使幼儿产生探求事物奥秘的心理。

如科学教育活动"食物哪去了"可以这样导入："我们每天都要吃很多东西，可是这些食物都到哪儿去了呢？"短短的一句话便能引发幼儿强烈的好奇心和探索欲望。

3. 演示导入

这种方法以演示实验、操作教（玩）具的方式激发幼儿的好奇心，使幼儿产生要了解演示中出现的各种现象及其产生原因的强烈愿望。

如科学教育活动"空气"可以从演示实验开始，先同时点燃两支置于光滑的平面物（如盘子）上的蜡烛，然后用一大一小两个广口瓶同时罩住蜡烛，幼儿立即发现小瓶中的蜡烛先灭，大瓶中的蜡烛后灭，这是为什么呢？这一小实验所引出的奇妙现象，立即激发了幼儿探求新知识的欲望。

4. 作品导入

故事、儿歌、谜语等文学作品对幼儿具有特别的吸引力，我们可以根据活动内容和需要，选读与活动内容联系紧密的故事、儿歌、谜语等，以引起兴趣，引发联想。其中故事是幼儿最喜爱的一种文学形式，将故事这一形式运用到科学教育的导入活动中，可以很好地吸引幼儿的注意力，从而激发幼儿进一步探索的欲望。导入活动的故事大多短小精悍，紧扣活动内容，能很快地切入主题，一般可以选择现成的科学童话小品，也可由教师即兴创编，但故事一定要与活动有关，这样才能通过故事引出活动，发挥故事的导入作用。

5. 游戏导入

游戏是幼儿最喜爱的活动，寓科学教育内容于有趣的游戏之中，可以很好地激发幼儿的探索热情，使幼儿在自己最感兴趣的游戏活动中，通过试一试、做一做、玩一玩，在亲身体验中学科学、用科学，从而更加爱科学。将游戏作为科学教育的导入活动，可以使幼儿在轻松、愉快的活动氛围中，对科学现象产生探究和了解的愿望，从而为教师组织进一步的探索活动提供动力保证。因此在活动开始时，教师不妨用游戏的方式或游戏的口吻创设游戏情境，激发幼儿的活动兴趣。

6. 经验导入

这种方法是指教师在了解幼儿原有的知识水平的基础上，提供新旧知识的连接点，调动幼儿运用已有的知识和经验去进行新的探索。学前期幼儿已积累了一定的生活经验，尽管这些经验比较直观、肤浅，但由于是幼儿亲身感受的，与他们的生活有着密切的联系，因此总能很好地激活幼儿的兴奋点，使科学探索活动顺利展开。所以，在组织科学教育活动时，我们可以联系幼儿已有的知识经验，由经验导入，让幼儿自然而然地进入活动。

7. 环境导入

科学教育活动还可以利用周围的环境直接导入。环境是幼儿学科学、进行科学活动的必要条件。幼儿在与周围环境的不断接触中，通过感知、操作等活动，与环境相互作用，使幼儿全身心地投入活动，从而获取大量的有关科学的经验。《幼儿园工作规程》也指出，要"创设与教育相适应的良好环境，为幼儿提供活动和表现能力的机会和条件"。幼儿在宽松、和谐的环境气氛中，在心理上有安全感，就能使他们集中精力去尝试和探索。

8. 直接导入

这种方法是直接运用简洁明快的语言阐明活动的目的和要求，使幼儿明确活动的主要任务；或简要介绍活动中的主要角色、材料，以引起幼儿的注意。

如"我长高了"的活动开始，教师可以说："小朋友，你们想不想知道自己今年又长高了多少呀？好，老师今天就来教你们测量身高。"

尽管导入方式因活动内容和活动目标的不同而不可能有一个固定的模式，但是各种不同的导入类型在设计和实施中的基本要求是一致的。这就要求我们做到：

（1）精练。导入本身不是活动的主体，更不是活动的重点，因此时间不宜过长，以1~2分钟为宜。导入语力求精练简洁、集中概括，不说空话、废话，不作毫无意义的重复，点到为止，切不可喧宾夺主。

（2）巧妙。导入重在引起幼儿的兴趣，有效地调动其活动的积极性，因此导语要依据活动内容力求巧妙、有趣，既能造成悬念，又富有吸引力和艺术感染力。

（3）准确。要针对活动的内容、特点和幼儿的实际，巧妙地设计导入方法和导入语，且语言准确鲜明，主题突出。

（二）活动提问的设计

提问是幼儿园集体教学活动中不可缺少的环节，西方有些教育理论家甚至认为提问是集体教学的核心。幼儿园集体教学活动中的提问是一种最直接的师生互动活动。西方学者德加默提出这样一个观点："提问得好即教得好。"这种看法不无道理，教师准确、恰当的提问能激发幼儿的学习兴趣，使其思维进入积极状态。师生间的相互交流与理解同教学效率的高低息息相关。因此，幼儿园集体教学活动的效果，在很大程度上也就取决于教师提问的技巧与质量。

那么集体教学中的提问应该怎样设计呢？

1. 设计有效性问题

有效性的问题指的是具有思考性、铺垫性和启发性的提问。这样的提问答案应该具有开放性，而不是固定的、唯一的。应该指向幼儿的操作、探索和思考，引发幼儿自由表达自己的想法、发现和经验。无效提问就是儿童不需要思考随口就可以回答

"是"或"不是"的问题。

有效提问是幼儿园集体教学中重要的教育手段，是反映教师的教育能力与艺术能力的一个方面，更是激发幼儿主动参与活动，培养幼儿观察能力、分析能力、思维能力，提高课堂效率的重要体现。

有效提问的特征：要把握所提问题的难度；要提出不同认知水平或者类型的问题；要面向全体幼儿提出问题；要学会控制时间；要对幼儿的回答给予适当反馈；要鼓励幼儿自己提出问题。

教师提问的类型有：

（1）陈述性问题：用于幼儿细致的观察后描述事物。

如："猴子手上拿的是什么？""妈妈的头发是什么样的？""你在图上看见了什么？"

（2）比较性问题：启发幼儿比较事物的异同。

如："请先看看自己的鸡蛋，再看看你旁边的小朋友的鸡蛋，比一比你们的鸡蛋有哪些地方不一样？""三角形和正方形有什么不同？"

（3）分类性问题：启发幼儿运用概念进行思维的问题。

如："说说哪些是蔬菜？哪些是水果？""哪些动物要冬眠？"

（4）假设性问题：启发幼儿想象的问题。

如："如果地球上没有空气，人们会怎么办？""如果你是故事中的小明，你可以想出什么办法帮助奶奶？"

（5）选择性问题：对几种结论进行取舍。

如："你认为三角形、圆形、正方形谁的本领大？"

2．围绕教学关键点进行提问的设计

关键问题往往能使教学活动达到高潮，使幼儿的学习研究活动达到最大限度拓展，并能解决问题。因此教师要善于挖掘关键问题。

问重点，保持幼儿思维清晰。重点是幼儿应该掌握的内容，因此对重点要反复设计提问的问题、词语设问，使幼儿理解和掌握重点，从而保持思维的条理性、连续性和稳定性，并为幼儿进一步解答一些相关问题奠定基础。

问发散点，培养幼儿的创造性思维。发散性设问是一种创造性思维活动，是指对同一问题，教师引导幼儿从多方面、多途径去思考，纵横联系所学知识，以求问题灵活解决的方法。

3．问题设计必须遵循幼儿的认知规律

（1）遵循循序渐进原则。

现代信息论认为，教学是一种循序渐进地、有效地选取、组织、传递和运用知识信息，促进幼儿了解信息、掌握知识的活动。从集体教学整体上看，教师必须抓住教材、教学内容的整体要求，根据幼儿的认知水平和心理状态，科学地设计一定梯度的问题，不仅要设计好单个问题，更重要的是要设计好问题序列，问题序列有两种基本形式，一种是递进式问句系列：初问浅显，幼儿正确回答后，再逐步加深，即逐步一般化、抽象化，逐渐达到预计的目的，这是幼儿园目前经常采用的方法；另一种是渐退式问句系列：开始提出一个较抽象的问题，以引起悬念和产生整体印象，当幼儿不能正确回答时，再逐步具体化，直到幼儿做出正确回答，后一种在幼儿园教学中运用得较少。

（2）贯彻因材施教的原则。

幼儿园集体教学中的提问，要考虑不同层次的幼儿，设计不同层次的问题。难度和灵活性较大的问题要求幼儿重新组合所获得的信息来创造答案，这类问题可以针对能力较强的幼儿，他们经过思考回答，有助于启发全体幼儿的思维；基础及综合性的提问是为了巩固教学效果，问题的设计要考虑中等能力的幼儿，这样做可以吸引大部分幼儿的注意、调动他们的积极性。对于能力相对弱的幼儿，要适当设计一些难度不大，经过认真思考能够回答出的问题，可以帮助这些幼儿恢复自信，提高学习兴趣。

4. 丰富集体教学活动问答模式

幼儿在日常生活中会提出许多"为什么"的问题，而在教学活动中却很少提问，笔者认为是传统的"老师问—学生答"的提问模式，扼杀了幼儿的问题意识。肯尼思·H.胡佛认为："整个教学的最终目标是培养学生正确提出问题和回答问题的能力，任何时候都应该鼓励学生提问。"遗憾的是幼儿园集体教学中的提问常常是按照教师问学生答的模式进行，绝少有幼儿提问，这种方式最明显的弊端是不利于幼儿问题意识、提问能力和思维能力的培养。幼儿作为学习的主体，能够提出自己的问题，表明幼儿正在积极地思考，是独立思维的主体，教师的提问更多的是来自幼儿外部，而幼儿的提问却是发自内心的，在一定程度上要优于教师的提问。因此，教师不仅应该注重幼儿回答问题能力的培养，还应该注重幼儿提问能力的培养，因为"最精湛的教学艺术，遵循的最高准则就是让学生自己提出问题"。这一点传统的提问模式是无法做到的，在集体教学活动中丰富提问模式，使其多元化，可采用"老师问—幼儿答""幼儿问—教师答""幼儿问—幼儿答"等模式进行尝试。多元化的提问方式有利于师生之间共同探讨，相互激发，而在这个过程中，幼儿有了更多的提问机会，他们的问题意识和自我提问的能力也就在无形中得到提升。

5. 要讲究提问语言艺术

集体教学活动提问时，幼儿根据教师口头提问来回答问题。因此，教师的提问语言至关重要。应做到以下几点。

（1）准确、严谨。教师的提问语言必须具有科学性、准确性以免造成幼儿失误或困难。如幼儿常把三角形的"角"与"脚"混淆。

（2）清晰、简练。教师的教学语言受特定的教学内容和授课时间的制约，教师要以最简洁的语言传递最大的知识信息量，就必须做到语言简练流畅，通俗易懂。特别是口头提问不宜太长或转变太多，这使幼儿记不住、很难找到问题的核心。

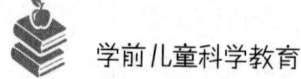

（3）诚恳、和谐。教师提问的态度要诚恳，语言要亲切，氛围要轻松和谐。在语调、语速的控制上能抑扬顿挫，疏密相间，酌情正确处理提问和问答的关系，使幼儿能非常自然地听清问题，并能从容不迫地思考、回答问题。

6. 重视答问评价、鼓励幼儿质疑问难

对幼儿的答问进行评价，有利于促进师生交流，形成良好的双向反馈，创设生动活泼的集体教学活动气氛。幼儿回答问题后，非常期望得到教师的肯定和赞扬，对于幼儿任何正确的回答，教师都应该给予积极的鼓励，不应该吝惜自己表扬的话语；对答错者不能讽刺和挖苦，要对出现的"闪光点"给予肯定。这有利于调动幼儿继续思考和勇于回答问题的积极性，促进幼儿创新思维的发展。

（三）活动结束的设计

集体教学活动通常有时间限制，教师需要精心设计活动的结束方式。我们常常形容一篇好文章是"凤头、猪肚、豹尾"，幼儿园集体教学的结束也应该是有力的"豹尾"。既要使这一次活动圆满结束，又不能就此结束幼儿的探索。活动的结束设计要充分体现开放性，在形式上不必拘泥于常规。如以下几种结束的方式。

1. 画龙点睛，凸显活动核心信息

在一个教学活动中，教师会传递很多信息给孩子，因此，活动结尾时，教师应该用简明扼要的语言概括总结活动的核心信息，对凸显和提升活动价值起到画龙点睛的作用。

2. 借势助推，注重经验迁移

当一个探索活动结束时，可以由教师提出一个类似的问题情境，让幼儿利用所学的知识去解决，以检验自己对新知识的理解。

3. 艺术表现，领域拓展

活动可以以绘画、唱歌、跳舞等方式结束。这样可以让幼儿充分、自由地表现自己在活动中的发现。

4. 作品展览，观摩欣赏

制作活动结束后，可以让幼儿开一个作品展览会，这样，没有做完的小朋友也可以在轻松的气氛中继续完成自己的活动。

最后要强调的是，这里所介绍的导入、展开部分（重点分析了"提问设计"）、结束是集体教学过程中的"三段式"设计方法，仅仅是就一般情况而言。人们常说："教有法，但无定法"，作为集体教学活动的过程，教学活动要遵循其目的性、完整性、多样性等要求。

拓展阅读

中班科学探索活动"鞋底的秘密"

• 活动前评析

一天的晨间活动中,教师发现几个孩子聚在一起讨论着什么,悄悄走过去一看,原来,他们被××鞋底的"奥特曼"的图案造型给吸引住了,他们都坐在地上开始找自己鞋底有没有"奥特曼"图案。鞋底花纹,司空见惯但又不为人注意,设计师们精心设计的美丽图案被孩子们发现了。对于孩子对鞋子产生兴趣教师并没有制止,而是引导幼儿从更具有教育价值的方面探索、发现鞋底里藏着的秘密,同时保护和激发幼儿的兴趣。教师在准备此次活动前也通过各种途径发现鞋底的秘密真的很多,于是设计了本次教育活动,通过孩子们的观察和收集的资料,发现鞋底的更多秘密,激发幼儿的探索的欲望和大胆的观察能力。

• 活动目标

(1) 知识技能目标:在体验活动中,感知鞋底的摩擦力及其作用。

(2) 情绪情感目标:激发幼儿对活动的兴趣。

(3) 行为习惯目标:培养孩子在活动中初步的合作意识。

• 活动准备

(1) 布置"鞋子展览会"(各种大小、材料、形状、颜色、花纹的鞋子若干);摆放马蹄形座位。

(2) 跳动"问候舞"及优美欢快的背景音乐。

(3) 每个幼儿事先穿一双丝袜。

(4) 事先制作好的彩泥鞋底人手一个,辅助材料若干(牙签、小棒、吸管、锥子、木板、彩泥、豆子等)。

• 活动过程

一、开始部分:引导幼儿观察、比较鞋底,发现鞋底的秘密;了解各种鞋底的作用。

提问:

(1) 多功能厅里正在举办"鞋子展览会",你们想去参观吗?

(2) 请你看看、摸摸、比比,再和小朋友讨论一下,找找鞋底有什么秘密。(教师鼓励幼儿观察不同的鞋底,引导发现鞋底是各种各样的——材料、颜色、大小、形状、花纹等不同)

(3) 你发现鞋底的秘密了吗?谁愿意把你的发现告诉小朋友?(鼓励幼儿大胆讲述)

教师小结:有的鞋底有花纹,有的没有;有的鞋底花纹深,有的浅;有的鞋底软,有的硬;有的鞋底厚,有的薄;有的鞋底上有数字;拖鞋的鞋底大多很软。

(4) 叔叔阿姨为什么要设计、制作各种各样的鞋底，这些鞋底有什么作用？请幼儿讨论、商量，请幼儿讲述。（保护、美观、方便、干净、防滑等作用）

二、进行部分：感知鞋底的摩擦力及其作用。

（一）引导幼儿感受丝袜很滑。

提问：

(1) 刚才小朋友说了很多鞋底的秘密，还有小朋友说到了鞋底有花纹，那你知道花纹有什么作用吗？（鼓励幼儿大胆讲述，教师不作结论）

(2) 要是鞋底没有花纹会怎样呢？让我们把鞋子脱掉，只穿丝袜跳段舞蹈好吗？（教师与幼儿跟着音乐跳舞）

(3) 穿着丝袜跳舞有什么不一样的感觉？让我们再来感受一下。（教师与幼儿第二次跟着音乐跳舞）

(4) 只穿丝袜跳舞的感觉和平时有什么不一样？（幼儿讲述）

（二）感知鞋底的秘密。

提问：

(1) 让我们穿上鞋子也来跳段舞蹈，试试有什么不一样的感觉。请幼儿穿上两只鞋子跳舞。

(2) 为什么穿上两只鞋子跳舞，两只脚都不那么滑了呢？

（三）小结：鞋底有花纹，鞋底的花纹会增加鞋子和地面的摩擦力，起到防滑作用。

三、结束部分：设计防滑鞋底。

(1) 提出要求：让我们用灵巧的手指和各种辅助材料来设计一个防滑鞋底，比比谁的设计最与众不同？

(2) 幼儿利用各种材料，进行设计和制作。

(3) 讲评活动。

①请先设计好的幼儿给教师或是小朋友欣赏，并讲述自己设计的理由。

②请个别幼儿展示自己的设计，并讲述。

a. 引导幼儿了解减小摩擦的鞋底。教师出示溜冰鞋，引导幼儿观察，提问："这是什么鞋子？""溜冰鞋的鞋底有什么秘密？""为什么要这样设计？""在我们的生活中你知道有什么鞋底是故意减小摩擦力，使它更滑？"引导幼儿联系生活经验讲述。

b. 请幼儿在户外活动中，进一步体验不同鞋子的不同感受，并且知道在适当的时候选择合适的鞋子。例如：在攀岩墙穿鞋底软、摩擦力强的运动鞋，舞蹈教室穿轻便的舞蹈鞋，等等。

（活动组织：北京市丰台区北京星星艺术幼儿园 孙倩）

（中国幼儿教师网 http：//www.ykxjh.com.cn/）

【评析】本案例中活动课题选择来自孩子们身边、孩子的生活——孩子偶尔发现鞋底的秘密。教师要善于发现幼儿感兴趣的事物,从一次偶发事件中发现隐含的教育价值,把握时机,积极引导。而通过本次活动,能够发现孩子的探索能力超乎想象,说明他们的求知欲望和挑战新鲜事物的能力是很强的。活动前资料的收集更是让孩子们大开眼界,丰富了自己的知识经验。在活动中孩子们将自己已有的知识经验很快传达给同伴,这种良好的沟通给活动增添了不少色彩,对于目标的完成起着重要的作用。此案例中的不足是对个别幼儿的指导还不是很到位,应多关注个别孩子的发展。

模块二　学前儿童科学教育活动组织的形式

学习目标：

> 了解怎样在日常生活中利用自然角开展科学教育活动,能利用自然角指导幼儿进行日常生活中的科学教育活动。

> 了解散步的意义和组织策略,能根据幼儿的年龄特点组织幼儿的散步活动。

> 了解远足的意义和组织形式,能根据季节制订远足计划。

> 理解生活中随机教育的意义,能够抓住生活中的有利契机进行科学教育。

> 理解科学区域活动的含义、价值以及材料的投放和指导策略。

> 了解班级自然角创建、材料的提供和管理的方法,能够创建班级自然角并能组织班级自然角活动。

> 了解科学发现室的创建、材料的提供和管理的方法,能够组织科学发现室活动并管理科学发现室。

> 能灵活运用科学区域活动的指导策略指导分析活动案例。

一、生活中的科学教育活动

杜威认为"教育即生活",他认为存在两种教育,一种是为青少年专门准备的教育,另一种是非正规教育,即与他人共同生活而获得的教育。如果追溯教育的远古形态,可以看到所有教育均源自生活。随着近现代教学环节、教学原则和课程设计方法的出现,教育者的目光逐渐转移到目标可见、教学过程清晰、教学方法具体可行、教学评价具体清晰的正规学校教学中。而那种蕴藏在生活中的教育则被慢慢淡忘,这或许是因为它们并不符合教育教学科学化的潮流。其实,生活中的教育并不是新鲜出炉的新型教育理念，而是对教育的重新挖掘，对历史的重新理解。

1. 生活中的科学教育的含义和特点

生活中的科学教育有许多不同的称谓，如偶发性教育活动、随机教育活动等。偶发性教育活动是指在幼儿周围世界中，突然发生的某一自然科学现象、自然物或有趣、奇特的科技产品和情景，激起幼儿的好奇，导致幼儿自发投入的一种科学探究活动。所谓随机教育就是指在教师教育计划之外的、随客观提供的教育情景而临时进行的教育。以上定义虽然表述不同，但传达同一种意义，即生活中的科学教育活动是以幼儿生活为基础，随着生活情景变化随机组织的一种科学教育形式。生活中的科学教育的特点十分突出，主要表现在以下几个方面。

第一，形式和内容多样。生活中的科学教育与集体教育和区域活动最大的不同在于教育主体、客体和教育方式的不确定性。这种教育活动可以发生于教师和幼儿之间、幼儿之间或者幼儿和环境之间。其教育方式多种多样，可以通过生成课程将偶发的教育活动设计为集体教学，也可以渗透在教育游戏的过程中，还可以通过幼儿间同伴交往的方式进行。由于幼儿探索活动的广泛性，生活中的科学教育内容也是广泛而多样的，可能涉及动植物、地理、天文、气象等领域。

第二，这种教育不是基于教师事先的准备，即教师在教育产生时是被动的，这一点不同于区角活动。许多教育过程的发生甚至没有让教师感觉到，更谈不上有意识、有计划了。生活中的科学教育活动完全以幼儿兴趣为中心，因为这完全是一种幼儿主动的教育活动。所以如果没有幼儿的兴趣，教育就不可能存在。

第三，教育的结果不可预测，与集体教育活动和区角活动不同，生活中的科学教育结果不一定都能对幼儿产生积极影响。如果没有教师的指导，成人的错误观点、人在特殊情况下对自然产生的错觉很可能成为生活中的科学教育的结果被幼儿习得。由于幼儿认知发展的局限，他们往往将一些非科学的观念组织到自己的认知结构中去。

2. 生活中的科学教育的价值

由于自身特点突出，生活中的科学教育具有独特的价值。

首先，生活中的科学教育产生于幼儿的内部动机。生活中的科学教育活动存在的基础是幼儿的兴趣。在这种教育中不存在既定教育目标与幼儿兴趣的矛盾，也没有知识结构和幼儿心理结构的冲突。对学前儿童来说，这是一种极具主动性和兴趣性的活动，他们往往对这一类活动印象特别深刻。如果教师能适当地加以引导，幼儿的探究欲、好奇心、自信心都能得到很好的发展。

其次，生活中的科学教育是一种整合教育。人们在知识体系积累过程中，依据不同知识领域探究的不同方法论和不同逻辑体系将学习科目和研究对象分为不同的学科。但实际生活是没有科目之分的，幼儿眼中的世界是自然统一的，因此，他们对世界产生的兴趣也是没有科目之分的。正是这种特性，使得生活中的科学教育天然具有正规教育活动努力追求的整合性。

目前课程整合是幼儿园教学和课程领域的热点课题，生活中的教育能为正规课程整合提供良好范例。

再次，生活中的科学教育是一种极具个性化的教育方式。在这种灵活的教育中，由于幼儿的兴趣、发展水平受到尊重，它能使由于种种原因在集体教学中处于不利地位的幼儿得到更多的发展机会。在正规教育的统一目标要求下，幼儿表现出的认知水平、操作能力都由既定评价标准来衡量。从某一个角度来看，无论这些标准如何修订，它们总是或多或少地带有文化、种族、阶层的偏见。但生活中的科学教育源自幼儿个体的兴趣和活动，并没有既定的标准对这些活动进行评价。因此，每个幼儿的经验都是宝贵的、值得尊重的。如果教师能沿着每个幼儿的兴趣和活动进行引导和教育，幼儿实际上就获得了一种不带偏见的教育。广义上说，生活中的科学教育包括了幼儿园一日生活所有的科学教育活动，包括集体活动、区域活动、游戏活动。不过在这里，我们把它限定于那些和幼儿日常生活紧密联系的科学活动。它们主要包括以下几种。

（1）自然角中的种植、饲养、观察和照料活动；

（2）散步活动；

（3）远足活动；

（4）随机的科学活动。

这些活动有些需要教师组织，如外出远足、种植、饲养；有些需要教师创设丰富的物质环境，如自然角的观察；有些需要家长和教师的配合，如气象站。这些活动都有一个共同的特点，就是和幼儿的生活紧密联系，这些活动都离不开幼儿真实的生活情景。

（一）日常生活中的自然角

1. 自然角活动内容的选择

通过设置自然角，把大自然引入教室，弥补了幼儿活动时间和空间的局限，有助于幼儿感知周围事物的变化，促使他们更好地对大自然给予关注、探究和思考。应该在自然角中设置丰富多样的内容，从而为幼儿在活动室内营造出"自然美景"。我们在第五章"区域科学教育活动"已经比较详细地介绍了班级自然角的含义价值以及创设和管理，本章重点介绍怎样在自然角开展日常的科学教育活动。

（1）种植植物。

在室内种植植物的优势是温度相对稳定，劣势是光照受限。我们可以选择开放性阳台或者靠近窗户的位置来种植。

①让种子发芽（图4-1）。

把种子放在水中浸泡一段时间后，再放置于盛有适量水的浅盘或土壤中就会看到种子会逐渐发芽并长大。适合的种子有蚕豆、黄豆、扁豆、花生、玉米、南瓜子、小麦等，需要的材料有容器、种子、水或者土壤。

图 4-1 让种子发芽

②泡养蔬菜或者花卉（图 4-2）。

把土豆、萝卜、大蒜、洋葱等生活中我们常吃的茎块状的蔬菜泡养在水中，会看到它们从不同的地方发芽，并长出叶子。也可以把萝卜切开，中间挖空，然后在其中放入白菜心，会看到萝卜白菜齐开花的美景。

图 4-2 泡养蔬菜和花卉

初春时节，室内温度往往比室外高。如果把迎春花、柳树、桃树等枝条泡养在室内的水里，会比室外更早看到它们发芽、长叶子、开花。室内外对比，就会让幼儿感受到温度对植物生长的影响。一般家庭都会选择水仙花、月季花、迎春花等花卉进行水养，这些花养在幼儿园室内也比较合适，既容易成活，也有利于幼儿观察花卉的生长，尤其是花卉根部的生长状态。

③盆栽植物。

适宜盆栽的秧苗可以由种子发芽获得，也可以通过移植获得，既可以在盆中栽花卉、小型树木，也可以在盆中栽蔬菜、农作物等。注意盆栽植物的土壤应根据植物的特点选择不同质地的土壤，有的喜阴，有的喜阳；有的喜欢水多，有的比较耐旱……教师要注意和幼儿一边种植一边学习，不断丰富幼儿的知识经验。

（2）植物实验。

①种子发芽对比试验；

②温室内外植物生长对比试验；

③植物生长与阳光、空气、水的关系对比试验等。

（3）饲养动物。

幼儿天生喜欢动物，饲养动物可以满足幼儿想与动物亲近、观察和照料小动物生活的愿望，还可以帮助幼儿观察了解动物的特性和生活习性，丰富知识经验，以及学习一些简单的动物饲养技能。在室内或者阳台上饲养的动物一般是体态较小、叫声悦耳、容易成活的小动物。

① 鸟类：八哥、朱雀、鸽子、鹦鹉等。

② 昆虫：蚕、蝈蝈、七星瓢虫、蚂蚱、菜青虫等。很多昆虫如蚕、菜青虫，其一生有很多形态变化，饲养过程会让幼儿有更直观地了解。

③ 水生动物：鱼、乌龟、泥鳅、蝌蚪等（图4-3）。

图4-3 自然角——小金鱼

（4）展示标本与物品。

自然角还可以陈列或者悬挂某些植物标本或者展示幼儿搜集到的物件，如蚕的生长发育过程标本、植物根系标本、植物叶子标本、各种鸟类标本或者仿真玩具、各种植物的种子、各种石头、各种土壤等。

（5）展示观察记录。

为了让幼儿有目的地观察动植物生长的过程，更好地进行对比观察或实验以得出有效的结论，教师最好给幼儿提供纸和笔，鼓励和指导幼儿有计划地进行记录，然后在合适的地方展示幼儿的记录结果，并组织幼儿进行分享和讨论活动，帮助幼儿真正体验"科学家研究科学的过程"。

2．自然角的指导

（1）自然角内容的选择。

① 根据孩子的年龄特点和认知水平选择自然角的内容。植物、动物、非生物品都可以作为自然角的物品。动植物要易于在人为环境下生长，美观，有趣，种类要多样。

在自然角开展的活动内容应丰富多样，不要让自然角成为一个摆设。同时，种、栽、养的物品必须是孩子们喜欢的，是孩子们自主选择的，只有这样才能吸引孩子们主动参与到自然角的活动中来。

根据孩子的年龄特点和认知水平选择自然角的内容。小班的自然角内的物品种类不宜过多，以直观、常见、典型、成品类的为主，如小兔、小鱼的护养，种植类的也应选择生长较快的、容易观察的植物，如黄豆的发芽等。到了中、大班，自然角的动植物品种就可以更丰富一些，可以观察一些周期较长的动植物，如蚕宝宝变蝴蝶的过程、茎叶的吸水性实验等。诚然，各年龄段的观察、饲养并没有绝对的界限，有的动植物可以在各年龄段的自然角中出现，但前提是教师必须有不同的指导要求。如小兔的饲养，在小班仅停留在外形特征的认知，到了中大班则应进一步研究它的生活习性。

② 根据主题或季节定时更换、丰富自然角的内容：自然角是大自然的一个微缩的景观，必须适应和反映季节的变化，教师应该针对幼儿发展的实际，结合教育的主题和季节的变化，精心制订自然角的科学教育计划，发动幼儿以及家长认真选择自然物品、相对集中地布置一些内容。

（2）自然角活动的指导。

① 指导幼儿在生活中观察自然角。

教师在自然角对幼儿进行的观察指导与集体教学的指导是有区别的。在集体教学时，教师是面对全体幼儿进行的，而在自然角，教师有时只面对一个或者几个幼儿，教师的指导也是随机的，应因人而异。

例如，小班幼儿要引导他们说一说动植物的明显特征；中班幼儿，教师可以指导他们观察描述动植物的主要特征，指导他们对动植物进行比较，鼓励他们把观察到的动植物的特征画下来；大班幼儿对动植物的生长过程感兴趣，教师可以为他们提供开展实验的条件，如为他们提供放大镜、动物测量尺、记录工具等，鼓励他们自发地记录科学实验。

② 让幼儿做自然角的日常管理的小主人。

教师要将自然角变成幼儿喜欢的活动场所，就必须让他们参与自然角的设计和管理工作。为此，在布置自然角时教师可以组织幼儿进行讨论，充分听取他们的意见，鼓励他们把自己家里的好东西带到幼儿园的自然角。自然角的清洁和清理工作可以安排幼儿参与，做一些力所能及的工作，并轮流照料和看管自然角的物品。如小班的幼儿可以做一些简单的浇水工作；中班的幼儿可以建立值日生制度，轮流负责对动植物的照料，如清理枯叶、给小动物喂食，以培养幼儿的爱心和责任心。大班的幼儿可以采取"认养"的方式，承包小动物和植物的照料工作，让他们记录自己在自然角的工作，这样自然角就成了他们长期关注的重点。

我们认为对于面积较小的，尤其是室外场地不足的幼儿园，更要精心布置和创设自然角，以保证幼儿有更多的机会接触大自然。

(二) 散步活动的设计与指导

1. 散步的意义

散步活动（图4-4）一般是指幼儿在一日生活中抽出一定的时间在幼儿园内或附近的区域进行观察与游戏活动。幼儿对散步活动十分感兴趣，在直接接触大自然的过程中探索大自然的奥秘，是儿童十分喜欢的活动。

图4-4 幼儿园散步活动

散步对儿童的发展具有以下重要意义。

第一，促进幼儿的身心健康。

幼儿在户外的环境中带着愉快的心情走走停停、玩玩看看，身心得到了放松，可以观察自己感兴趣的东西，玩自己喜欢的游戏，身心都可以得到健康发展。

第二，开阔幼儿的视野，增长幼儿的知识，提高幼儿的能力。

散步活动不仅可以使幼儿有更多的机会接触社会和自然，而且还可以开阔幼儿的视野，增长幼儿见识，培养幼儿的观察力、想象力、记忆力，发展幼儿的口语表达能力，培养幼儿与外界的交往能力。激发幼儿对自然界中的各种事物和现象的兴趣和探究之心。由于散步活动形式自由，氛围宽松，能让幼儿在大自然中自主自由地活动、亲身体验，注意各种花草、树木的变化，天气的变化或者让幼儿闭上眼睛感受一下风吹到脸上、太阳照在身上的感觉，有助于培养幼儿善于观察和发现的良好习惯。

第三，散步活动是对幼儿进行随机教育的良好组织形式。

在组织幼儿散步时，随机教育的契机无处不在。夏天雨过天晴散步的孩子们发现有很多蜻蜓低飞在幼儿园小池塘的水面上，像一架架小直升机，时而在池塘上空盘旋，时而俯冲下来，用尾尖在水面上轻轻一点，水面泛起涟漪，孩子们就会问：蜻蜓在做什么？为什么有两只蜻蜓在一起？等等。教师就可以给孩子们讲一讲蜻蜓产卵的科学知识。

2. 散步活动的组织策略

（1）转变观念，解放幼儿的身心。

散步作为一种休息方式，就是要人的身心都得到休息，传统教育中我们会看到教师要求孩子们散步时既要手拉手，又要拉前面小朋友的衣服，还要在教师控制的速度下进行，不能乱跑，不能随意停下，所以孩子的身体并没有得到放松。有时还会因为没拉好手，没有拉前面小朋友的衣服而掉队，受到教师的批评。孩子在本应该身心放松的时间得不到休息和放松，所以就谈不上发展。因此，对散步活动教师首先应该转变观念，散步就是放松地走走，应该把自由还给孩子，尊重孩子，做到陶行知先生提倡的解放：解放儿童的头脑，解放儿童的双手，解放儿童的嘴，解放儿童的空间。让孩子看自己想看的事物，问自己想问的问题，去自己想去的地方。当然对教师来说还应对孩子做到"放手不放眼，放眼不放心"，以保证孩子们的安全。

（2）观察活动要随机进行，不要刻意安排。

在组织幼儿散步时，要有一定的教育计划，但是随机教育的契机无处不在，不要事先都作安排。如在散步时，孩子们会很自然地簇拥着教师慢慢走，如果孩子们不走了，一定是有了新的发现。他们可能是发现了地上的蚂蚁，或者在捉跳跃的蚱蜢。此时，教师就可以抓住时机，走过去与他们一起观察，共同讨论它们的外形特征和生活习性。从而使教师与孩子们达到心灵间的沟通。

（3）根据不同的年龄特征采取不同的组织方式。

小班幼儿对成人的依恋仍然强烈，可以由教师带领孩子去散步，孩子们自由地跟在教师身边，也可以以鸡妈妈带领小鸡去散步的形式进行。教师在散步前帮助幼儿明确散步目的，提出散步要求，例如：慢慢走，跟在老师的身边。

中班幼儿喜欢在游戏中结成同龄人的伙伴关系，所以可以采用游戏的方式。例如，游戏"去旅游"，让孩子制定游戏规则，一起讨论怎样才是好导游，让孩子一起给旅游团起名字，教师把起好的名字写在导游旗上。让孩子跟导游一起商定旅游路线，在导游的带领下去散步。孩子们回来之后，可以让他们说说去了什么地方，看到什么有趣的东西，跟大家一起分享自己的快乐。教师可以作为旅游团中的一员，请导游介绍途经的花草树木。这样的散步活动可以培养孩子的语言能力、自主游戏的能力等。

大班有强烈的求知欲望和认识兴趣。对于这个阶段的幼儿，可以让他们自己选择同伴去散步，但散步之前教师要对他们提出要求，例如：散步时不能玩大型玩具；规定回教室的时间；提出散步的任务；散步的过程中要注意观察，去发现问题，回来之后要提出一个问题和教师、小朋友一起讨论；或是教师提出问题让孩子在散步时去寻找答案，回来后把答案告诉大家。这样可以培养孩子的自觉控制能力、语言表达能力、观察能力，还能很好地保护孩子的好奇心和求知欲。

（三）远足活动

1. 远足的意义

远足活动是指带幼儿到离幼儿园相对较远的地方进行活动的一种方式。远足活动（图4-5）对于幼儿来说具有重要的意义。

图4-5 师大锦园幼儿园举行远足活动

（1）增强幼儿的体质。

远足和散步一样首先满足了幼儿园"保教结合"的目标。《幼儿园工作规程》明确指出："保育教育的主要目标之一是促进幼儿身体正常发育和机能的协调发展，增强体质。"散步与远足活动促进了幼儿身体形态、机能的正常生长与发育，使幼儿的身体素质和活动能力得到提高，从而适应自然、社会，增强抵抗疾病的能力。

（2）丰富幼儿的知识。

远足能欣赏到不同的景色，也能接触到不同的动植物，认识到不同的生态环境。在郊游和采摘活动中，幼儿可以丰富知识技能：运用感官和各种简单的工具进行探索和考察，发现自然界所拥有的各种各样的物质和材料；幼儿可以从自然界中收集到各种各样的有趣物质和材料，进行分类和比较并描述他们的特征；在观察中发现自然界的变化，形成时间的概念。

（3）陶冶幼儿的情操。

在散步与远足中，课堂搬到了大自然里，幼儿是学习的积极参与者，用自己的眼睛去发现世界的奥妙，用自己亲身的体验感知形成自己的经验。如教师经常带领孩子们到公园观察了解植物的生长变化，探寻春的秘密，开展种植活动；夏天在草地上捕捉昆虫，在荷花池边写生；秋天采摘丰收的果实，捡拾多彩的树叶；冬天体验玩雪的乐趣。教师带领幼儿开展"我的树朋友""美丽的花朵""可爱的小蚂蚁""荷花""秋天的果实""美丽的新桥大街""我爱吃的食品""我喜欢的石头画"等主题教育活动，孩子们在快乐中获得了多方面的发展。

2. 远足活动的指导

（1）远足的设计与准备。

① 设计活动的计划。

制订远足活动计划，要粗略而灵活。在远足活动时，首先要确定时间、地点和路途长短等。组织远足活动需要做好各方面的准备工作，其中制订一个活动方案是必不可少的。活动方案的内容包括活动目的、活动地点、活动准备、活动内容的整体计划。如设计远足活动的方案时，教师可以先确定远足的目的，目的定好才确定活动的地点。比如为了赏景和采摘，可以选择郊外的自然风景区；如果是要做科学调查，则是选择相应的农场、林场或者科研机构；如果是带领幼儿寻访文化遗迹，就需要选择一些博物馆等场馆。

② 做好联系和实地考察工作。

远足的目的地定好以后，教师需要与相应的单位取得联系，告知活动的目的，提出希望对方配合的要求。教师应该事先做好实地考察，拟定在活动过程中的具体活动方案，设想幼儿可能出现的问题，或者可能提出的问题，做好活动预案。

③ 落实好交通工具及行走的路线。

根据实地考察得到的信息，教师要落实好交通工具以及行走的路线，进一步完善活动组织的计划。同时考虑本班两位教师和保育员在远足活动中的分工问题。

④ 通知家长，请家长写回执。

在外出之前，至少提前一周就应该向家长发出通知，告知本班将组织的远足活动，讲明活动的目的，告知活动的日期和地点，提出需要家长为孩子做好准备的要求，征求家长是否同意让孩子参加活动的意见等，并让每个家长签署一份回执。

⑤ 和幼儿共同讨论，做好远足的准备。

幼儿对远足旅行活动向来是期待的，教师可以和幼儿一起商量需要做哪些准备。例如，需要带哪些物品，需要穿什么样的衣服等，让幼儿从准备旅行的那一刻就进入解决问题的学习之中。

（2）远足活动中的组织工作。

远足中的教育活动是在远足过程中随机进行的指导，是帮助幼儿积累新鲜经验、验证已有认知的重要过程。教师在指导远足活动时要注意：

① 视幼儿的年龄、兴趣、需要和具体情境相应指导。

② 在指导幼儿观察环境中的事物时，教师还可以从数学角度提示幼儿观察所见到的实物与实物之间的空间关系（如临近的、分割的、被包围的、有次序的等），如果是参观，则可以提示幼儿注意工作人员的工作流程。

③ 指导幼儿做第一手的观察记录，如绘画记录、说明书、实物采集等。教师也可以利用照相、录像、录音、笔记等手段记录远足的全过程以及计划外的偶发事件的经过。

④ 远足后及时组织幼儿回忆、讨论、整理和布置收集来的材料。检查幼儿在远足前提出的问题是否得到了解决；原有的错误认识是否得到了修正，教师从中可以了解幼儿的进步和仍然存在的困惑，从而引出下一步要研究解决的新问题。

⑤ 组织幼儿及时表达远足的认识、感受。如用绘画、表演游戏、数学统计、测量报告等进行经验整理。

拓展阅读

活动主题：亲近自然、感受自然

远足，即徒步远行的意思。随着孩子年龄的增长，他们的求知欲在不断提高，思维的方式也越来越丰富，他们对大千世界有着强烈的好奇心，对亲近大自然、接触社会有着强烈的愿望，他们对任何事物都想看一看、摸一摸、问一问、说一说。然而现在的孩子，走路的机会越来越少了。家长带幼儿到户外活动，怕孩子出危险，处处对孩子呵护，因此幼儿身体素质的发展不平衡，肥胖儿和豆芽式儿童越来越多。在学习、生活上也容易出现依赖心理，遇到困难有退缩的现象。

活动目标：

(1) 通过远足活动，培养幼儿敢于克服困难，开拓幼儿视野，亲近自然，感受自然。

(2) 通过远足活动增强幼儿体质，培养幼儿吃苦耐劳的精神，强化集体意识和环保意识，促进其身心和谐发展。

(3) 帮助幼儿懂得在活动中要合作、谦让、分享。

活动时间：2012年6月（根据天气再行调整）

活动班级：中、大班全体幼儿

活动地点：赤峰博物馆正门前面绿化区

活动准备：园旗（每班一面）、摄像机、照相机、矿泉水、绿豆水、水杯、水果、食物、卫生纸、充电音箱、儿歌和课间操音乐、条幅、医药急救箱、毛巾、脸盆、洗手液、塑料袋、小黄帽

前期准备如下。

1. 安全

① 组织全体教师进行户外安全常识的培训。

② 教师在活动前几天对孩子的安全意识进行提高。比如：过马路要走斑马线和看红绿灯、不离开教师独自行动、爱护花草树木等。

2. 统一服装、轻装上阵

教师和孩子统一穿园服。

3. 分工

班主任和配班教师负责本班孩子的安全，责任到人。

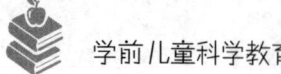

园长及其他不带班教师负责物品的运输和活动地点的安排，另外安排摄像、照相等人员。

活动过程：

1. 出发前准备

① 各班整队，全面检查（包括幼儿身体状况，穿戴是否合理，所需物品是否带齐等）。

② 各班清点人数，汇报总人数。

2. 途中安排

① 从幼儿园出发，沿小区南门进入临潢大街，过马路（马路车多，前行教师可示意车辆进行等候）。

② 进入宝山路，沿宝山路直走至西拉木伦大街右转接近目的地。（这两条路车流量比较少，各班可进行唱歌、背诵等活动）

③ 到达提前选定的目的地，活动正式开始。

3. 到达目的地安排

① 首先休息，清点人数。

② 经典背诵。

③ 各班表演自己准备的节目。

④ 表演集体操。

⑤ 各班教师带着本班孩子自由活动。

⑥ 带领孩子捡垃圾，让孩子懂得爱护环境。

4. 饮水和饮食

① 在活动过程中根据孩子需要保证孩子充足的水量。

② 饮食一定要保证卫生，并合理有序地分配食物。

5. 全体师生合影留念

活动结束：

(1) 清点人数，准备返园。

(2) 收拾现场垃圾。

(3) 原路返回幼儿园。

(4) 到园后首先要洗手、洗脸。

(5) 吃饭、午休（适当延长午休时间）。

活动总结：

全体教师对这次活动的优点与不足进行总结，并对这次活动存在的问题进行讨论解决。

(四) 生活中的随机科学教育

1. 生活中的随机教育的含义

幼儿园一日活动的教育过程中，在重视对幼儿进行有计划的系统教育的同时，对幼儿的随机教育也不容忽视。所谓随机教育，就是指在教师教育计划之外的、随客观的教育情景而临时组织进行的教育。

幼儿的发展应是全面的。要促进幼儿全面、健康、和谐的发展，就应重视发挥各种教育手段和方法在幼儿教育中的交互与渗透作用。生活中的随机教育是灵活多样的。就活动发生的场所来说可以是室内的，也可以是室外的。就活动形式来说，可以是一日活动中的，可以是在集体教学中的偶然事件中的，也可以是在幼儿的游戏中的。就教育对象来说可以是针对个体幼儿的，也可以是针对全体幼儿的。

2. 随机教育的策略

（1）树立随机教育的理念。

随机教育是根据幼儿的思维具体形象的这一特点而临时组织进行的教育，随机教育中所出现的事例往往具有情景性、直观性，容易被幼儿所理解和接受。而教师对随机教育也是一个由不认识到认识的过程，不少教师之所以会错过日常活动中这些大好的教育时机，是因为她们往往比较重视对幼儿进行有计划的系统教育，而忽视偶然事件中的随机教育。如果我们教师的头脑里树立起了随机教育的观念，善于捕捉随机教育的机会并善于利用，进而在一日活动的教育过程中，不断地进行随机教育的探索和实践，那么教育就会取得事半功倍的成效。

（2）抓住一日活动中的有利契机进行随机教育。

① 教学活动的随机教育可以培养幼儿的观察力。

教学活动是幼儿园一日活动中一个重要的环节。但是，教师在组织进行有目的、有计划的教学活动时，容易出现一些未预料到的情况，如环境的突然变化，或某一幼儿意想不到的发现和提问，教师应变被动为主动，开展随机教育，从而培养孩子良好的学习习惯。因此，在教学活动中，教师注意随机教育，启发引导得当，就会大大激发孩子对知识的渴望，产生强烈的学习主动性和积极性，从而养成良好的学习习惯和积极探索的精神。

② 幼儿游戏中的随机教育可以培养幼儿的良好习惯。

幼儿园一日活动离不开游戏，游戏是儿童最喜爱的活动，是最符合儿童身心发展特点的活动之一，因而其中也蕴藏了不少科学教育的契机。

（3）教师要有敏锐的观察力和科学的研究态度。

思维敏捷，好学好问，想象丰富，这也就为教师开展随机教育提供了条件。随机教育建立在教师丰富的教学经验上，建立在教师广博的知识基础上。所以，作为幼儿教师，首先必须培养自己对周围的事物和现象的敏感度，善于捕捉细微的变化、细小的事情，以自己的热情、机智、知识感染教育幼儿，养成自觉探究生活的习惯，常常要问：这是什么……为什么……怎么这样……由此才会发现生活中有价值的教育内容。其次，要有效地开展随机教育，就必须到孩子中去，观察孩子的一举一动，了解他们的所思所想，从而为自己开展随机教育奠定基础。

随机教育也是一门艺术，它不仅要建立在熟练的教育技能上，还需要教师在生活中有对科学持续研究的态度。随机教育为幼儿提供了科学学习的广阔空间和充足的时间，不像教学活动有一定的时间限制，这对于幼儿的持续探究科学问题是一个良好的条件，因此，在这个过程中进行的随机教育，要把握适当的时机，催发幼儿积极向上、愿意学习的科学态度。另外要注意"启蒙"的特点。要防止忽视幼儿的年龄特点和发展水平而无限拔高，要注意保持幼儿受教育或学习的最佳状态和兴奋点，适可而止，见好就收，从而给幼儿留下一种探索、学习的向往，一个思考回味的过程。

总之，我们在一日活动中，重视随机教育，是为了更好地促进幼儿的全面发展。随机教育对培养幼儿科学学习的兴趣、观察的能力、好学好问积极探索的精神以及健康的情感等各方面的作用，是不容忽视的。因此，我们必须重视和抓住一日生活中的随机教育，把随机教育和有目的、有计划的教育有机地结合起来，不断地进行探索和总结，更好、更有效地发挥随机教育的作用。

二、家庭与社区中的科学教育

布朗芬布伦纳的生态系统理论认为"发展个体嵌套于相互影响的一系列环境系统之中。在这些系统中，系统与个体相互作用并影响着个体发展"。个体交往和活动的直接环境就是位于生态系统最里层的"微系统"，对婴儿来说，微系统仅指家庭。然而随着幼儿活动能力的提高和活动范围的扩大，这个系统变得越来越复杂，包括幼儿园、托儿所、同伴群体等。在学前阶段，幼儿园、家庭、社区的互动或微系统之间的互动恰恰构成了生态理论中的中间系统。这一过程存在诸多复杂的联系，正是在不断的相互作用中，幼儿的身心逐渐发展。因此，在学前儿童科学教育过程中，家庭、社区对幼儿的影响不容忽视，而且幼儿园、家庭和社区在学前儿童科学教育方面的合作也是教育的重要环节。

（一）家庭中的科学教育

1. 科学区域活动的含义和价值

从出生开始，幼儿一直在家庭的保护下成长，他们一系列的学习活动也是在家里展开的。父母作为幼儿的第一任教师，承担着养育和教育孩子的双重任务。虽然幼儿在进入幼儿园之后接受了更为系统的教育教学，但此时家庭在幼儿教育中仍然发挥着重要作用。可以说，家庭教育是学前教育的重要环节，这也是学前教育不能等同于幼儿园教育的重要原因。

（1）家庭中的科学教育概述。

顾名思义，家庭中的科学教育就是指在家庭环境中进行的学前儿童科学教育。这种教育不同于幼儿园有计划、有组织的教学，它是一种情景化、生活化很强的教育形式；父母不同于专业教师，他们对幼儿的教育潜藏在点点滴滴的生活过程中。家庭中的科学教育具有幼儿园科学教育所没有的价值，但同时，这种教育也存在大量误区和问题，需要得到正确的引导才能发挥其真正的作用。

在家庭环境中进行的科学教育具有幼儿园科学教育所不具有的价值。首先，家庭中的科学教育更加生活化，幼儿的学习方式具有情景化、生活化的特点。早在幼儿入园之前，家庭中的生活经验就已经成为他们进行科学学习的重要来源。四季的变迁、动植物的生长等知识都蕴含在生活过程之中，幼儿对生活环境的积极探究构成了他们早期的科学学习经验。其次，家庭中的科学教育是以亲子关系为基础的。在父母的保护下在自己熟悉的情景中展开探究活动对年龄较小的孩子来说更安全，此时父母对幼儿活动的支持对他们来说是最好的鼓励。再次，在家庭中进行科学教育是实施个性化教育的良好契机。在大班额情况下，教师最头痛的问题就是无法因材施教。由于无法精确地把握每个儿童的兴趣和发展水平，幼儿园组织的集体教学很难做到促进每个幼儿最大限度的发展。在家庭中，父母是最了解幼儿兴趣和发展能力的人。针对幼儿的特点，家庭中的科学教育是延伸幼儿园科学教育或补偿幼儿园科学教育不足的最佳方式。

家长在幼儿科学教育中的作用可以简单概括为：鼓励幼儿的发现；提供调查和解决问题的示范；在幼儿发现活动之前不要急于回答和解决有关问题；乐于和幼儿一起进行科学活动；自由地与幼儿教师交流，提出问题，并在必要时寻求更多信息；倾听幼儿并为幼儿提供信息，要时刻记住，对任何一个参与者来说，都应允许他犯错误或者说"我不知道"；愿意分享家庭中现有的资源，如动物、植物、土壤标本，并将其用于发现活动。

对于一位专业的学前教育工作者来说，以上的要求不过是工作中的基本要求而已。但对于一位工作繁忙、认为幼儿常常成事不足败事有余的家长来说，这些要求不仅很难做到，甚至也很难理解。他们首先要建立以上一些信念，才可能对幼儿在家庭中的科学活动进行有效指导。

（2）家庭中的科学教育的主要形式。

家庭中的科学教育可以通过多种途径来进行，包括讲故事、科学游戏、早期科学阅读、幼儿和家长一起进行的科学探究活动等。家庭中的科学教育形式的选择首先要考虑幼儿的兴趣，即使是新鲜有趣的科学知识，如果用叙述的方法灌输也很难吸引幼儿注意。相反，故事、游戏、主动探索都能充分激发起幼儿的兴趣，激发他们探究的欲望。其次，家长要考虑家庭的物质条件，一般家庭很少有天平、显微镜等物品，但在日常生活中也有许多材料可以作为幼儿科学探究的材料，如水、沙土、积木、海绵等。以下介绍三种主要的家庭科学教育形式。

① 科学游戏。游戏是学前儿童的主导活动。通过游戏，他们开始了解周围的世界，

开始和周围的人建立关系,开始模仿成人的各种活动。可以说,游戏是学前儿童的主要学习方式,在家庭科学教育过程中,游戏是科学教育的良好载体。父母如果能将科学概念、科学思维、科学方法巧妙地通过游戏方式传递,将为幼儿提供以下重要经验:广泛而准确的科学基础概念、科学探究的兴趣、有效解决问题的方式。家庭科学游戏开展的基本原则有安全、就地取材、源自幼儿生活、灵活多变。科学游戏的种类很多,包括感知游戏、排列游戏、分类游戏、配对游戏等。

感知游戏是通过幼儿的各种感觉通道辨别自然物相应属性的游戏。这种游戏形式简单、材料易得,而且幼儿常常很感兴趣。感知游戏不仅能让幼儿了解自然物的属性,同时也能培养他们的感知能力和语言表达能力。

排列和分类游戏是以幼儿对自然物属性的了解为基础进行的游戏。排列和分类的维度有许多种,根据幼儿的认知发展水平,他们对自然物的分类存在由具象到抽象的发展过程。年幼的孩子可能会根据事物的外部特征进行排列和分类,如形状、颜色等。而年龄稍大的幼儿能够根据事物的种属进行排列和分类。在游戏过程中要求幼儿根据不同维度进行分类,不仅可以增进他们对自然物的认识水平,有利于他们概念系统的形成,还可以锻炼他们的发散思维。但要注意的是,家长要在幼儿对多种维度的分类和排列十分熟悉后再提高对幼儿排列和分类的要求;否则,可能会引起幼儿思维的混乱。

配对游戏是促进幼儿了解自然物之间相互关系的好办法。具体做法是,将自然界中有联系的事物呈现在幼儿眼前,让幼儿在它们之间进行配对。配对游戏的基础是他们对事物间的关系已经有所了解,对年龄较大的幼儿来说,可以将游戏中的事物关系增加到多个,让他们在游戏过程中发现这些联系。

② 早期科学阅读。

儿童的阅读就是感知各种信息符号,并在头脑中系统组织各种信息符号所代表的意义的过程,而早期阅读是一种广义的阅读,它不仅指对文字材料的阅读,也指幼儿对图形、图像、标志等的解读。相比文字材料,更为直接的图形材料更适合作为知识的载体。早期科学阅读是幼儿进行科学学习的重要途径之一,但由于幼儿思维能力发展的限制,早期阅读本身对幼儿就是一个艰巨的任务。因此,早期阅读本身并不能像成人阅读一样作为知识的主要载体。从这个角度来说,早期科学阅读具有双重目标:训练幼儿的阅读技巧;通过阅读获得科学知识和经验。

在学前期,幼儿的主动探索是科学学习的重要方式,但同样不能忽略的是早期科学阅读。毕竟幼儿的生活范围、时间和生活经验是有限的。早期科学阅读是获取间接经验的重要方法,它能极大地拓展幼儿的视野,增加幼儿的经验。除此以外,幼儿和家长在阅读过程中也能获得新的科学探究项目、方法和指导,在家庭科学教育环境中这些资源十分重要。家长在早期科学阅读中的作用有以下几点。

第一,选择适合幼儿的科学阅读内容。早期科学阅读的范围很广,包括科学故事、童话、儿歌、谜语和针对幼儿的科学知识介绍。选择科学阅读的内容要遵循一些基本原则：直观、生动，没有过多文字说明；阅读材料中蕴含的科学内容准确；能引起幼儿进一步的思考；内容排列有序。

第二，帮助幼儿理解阅读的内容。在家庭中进行的早期科学阅读是家长和幼儿共同协作完成的项目，在幼儿尚未养成自己阅读的良好习惯之前，父母需要对幼儿的阅读活动进行指导，最基础的指导包括：了解书的结构和功能；掌握正确的阅读顺序；了解文字和图形的对应规律等。在幼儿掌握了阅读习惯后，家长可以将适合幼儿发展水平的科学内容通过阅读的方式传递，通过共同阅读向幼儿解说图形、符号、简单文字中蕴含的科学知识内容，并逐步让幼儿自己通过图形、符号和文字理解科学知识。

第三，在阅读的基础上进行内容拓展，阅读的重要意义不仅在于理解阅读材料本身，也在于通过阅读内容引发更多的思维和探究活动。有时候阅读只是走近科学知识的引子，更丰富的活动在于家长对已有材料的拓展。

③家庭中的科学探究活动。

自己动手进行探索是幼儿最感兴趣的学习科学的方式。有许多简单易行的科学实验可以在父母协助下在家庭中进行。家庭中的科学探究活动涉及多个领域，其目的首先是培养幼儿对科学探究的兴趣、好奇心、求知欲；其次是体验科学探究过程和方法，体验发现的乐趣；最后是科学概念的初步理解。

家庭中的科学探究活动的开展需要有一些前提条件：第一，订立实验规则。这样做的目的一方面是为了让幼儿体会到科学实验的严谨性，另一方面是保障幼儿的安全。家庭科学实验的首要准则是：所有实验均在成人监护下开展。实验规则的订立应和幼儿进行商量，达成共同协议后将该协议用图画或符号的形式呈现在家里。第二，如果有条件，可以为幼儿在家里创设一个科学发现角，将科学探究用的各种材料存放在科学角中，也可以将幼儿在户外采集到的各种物品或标本存放在其中，科学发现角的维护和清理工作由幼儿自己负责。第三，在家长的帮助下建立科学探究记录，将每次科学探究活动的过程和结果记录下来作为资料。例如，进行沉浮实验前可以由父母帮助幼儿制作实验记录表格，将幼儿和家长实验前的猜测和实验后的结果相比较，体会科学验证的过程。

家庭中的科学探究活动的选择也要遵循一定的原则：

首先，科学探究活动要源自幼儿生活。在日常家庭生活中存在许多科学现象，只要家长留心并让幼儿注意到这些现象，它们都可以成为科学探究活动的内容。

其次，家庭科学探究活动要有趣味性。幼儿的兴趣是科学探究活动的中心，家长可以对某些科学探究活动的形式进行改造，使单纯的科学探究活动变得妙趣横生，充满幽默感。

再次，家庭科学实验过程要清晰可见，结果要明确。对年龄较小的孩子来说，他们喜欢过程清晰可见、结果明确的实验。例如，同样是植物生长实验，如果采用木本植物作为实验对象，则植物生长过程相对较慢，实验结果很难在两三天中明显呈现出来。但如果采用豆类作为实验对象，不仅实验材料容易获得，其生长结果也会很明显地呈现在幼儿面前。但要指出的是，长时间的观察、记录也是幼儿科学教育的重要内容。随着幼儿年龄逐渐增长，注意力水平不断提高，家长可以选择生长年限长、生长缓慢的植物作为幼儿观察的对象，以培养幼儿的观察能力和他们的细心、耐心，并体验植物四季不同的变化。

最后，将家庭科学探究活动和其他活动结合起来。家庭中的科学探究活动可以和家务活动、户外活动联系起来，使幼儿在生活中进行科学探究。这样做有利于幼儿的身心健康、和谐发展。

（二）社区中的科学教育

社区是指居住在一个地区里共同生活的人群，也即在互相联系的经济和政治活动中形成一个具有一定程度上相同的价值观念和相同的认同意识的相应单位实体。对社区教育的研究是教育学的新兴研究领域，就此而言，社区更多地呈现为一种物质实体的形态，如社区中的公园、图书馆、超市、快餐店等设施。社区能否发挥除此以外更大的教育价值，这是值得思考的问题。

1. 社区中的科学教育概述

所谓社区不单指一片区域，更指生活在这片区域中的人以及他们形成的共同价值观。从这一点来看，社区对幼儿的发展影响可以分为直接影响和间接影响两部分。社区之所以能对幼儿产生直接影响，是因为幼儿生活在特定的社区中，当幼儿足够成熟时，他们的活动范围突破了家庭的界限，社区的环境开始直接和他们接触，同时社区中的人也是他们生命中最先接触的社会群体之一，社区中的各种设施为他们的生活提供了便捷条件。总之，社区中的物质环境和精神氛围成为他们和社会接触的一扇窗户。另外，社区环境影响着幼儿身边的成人，社区对成人的影响也对幼儿产生潜移默化的影响。因此，社区作为社会生态系统中微系统的一部分，对幼儿的成长起着重要作用。

社区对幼儿教育虽然有重要影响，但这种影响通常却是隐性的。幼儿对自己生活的社区通常没有自主选择的权力，他们在学前阶段更多只能被动地受社区环境影响。如果成人不能主动认识到社区的教育作用，选择或过滤社区对幼儿的影响，那么成人和幼儿都会处于被动地位。幸运的是，社区的教育作用已经逐渐被认识到，家庭和幼儿园作为学前儿童主要的活动场所完全可以充分利用社区中的优质教育资源，并过滤社区可能对幼儿产生的不良影响，为孩子的发展提供更好的环境。

具体到学前儿童科学教育，社区的作用主要体现在：社区物质条件能够提供给幼儿了解科学知识、参加科学探究活动的机会；整个社区在人力资源上对幼儿科学教育起促进的作用；社区形成的共同的科学观影响着幼儿科学教育的内容。上述内容共同决定着社区对学前儿童科学教育的影响是正面的还是负面的。

2. 社区中的科学教育资源的利用

总体而言，社区中的科学教育资源分为有形资源和无形资源两类，有形教育资源，包括人力、物力、财力、信息、组织等；无形教育资源包括社区意识、社区归属感、良好的社区氛围、社区互助的伦理规范。社区作为影响学前儿童科学教育的重要因素，其自身并不是一个教育目标明确的组织。在这一点上，社区和幼儿园、家庭的区别很明显。因此，对于社区中的科学教育资源，家长和幼儿园要做充分研究，有效利用社区中的优质教育资源，同时避免社区环境对幼儿的消极影响。

在有形的物质利用方面，由于社区类型多种多样，不同的社区所拥有的物质条件、价值体系都不相同。想为幼儿提供良好的科学教育资源；父母和幼儿园就要充分了解社区资源的数量和种类，对社区的地理环境、结构布局、设施功能都要有全面考虑。在社区条件有限的情况下，充分挖掘已有资源的教育价值。

积极和社区管理者沟通。社区中的设施常常属于特定部门管理，如果能积极和他们沟通，让社区中更多的资源向幼儿的科学活动开放，幼儿会获益匪浅。如果社区中有图书馆或博物馆，则可以争取它们定期向幼儿开放，给幼儿的科学活动提供有力保障。社区中具有专业技能的人可以在特定的时候成为很好的科学教育资源，对幼儿园来说，对社区人力资源的掌握非常重要。通常这些人都会给予友好的合作，但在他们提供帮助之前，教师一定要和他们进行沟通，以便他们能把自己的专业知识通过学前儿童能理解的方式传递给幼儿。

社区无形的资源包括社区意识、社区归属感、社区氛围、社区互助的伦理规范。应和邻里建立良好的关系，彼此分享科学教育资源。在城市生活中，如果邻里间没有其他形式的联系（如社区组织活动、邻居属同一工作单位等），单纯的邻里关系非常脆弱。许多社区往往只是人们生活区域的集合，而并没有形成共同的价值观和社区氛围。在这种社区中，家长很难依靠除自身以外的其他教育资源。但如果家长能够主动和邻居建立良好的关系，则原来属于一个家庭的科学教育资源可以实现共享，对幼儿来说，这种资源是双倍的。

家长应特别注意社区普遍科学观对幼儿的影响。家长和幼儿园都需要注意社区成员中存在的普遍的对科学的看法。如果社区成员普遍的科学素养较低，有很明显的迷信氛围，教师和家长就要及早对幼儿灌输科学的观念，帮助幼儿形成科学的态度。

（三）幼儿园、家庭与社区在科学教育中的协作

幼儿园、家庭与社区在学前儿童科学教育中都起着重要作用，它们不是彼此孤立的，而是相互作用的。由于性质和作用方式不同，对幼儿个体来说，这三方面的作用力相互消长，未必能收到最好的教育效果。而促进幼儿园、家庭和社区在学前儿童科学教育方面的协作的重要目的就在于集合三方面的教育，对幼儿发展提供合力，使各方面教育的价值最大化。

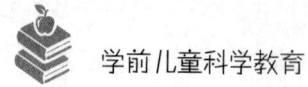

1. 幼儿园、家庭与社区在科学教育中协作的意义

在儿童发展的生态系统中，幼儿园、家庭和社区构成了复杂的关系网络对幼儿的发展产生各种影响，同时，这三者之间也不断相互影响。

幼儿园作为专业学前教育机构，其教育价值主要体现在：了解学前儿童心理发展规律，并遵循这些规律对幼儿实施教育；经过专业培训的教师可以为幼儿提供适合的教学方式；课程计划经过周密安排，可以提供有计划、有目的的课程如多种玩教具让幼儿亲自操作；为幼儿提供与许多同伴共同活动的经验；集体生活能对幼儿进行良好生活和教学常规的培养，帮助幼儿更好地适应小学学习。

家庭作为幼儿最初生活的地方，给予了幼儿重要的早期经验。家庭的教育价值体现在：父母对自己孩子的了解是家庭最为宝贵的教育资源；家庭教育渗透在生活中，对幼儿的发展起到潜移默化的作用；在家庭环境中，父母可以对孩子进行一对一的教育活动；亲密的亲子关系构成良好教育的基础。

社区作为幼儿生活的必要环境不仅直接影响着幼儿的发展，也通过影响幼儿园和家庭从而对幼儿产生间接影响。它的教育价值体现在：可以拓展幼儿视野，帮助幼儿了解社会生活；社区中普遍的价值观念间接影响幼儿的价值判断；社区中具备家庭和幼儿园都没有的设施，这些设施不仅为幼儿的发展提供物质保障，也为幼儿的社会活动提供有益经验。

由此可见，社区、家庭和幼儿园具有不同的教育价值，而且这三者间具有很强的互补性，如果缺失其中某一方，幼儿的教育将是不完整的。

学前儿童科学教育的目的广泛、内容庞杂、所用到的资源巨大，这就要求在教育过程中做到：根据幼儿心理发展规律选择和组织内容；学前儿童科学教育内容需要遵循幼儿心理发展逻辑，同时也不能忽视科学内在的逻辑结构，在生活的每个环节都要注意幼儿的科学探究行为，帮助他们在自己喜欢的活动中达成科学教育目标；注意培养幼儿的科学态度和价值观，利用多种材料和资源帮助幼儿进行科学学习。因此，在学前儿童科学教育领域中，只有家庭、社区和幼儿园三方协作才能保障科学教育价值的充分发挥。家庭、幼儿园和社区在学前儿童科学教育中的协作是以幼儿为中心形成的一个相互作用的环形，它们之间的关系总是两两相对的。这就要求幼儿教育工作者对这些关系进行全方位的考察。

2. 幼儿园与家庭在科学教育中的协作

幼儿园与家庭在对学前儿童的科学教育中拥有彼此不同，同时对幼儿来说又必不可少的教育资源，这使得幼儿园与家庭在学前儿童科学教育中有合作的必要。共同的教育目的为它们之间的合作提供了可能。即使是这样，对于许多幼儿园开展得比较成熟的"家园共育"活动，双方还是存在许多误区的。

这些问题使幼儿园和家庭的合作教育往往流于形式，很难对幼儿的教育产生实质性的影响。

幼儿园和家庭在学前儿童科学教育方面的协作存在以下问题。

第一，双方将幼儿园教育和家庭教育的界限划得过于清晰。幼儿园和家庭协作的重要目的在于相互弥补教育中的漏洞，儿童的科学教育是幼儿园和家长的共同任务，也是他们必须履行的责任。无论在何种形式的科学教育中，如果幼儿由于家庭或幼儿园的原因失去了教育机会，那么应该先寻求对孩子的补偿，然后进行沟通，以防止下次出现同样的问题。

第二，在协作过程中缺乏相互理解和信任。家长有时很不理解幼儿园的一些要求，因为这些要求不仅费时费力，有时也很难做到；而幼儿园则不理解家长不配合的态度。从幼儿园角度来说，对家长的要求更多不是为了教师在教学时省时省力，而是为了增加亲子活动时间，弥补幼儿进入幼儿园后和家长互动的减少，也是为了让幼儿体会到父母对自己探究活动的支持。而从家长角度来看，教师的要求常常"时间短、任务重"，对在外忙碌一天的家长而言，这种任务可谓非常辛苦。如果教师能向家长详细解释亲子共同活动的重要教育价值，让家长理解教师要求背后的原因；同时家长能和教师及时沟通，明确地向教师说明自己的现实情况，以求得教师的理解，那么双方的矛盾就会减少。

第三，幼儿园和家长都没有充分发挥自己的独特教育价值。在教师和家长的沟通中，幼儿是话题的中心，但这些话题往往是要求与被要求、抱怨与被抱怨的关系，家长和教师很难在其中找到各自需要的意见和建议，所以很难说这种对话具有建设性。其实，充分利用双方的教育资源，教师和家长间的对话可以是咨询与被咨询性的建设性对话。教师从家长那里可以获得大量关于某个幼儿的生活背景、个性特点、兴趣爱好等信息。家长可以从教师那里获得科学育儿、幼儿活动指导策略、玩教具投放、生活常规养成等方面的信息。

第四，家园联系方式单一。家园联系主要是由幼儿园发起的教师与家长互动的活动，在这个过程中，家长的主动性很小。另外，在家园活动中，具有个性化的家访很少出现。互动性很强的电子邮件等形式也比较少见。

3．幼儿园与社区在科学教育中的协作

幼儿园与社区在学前儿童科学教育上的协作主要体现在以下两个方面。

（1）社区作为幼儿园科学教育的资源。

社区中的各种服务设施，如社区中的公园、图书馆、医院等服务设施为幼儿园科学教育活动提供了重要资源。许多幼儿园已经把带领幼儿进入社区活动作为科学教育的重要途径之一。但社区的教育作用不仅存在于其物质环境中，社区自身的许多方面都可以成为学前儿童科学教育的内容。例如，社区的地理位置可以促进幼儿探究地理常识，对年龄较大的孩子，让他们绘制简单的社区地图可以很好地促进抽象思维能力和空间感觉的发展；以"社区中的生物圈"为主题，可以鼓励幼儿探究生活在人类身边的动植物群落，让幼儿了解人与自然的关系；以"我身边的人"为主题，可以帮助幼儿熟悉社区中的人群和他们的工作，了解人们之间的相互依存关系；以"社区中的统计学"为主题，可以帮助幼儿了解简单的统计知识，通过亲自实践，幼儿可以对社区中进出的车辆、公园里植物的数量、社区中楼群的数量等进行简单统计，对数和量的意义形成初步的概念；以"社区中的建筑"为主题，可以帮助幼儿了解所在社区中的新老建筑，让幼儿体会城市发展的过程。总之，社区对幼儿来说就是一个综合了许多知识的宝库，如果幼儿园能仔细挖掘社区的教育价值，认识到社区的历史、地理、文化、价值观和社区中的人都是幼儿园课程开发的重要资源，那么幼儿园就能实现社区教育价值的多元化。

（2）幼儿园作为社区科学教育的资源。

相比前者，幼儿园作为社区科学教育的资源就不太被重视了。这是因为两点：一是社区没有认识到幼儿园可以作为教育的资源中心；二是幼儿园没有认识到自己应该对社区开放。社区的实质是人们生活的共同体和价值观。而在我国，社区发展有自己较为特殊的轨迹，人们通常所说的社区就是某一片区域和生活在这片区域中的人。社区中的设施只属于某一部分社区群体，如社区中的幼儿园，其服务对象是那些将孩子送到幼儿园来的家庭，其他的家庭并非幼儿园服务的对象。所有社区中的设施都是被围墙封闭的，并不对社区公众开放。社会学理论中的"社区"是指自觉、有组织的生活共同体，而在我国社区只是作为无意识、无目的、无组织的区域概念。这也是幼儿园不能成为社区教育资源的深层原因，同时，这个问题也制约着社区教育作用的发挥。从幼儿园角度来说，幼儿园领导和教师要认识到，在一个社区内，无论是幼儿园还是学校都是没有围墙的，幼儿园本来就是社区的一部分，为生活在社区中的人们提供服务是将教育价值最大化的有效途径。在幼儿园向社区开放的过程中必定还有许多问题需要克服，幼儿园可能要付出很大努力才能使人们认识到学前教育的重要作用。但这个过程是双向的，在努力为社区贡献教育资源的同时也为自己开拓了更多的发展空间。

最后，社区和家庭在学前儿童科学教育中的协作也必不可少。特别是没有将孩子送入幼儿园的家庭和有3岁以下幼儿的家庭更要注意对社区教育资源的利用。社区可以补偿家庭教育中的缺憾，为幼儿提供以下宝贵的教育经验：在自然环境中观察、探究和游戏；和同伴共同合作、探索；了解自己的生活环境；认识各种职业的人。如前所述，我国的社区还处于发展初期，社区文化和活动还很不成熟，需要家长主动挖掘更多潜在的社区教育资源，集合更多力量保障幼儿健康、和谐发展。

[思考与练习]

1. 什么是集体科学教学活动？集体科学活动有哪些特点？
2. 集体科学教育活动的组织指导的步骤有哪些？
3. 从生活和家庭与社区两方面，谈谈学前儿童科学教育活动组织的形式。
4. 教师在指导远足活动时要注意哪些方面的问题？

第五单元　学前儿童科学教育活动设计与指导

模块一　学前儿童科学教育活动设计

学习目标：

➢ 了解幼儿园数学教育的含义、对幼儿发展的价值以及幼儿园数学教育的途径。

➢ 能在幼儿数学教育活动的实施中选择适宜的途径。

➢ 了解幼儿感知集合概念的意义、各年龄班的教育内容与要求以及活动的设计。

➢ 能设计活动引导幼儿感知10以内事物的数量及其关系，帮助幼儿建构初步的数的概念。

➢ 了解幼儿"10以内数加减运算"的教育内容和方法。

➢ 能合理地组织活动让幼儿学习简单的几何图形知识、发展初步的空间知觉能力和想象能力。

➢ 了解幼儿各年龄段中"常见的量和计量"的教育内容与方法。

➢ 能运用所学的理论设计数学角并指导数学角的活动。

➢ 理解幼儿日常生活中的数学教育的意义、特点和方式。

➢ 了解幼儿数学教育的目标、内容和手段。

➢ 理解科学游戏的含义、特点与种类，能运用所学理论组织科学游戏活动。

➢ 理解科学游戏的设计与指导的原则与组织步骤。

➢ 能运用所学理论设计与指导幼儿科学游戏活动。

一、科学游戏的设计与指导

（一）科学游戏概述

游戏是幼儿最喜欢的活动形式，是幼儿探究、认识世界，促进身心全面发展的重要手段和基本形式，是幼儿身心发展的客观要求。陈鹤琴先生曾说："儿童的世界是他自己去探索去发现的，他自己所求来的知识才是真知识，他自己所发现的世界才是他的真世界。"游戏既是科学活动的内容，又是科学活动的实施途径。教师应当懂得并充分利用孩子这种独特的认知方式，鼓励孩子通过游戏与实践来获得知识经验，激发求知。迈克尔·谢尔曼认为"科学是有规则的游戏"，[①]可以把科学变成好玩的游戏。霍金斯认为儿童科学学习的阶段之一就是"任意摆弄科学器材"。在游戏过程中，儿童探索事物的性质，依据自己已有的经验提出问题，并努力寻找问题的答案。这样的过程有益于他们成人后以科学家的方式进行科学研究，把科学变成好玩的游戏，让幼儿完全像做游戏一样，在富含科学内容的游戏中学习科学，"做科学""玩科学"，不仅仅会使他们理解知识经验，更能发展他们的科学思想、科学态度和精神。

1. 科学游戏的含义和特点

（1）科学游戏活动的含义。

科学游戏活动是科学教育的途径之一，指运用自然物质材料和有关的图片、玩具等物品，进行带有游戏性质的操作活动，是对幼儿进行科学教育的一种有效方法，例如"奇妙的口袋""接龙游戏"等。科学游戏主要是将科学教育目标寓于游戏之中，幼儿通过参与有一定规则的、有趣的玩耍和操作活动，获得相关的科学经验，复习巩固所学的科学知识，激发好奇心和探究欲望，发展观察力和思维能力，等。

（2）科学游戏的特点。

①动机由个人引发，保证了学习的自主性。

科学游戏是完全由幼儿自主选择参与的活动，幼儿参与活动是出于自己的好奇心强、活泼好动的需要，常常是为了好玩而去游戏，最大限度地保证了幼儿学习的主动性。幼儿在科学游戏中几乎没有限制，他们可以自主地充分活动，按照自己的意愿、体力、智力来游戏。例如，在玩沙子的游戏中，幼儿可以任意地探索，使用他们喜爱的方法来玩，可以随意地用手或者用脚去踩踏，这充分满足了幼儿自主发展的需要。

②形式具有趣味性，能满足幼儿情绪的需要。

趣味性是科学游戏固有的特性，科学游戏的"玩中学"给幼儿精神和身体带来舒适和愉悦，启发了幼儿学习科学的兴趣。幼儿投身于科学游戏的主要动机是"好玩"或是新颖、有趣的材料激发了幼儿的好奇心。在玩游戏的过程中，幼儿无拘无束，可以自由地宣泄情绪。例如，玩沙子的游戏中，幼儿可以堆塑成不同的形状或者自己喜爱的东西，从而产生愉悦的成功感。有的幼儿用脚丫在沙子上踩，体验了悠然的情绪。科学游戏改变了科学"严肃"的面孔，让孩子们乐于亲近科学。

③操作的重复性满足探索的需要。

幼儿在科学游戏中的操作往往是重复性的动作，而不是尝试性、探索性的操作。

---

① Michael Shermer, 邓文华译. 孩子的第一本科学书. 台北：台湾及幼文化出版股份有限公司，1995.

这种重复性的动作对于成人也许没有什么意义，但是对于幼儿却是一种必要的练习，因为幼儿能够在重复动作中积累科学经验。当然这种重复性的动作中也会有新发现，例如，有的幼儿在"沉浮"游戏中，反复把不同材料投放在水中，每一次操作都有发现，当他发现大的东西会沉到水底后，会尝试把皮球也放到水里，结果皮球却浮在水中，然后他产生疑问：大的东西不一定都沉到水底，什么样的大东西才会沉下去？幼儿又开始新一轮的"沉"东西……

总之，科学游戏能使幼儿在没有压力的状态下学习科学，幼儿完全不会感受到学习的任务，在轻松愉悦的氛围中就能获得科学经验，掌握科学的方法。值得注意的是，有很多科学游戏属于有规则的游戏。幼儿在参与有规则游戏时，往往要受到规则的约束，但是尽管此时的儿童"自由"受到一定的限制，却给幼儿带来了更多的挑战和乐趣，因为他们的心态是快乐的。

（二）科学游戏的种类

幼儿科学游戏内容丰富，根据游戏对幼儿发展的作用不同，可以划分为如下几种类型。

1. 感知游戏

感知游戏是指幼儿通过感觉器官来感知物体而开展的游戏。其目的在于促进幼儿感知能力的发展，又可以细分为视觉游戏、听觉游戏、触摸觉游戏等。如"摸箱子游戏"，在一个上面开口而四面封闭的箱子里放入多种水果，让幼儿通过用手触摸来判断里面有哪些水果。这就是典型的触摸觉游戏。

2. 操作性游戏

这种游戏是指幼儿在遵循一定规则的前提下，通过操作材料或者玩具来获得科学经验和技能的游戏。这类游戏又可以细分为如下几种类型。

（1）分类游戏。将一组材料按照颜色、大小、数量等属性分作几组的游戏，如"给袜子找另一半"。

（2）排序游戏。按照材料的某一个特征如大小、粗细、轻重、厚薄等的差异来排列材料的游戏。如，幼儿将用牙膏盒子做的机器人按照高矮排序。

（3）配对游戏。根据物体与物体之间的关系进行一种匹配活动。包括相同关系、相关关系、从属关系等。如"给小动物找食物"，游戏由两名幼儿配合，一名手持多张动物卡片，另一名幼儿手持多张食物卡，当一名幼儿出示小动物卡时，另一名迅速找到相应的食物卡。

（4）接龙游戏。此类游戏又可以分为两种：第一种是把一张卡片对折，分成两部分，分别绘制一种物体的一半，游戏是要求幼儿把两半物体接在一起成为一个整体。第二种按照事物发展的变化过程来接龙，如按照青虫变蝴蝶的过程进行接龙。

（5）拼图游戏。把绘有科学内容的政府图片分割成若干部分，游戏时将部分拼成整体。

3. 情景性游戏

情景性游戏是指教师根据科学教育的要求，创设特定的情景，让幼儿观察、思考，从中发现事物之间的联系，并运用已有的知识经验反映他们对事物的认识，处理特定情景下遇到的问题。如"四季"游戏，教师制作一个四季转盘，绘有四季的景色。游戏的时候幼儿自己转动四季转盘，等停下后，转盘上的指针指的是哪个季节，就请幼儿讲一讲这个季节的天气特征、景象、人们穿什么衣服等。

4. 运动性游戏

运动性游戏是指寓科学教育于体育活动中，幼儿通过身体的活动，加深对事物以及科学现象所产生的因果关系的理解。如玩风车，幼儿在持有风车奔跑的过程中，了解到奔跑的速度、风量大小与风车的转速之间的关系。例如捉影子，拍球计数等。

5. 竞赛游戏

竞赛游戏是通过竞赛判别输赢的游戏，其目的是发展幼儿思维的敏捷性和灵活性。如玩跳棋，掷骰子等。

6. 智力游戏

运用科学知识促进幼儿智慧发展的游戏。这类游戏通常以智力题的形式出现，幼儿在解题的过程中体味其巧妙和乐趣。如游戏"看谁拼的快"，发给幼儿11根木棒，请幼儿思考11根小木棒最多能拼出几个正方形、三角形。

此外，也可以根据科学游戏所涉及的学科不同，将幼儿科学游戏划分为数学游戏、物理类游戏、天文类游戏、地理类游戏、生物类游戏等。

（三）科学游戏的设计与组织指导

1. 科学游戏活动的设计原则

在幼儿园实践中，教师可以组织灵活多样的科学游戏。可以面向全体幼儿进行，也可以在科学活动区进行，还可以作为集体教学中的一个环节进行。作为幼儿园专门性的科学游戏活动，可以采取以下的设计与组织方法。

（1）科学性原则。

此原则是指在选择和编制科学游戏时，要保证游戏中蕴含的科学知识内容正确、难度适宜，符合科学教育的目标要求和幼儿身心发展的特点和规律。正确的科学知识有助于幼儿形成对事物的正确的态度，如果为游戏而游戏，就失去科学游戏的意义。同时，也要考虑科学经验应该隐含在游戏的材料和规则中，不要变成生硬的说教。

（2）趣味性原则。

游戏的特征就是好玩。科学游戏是一种娱乐活动，它本身的趣味性能吸引幼儿主动参加。因此选择和编制时内容和过程要生动、有趣，且有一定的难度。

（3）发展性原则。

这个原则是指科学游戏的设计要符合幼儿的年龄特点、难度适宜、环节清楚、层次分明、规则明确，选择的内容贴近幼儿生活，有助于促进幼儿科学知识的丰富、能力的提高和品质的培养。难度上可以是"跳一跳,够得着",如果太难,幼儿就会因为失败感而对游戏失去兴趣。

（4）安全性原则。

游戏的安全性可以通过制定一定的游戏规则让幼儿遵守,约束幼儿的行为,保证其活动的安全。

（5）差异性原则。

差异性指教师根据幼儿科学的特点、兴趣、需要、水平设计不同的科学游戏活动,为不同层次的幼儿提供不同的材料,采取不同的活动方式,提出不同的科学活动任务和要求。

（6）多样性原则。

这是指在科学游戏的形式上,教师要注意将集体游戏、小组游戏、个别游戏相结合。培养观察力、思维能力、想象能力、独立性、自信心等的游戏以小组、个别活动的形式为佳。这样可以使教师与幼儿之间的互动频率增加,让每一个幼儿都得到充分表现的机会。

2. 科学游戏活动的组织指导

对于集体性的科学游戏活动,教师可以按照以下的五个步骤来组织。

（1）营造游戏氛围。

游戏开始前,教师要努力营造趣味性的亲切的气氛,用神秘的或者轻松的语气拉近与幼儿的心理距离。

（2）理解游戏规则。

教师要帮助幼儿理解游戏的玩法和规则。教师可以根据幼儿的实际采用示范的方法或者讲解的方法,让全体幼儿都理解游戏的规则,从而减少游戏的盲目性。

（3）组织游戏活动。

在游戏过程中,教师以组织者、指导者或者监督者的身份调控幼儿的行为,既要关注游戏的进展,激励幼儿的交流与实践,给予启发性的建议或者提问,推动游戏进行,又要关注幼儿在游戏中的表现,根据需要给予适当的帮助,但要注意不能急于求成或者代替包办。

（4）参与游戏过程。

教师不仅仅是游戏的组织者,而且是游戏的参与者、合作者、观察者、服务者。游戏开始后,教师主要是以游戏伙伴的身份与幼儿共同游戏,作为大朋友以一种肯定的、积极的态度出现在幼儿面前。但要注意教师不要身陷其中,致使自己玩得不亦乐乎,忘记了组织指导游戏的责任。

（5）评价游戏活动。

游戏结束的时候教师需要对幼儿的游戏活动进行评价,可以对幼儿执行规则情况做小结,表扬肯定积极的行为,也可以对活动的质量给予评价和鼓励,如新创意、新玩法等，还要注意进一步提出深入开展游戏的新要求，激发幼儿的新需要。另外，还要感谢幼儿为游戏的成功开展所付出的努力，培养幼儿的合作意识。

科学游戏除了集体性的游戏活动外，还有幼儿自发的个别游戏和小组游戏等，教师应支持和引导这些活动，集体性游戏活动也可以在此基础上扩展和生成。此外，在教学中，让科学游戏成为教学的一部分或者有效的补充，可以使教学活动更加生动有趣，对幼儿更有吸引力。

拓展阅读

谢尔曼科学游戏论的基本观点

一、科学是一种有规则的游戏

对于什么是科学，谢尔曼表明了他的基本态度：科学是每个人的事。他认为，不少人对科学感到害怕，因为科学家们和他们所做的事，似乎与我们的日常生活相去甚远。科学不见得真那么可怕。事实上，科学很有意思，就像我们玩游戏一样。我们可以为科学下这样一个新定义：科学是一个供人了解这个世界的游戏。玩的时候，必须遵守一套称为科学方法的游戏规则。科学家们所公认的、并不断努力奋斗的几个重要规则是：

①诚实；

②不可作弊；

③不随便相信别人的话——亲自操作，看看是怎么回事；

④根据过去的发现来改进科学游戏；

⑤尽量寻找"合乎自然"的解答；

⑥争辩必须要有依据；

⑦在科学界，没有一件事是可以完全肯定的；

⑧科学是没有秘密的；

⑨科学家们都勇于认错。

二、把科学方法用于人类生活，变成好玩的游戏

1. 使科学成为生活的一部分

让科学普及化，成为生活的一部分，这是谢尔曼的研究和宣传科学教育的宗旨。从幼年起就教导孩子科学方法，可以使他们在长大后，把科学的法则，广泛地运用到人类的生活上，而非只限于学说或理论。他说："我热爱科学，也热爱科学的思考方式，想把这一腔热忱与所有的人分享。科学很有意思，就像玩游戏一样，一旦你学会了游戏规则，就可以和你的孩子一起同乐。除此之外，科学还教我们对事物有'想法'，更教我们对事物'如何'思考。简言之，科学不仅是学说，更是一种'思考'方式。最后一点，科学打开了世界之门，让我们能与地球上每一个角落的人成为朋友。"

2. 每个孩子都是科学家

各门各类的科学，都有一个基本的大前提——科学是为了解万事万物的原因而努力。了解因果关系是我们与生俱来的能力。小孩子个个都是天生的科学家，他们好奇、好问，生气勃勃、充满活力地探索周围的世界，他们什么都想知道。

孩子们和我们的祖先一样，他们最初关心的问题都和自然环境有关，想要知道很多事情是怎么一回事，以及世界为什么是现在这个样子。如：

天空为什么是蓝的？

风是什么？

为什么冬天冷，夏天热？

为什么会下雨？

孩子们所关心的这些现象便是最基本的科学问题。

可以说，科学家们以专业的方式，从事小孩子自然而然在做着的事。然而科学家们所做的不仅仅是问问题而已，他们也利用科学的方法，尽量设法回答这些问题。但我们也要让孩子们通过科学教育学习科学的思考方式和科学方法。

3. 教孩子做科学式思考

谢尔曼认为，研究"究竟是什么"在科学上是非常重要的意念。每个人都可以死背事实资料，但不了解大原则，细微枝节便空洞无物。他举了一个费恩曼说过的故事，这是一个关于费恩曼的爸爸在他还很小的时候，曾教他如何区分一样东西"叫"什么和一样东西"是"什么，两者之间的差别。

有一天，我和一些小朋友在草地上玩。

有一个小朋友对我说："你看到那只小鸟没有？你知不知道那是什么鸟？"

我说："我不知道那是什么鸟？"

他说："那叫褐头画眉。你爸爸难道都没教你吗？"

事实正好相反。爸爸教过我："看到那只鸟没有？那是一只会唱歌的鸟（我晓得他不知其名）。在意大利文'朱特拉比底达'、葡萄牙文'庞达佩达'、日文'卡他诺德克达'、中文里，它各有不同的名字，就算你弄清楚了它在全世界的称呼，你对他仍一无所知。我们不如来看看这只鸟在做什么——这比较重要。"所以我很小就知道，记诵事物的名称并不是真正的知识。

据此，谢尔曼提出了教孩子做科学式的思考。他认为对孩子进行科学教育最主要的目标并不在于教孩子想"什么"，而是在于教他们"怎么"想——用合乎科学的方式。如果想要教会孩子想什么，那么该教的东西可以说永远也教不完；但是如果教会他们怎么思考，那么，孩子便会自己弄清楚该想些什么。从着手做科学实验中可学到的几个基本的思考技巧，便是最好的开始。

我们教给孩子"一件神奇的东西"，使他此后也会"不断地追寻这样东西"。

4. 帮助幼儿选择一门适合的学科深入研究

帮助孩子选择他个人最感兴趣、也最适合他的学科，对于引导孩子的发展具有重要的意义。我们为孩子做出的选择应以孩子的兴趣为依据。要选定某一门科学做深入的探索，首先要把百科全书中对该科目的分支所做的介绍一一详读，以决定哪一门学科最有意思。然后，到图书馆去借几本相关的书。几乎每门科学都有特地为孩子写的书。

5. 把科学变成好玩的游戏

科学游戏如何进行也就是如何结合日常生活做科学实验的问题。科学实验虽然在细节上各不相同，但都有几个共同的特性，而这几个共同的特性形成了科学方法的基础。我们可以用四个简单的过程即观察、推论、预测、实验，来概括说明什么是科学方法。

在与孩子共同进行科学研究时，应遵守以下几个要点：

（1）从书本或自然界中开始"观察"。

图书馆是帮助孩子开始观察最好的地方。科学书籍能帮助我们和孩子寻找大自然中可以研究的事物。

（2）让孩子知道，没有一个问题是不该问的傻问题。

一些研究人类解决问题的心理学家指出：在许多方面，孩子比大人更善于解决问题。因为孩子较愿意承认错误、放弃不正确的想法，不停地问问题，无论是聪明的问题还是"傻"问题，一直到获得正确答案为止。而和孩子们比起来，大人往往对"犯错"感到过于焦虑，不敢问"傻"问题。可以说，在这方面，科学家和孩子们具备了共同的特质。所以我们要接纳、支持和鼓励孩子们问的每一个问题。

（3）用孩子听得懂的词语解释科学。

谢尔曼认为，有些人斥责那些问"傻问题"的孩子，原因之一可能是大人自己也不知道答案，或者是不知道怎样使用孩子懂得的话来回答。但作为教育者，只要可能，就尽量查阅参考书籍，用孩子听得懂的词语来回答孩子的问题。如果实在找不到答案，或者这个问题根本没有答案，也要设法给孩子留下一个乐观的思考空间——如果没有人知道，也许他将会是第一个发现答案的人。梦想就是在这类情况下产生的。

（4）事先做充分的准备。

针对我们和孩子将共同研究的主题，花几分钟的时间看看百科全书或其他科学书籍，也就是要在向孩子解释任何科学原则之前，自己一定要先对那个主题有所了解。这样做，不但孩子可以更彻底了解这个原则，获得宝贵的经验，你自己也可以学到新的东西，而且在孩子面前显得很在行。除此之外，这种沟通的过程，提供了一个机会，让你与孩子之间，能以一种崭新的方式彼此接近。

（5）鼓励孩子优异和大胆的表现。

谢尔曼在回想自己的童年时说：在我的周围环境中，没有一项传统的条件是引导我朝向科学界发展的。我的父母都不是科学家,我的兄妹,甚至亲戚中,也没有一位是科学家,因此,并没有任何人做我的科学榜样,或是对我产生即刻的影响力。事实上,我的爸妈甚至没上过大学,然而,他们却给了我两个微妙不易察觉但深具关键作用的个性,那就是,做任何事都有追求优异表现的欲望,以及凡事皆敢大胆一试的个性。

他们为我买整套的百科全书,送给我想要的东西,如自己动手拼凑的全套模型来奖励我阅读。甚至我想学什么,就送我学什么,并且常鼓励我要大胆地去尝试新的事情。我几乎没有受过任何限制,我认为,这种(有限度的)宽容,给了我极大的勇气去面对未知的事物。科学家们几乎天天面对未知的事物,事实上,与未知的事物抗衡,便是科学家工作的内涵。

(6) 知之为知之,不知为不知。

对于一个你所知不多的问题,最好的答案就是"我不知道"。接着,你就可以去查清,或是要你的孩子去查答案。其实,最好的方法是与孩子一起去查个明白。这样做可以使孩子获得一种品质:一个人对于所知不多的事,就应该承认自己的无知;更可以教给孩子科学的核心即下结论之前,必须先有充分的证据,学会"后入为主"的判断,而不是"先入为主"的偏见,并将这一科学原则用于人生其他范畴的问题。

6. 在日常生活中也可以做实验

作为教育者,尤其是家长,可以和孩子一起进行科学研究,让孩子能"看见"并"动手"做科学研究,而非只是阅读而已。

谢尔曼选取了有关物理学、天文学、化学、生物学、地球科学及心理学的36个问题,来代表科学思想的主要范畴。

7. 孩子们进行科学探究和实验所需要的材料和工具

(刘占兰.学前儿童科学教育.北京:北京师范大学出版社,第272~277页.)

二、幼儿数学教育活动的设计与指导

幼儿园的数学教育,不只是教幼儿学会算多少道算式题就可以,而是通过数学教育激发幼儿的兴趣和求知欲,发展幼儿的逻辑思维能力和空间想象能力,训练幼儿做事认真、细致,具有主动性、条理性、坚持性和创造性,是让幼儿能从生活和游戏中感受事物的数量关系,并体验到数学的重要和乐趣。让幼儿在生活和游戏的真实情境和解决问题的过程中,形成数学感和数学意识,从而体验学习数学的重要性和意义。

(一) 幼儿园数学教育活动概述

1. 幼儿园数学教育活动的含义

《幼儿教育指导纲要》中指出:"引导幼儿对周围环境中的数、量、形、时间和空间等现象产生兴趣,建构初步的数概念,并学习用简单的数学方法解决生活和游戏中某些简单的问题。"由此可见,幼儿园数学教育活动是幼儿园科学(领域)教育的

重要组成部分,也是幼儿园全面发展科学教育的一个重要组成部分。全面理解幼儿园数学教育活动,应注意以下几个方面:

第一,幼儿园的数学教育活动是在教师指导下进行的。

幼儿在与物的接触和人的交往中,获得了一些关于数学的感性经验,同时也学会在日常生活中运用这些经验,解决生活中出现的问题。但这些经验往往是零散的、片段的,有时甚至是表面的数学经验,并不能使幼儿感受到有关数概念的本质属性。要使幼儿建构一些初步的数概念,并促进幼儿思维能力的发展,教师必须要给予指导,启发幼儿感受生活中的数学现象,帮助幼儿归纳、整理零散和无系统的感性经验,将物体的数量、形状特征、事物之间的数量关系鲜明地凸现出来,使幼儿注意到物体的这些特征,感受到蕴含于物体中的数量关系,从而有助于幼儿形成初步的数概念。而幼儿园的数学教学活动正是一种有目的、有计划的活动,无论是采用集体活动的形式还是小组活动的形式,都有利于教师对幼儿的学习活动进行直接指导,帮助他们获得一些粗浅的、必要的数学知识;而且集体活动、小组活动的形式还有利于幼儿之间的互相学习和影响,他们可以进行交流、对话,可以从同伴中获取相关的经验。

第二,幼儿园数学教育活动是有目的、有计划、有组织的活动。

幼儿园数学教育活动在活动之前要经过缜密的筹划,而不能是偶发和随机的。在进行教育活动之前,教师首先要依据教育的目标、幼儿已有的发展水平以及幼儿的兴趣、需要,制定本次活动的具体目标,选择相应的教育内容、方法和活动的组织形式。也就是说,在进行数学教育活动之前,教师首先要制订好完整的教育计划。但在实施过程中,教师完全可以根据教学过程中出现的新情况、新问题,调整或更改计划中的某一环节,但就整个计划来讲,是教师事先制订好的。

【案例】

双条件家族

活动目标:

(1) 在教师的引导下,能注意周围环境中事物的形状和数量。

(2) 学会概括图形的某两个特征并按物体的这两个特征分类。

活动准备:

(1) 教室中的物品。

(2) 交通工具图片。

(3) 幼儿练习卡。

活动过程:

(1) 教师出示交通工具图片,问幼儿这些图片可以怎样分。每一种分法分出来的交通工具都可以成为一个家族,如2个轮子的家族、4个轮子的家族、动物交通工具家族等。

(2) 举例说明两个条件的意思,如轮子和颜色、车门和轮子等都算是两个条件,让幼儿理解按两个特征分类的意思。

(3) 请幼儿找一找,教室里既是红色又是圆形的东西(如插片、苹果、图形卡片等)。

(4) 请幼儿看幼儿练习卡,想一想这些卡可以怎样分(如分成动物家族、4只脚家族、2只脚家族等)。

(5) 请幼儿找一找那些既是2只脚又是动物的卡片,并将符合条件的卡片圈起来。

上述案例是一个较为典型的数学教育活动设计,目的是让幼儿感知逻辑关系,发展幼儿的观察能力、思维能力。分类就是把相同属性的东西归并在一起。分类可以是单一标准,也可以是多重标准。在师生的互动中,在摆弄操作材料的过程中,使幼儿充分感知、体验、探索;在教师的指导下,引导幼儿用数学的角度去观察周围的物体,关注物体的形状和数量;在活动中促进幼儿逻辑思维能力的发展。

第三,幼儿数学教育活动具有操作性的特点。

幼儿喜欢亲自操作、摆弄材料进行探索和体验,也正是在操作活动中,幼儿才逐步掌握了相关的知识,所以幼儿数学知识的学习也应在操作活动中进行。操作活动解决了数学知识的抽象性和幼儿思维的具体形象性之间的矛盾。应该说,无论是集体活动形式,还是小组活动形式,幼儿的操作活动是数学教育活动的基本部分。幼儿动手操作活动材料,与材料发生相互作用,是幼儿学习数学的主要方式。因此,教师应尽量提供材料。同时,教师要注意观察幼儿的操作活动,并进行个别指导;给幼儿充分的操作时间,让他们在摆弄、拆拼材料的过程中,充分感知、体验、探索。

第四,幼儿园数学教育活动具有游戏性的特点。

兴趣和需要是幼儿学习的内在动力。幼儿在学习过程中最喜欢做的是与他们兴趣相符合的事情,而游戏是幼儿的基本活动,更是幼儿喜欢的活动形式。在活动中幼儿不仅感知着图形之间的不同,而且培养了幼儿的学习兴趣,激发了幼儿的学习愿望。虽然数学教育活动的计划是教师依据教育目标事先制订的,但在计划制订过程中,往往会对幼儿的兴趣、需要关注不够。解决这一问题最好的办法,就是教师将制订的教育目标转化为幼儿自己需要的教育内容,以激发幼儿学习的兴趣和求知欲,使他们积极主动地参与到活动中。

例如,让幼儿认识图形,如圆形、三角形、正方形这一内容时,教师创设了"小鸡找家"的游戏活动。在活动现场,教师用积木搭了3只小鸡的家,上面分别贴有不同几何图形作为家的标记,教师扮演鸡妈妈,其中一名幼儿扮演狐狸,其余的幼儿带有图形卡片扮演小鸡。鸡妈妈带着小鸡在草地上边玩边唱儿歌:"小小鸡,叽叽叽,尖嘴巴，圆身体。身上穿着绒毛衣，爱吃小虫爱吃米。"儿歌唱完后，扮演狐狸的幼儿大声喊："狐狸来了。"随即，狐狸就开始追捉小鸡。鸡妈妈要求小鸡按自己带的图形卡片分别找家，身上带着什么图形卡片，就找什么图形标志的家，并赶快钻进家里去。如果小鸡躲进家里，狐狸就不能捉了。游戏结束时，检查一下有没有找错家的小鸡。数一数有几只小鸡找错了家，然后把他们送回家，再数一数狐狸捉到了几只小鸡。

2. 幼儿数学教育活动对幼儿发展的价值

幼儿处在逻辑思维萌发及初步发展的时期，也是数学概念初步形成的时期。这一时期的儿童还不能完全理解抽象的数学概念，但是并不是说他们就不可能学习数学。对于幼儿来说，学习数学同样具有理智训练和实践应用两方面的价值。除此之外，数学学习作为幼儿最早接触到的"学术性"学习活动，能够给他们一些早期的学习习惯和学习品质的训练，使他们将来能更好地适应小学阶段的学习。

（1）有助于幼儿树立起对数学知识的浓厚兴趣，体验数学在生活中的应用。

幼儿数学教育活动具有情境性、可操作性、生活化和游戏化的特点，能较好地将教育目标和内容转化为幼儿自己的需求，激发幼儿学习数学知识的积极性和主动性，培养幼儿浓厚的学习兴趣和良好的态度。

例如，教师为了帮助幼儿形成并加深对数字"6"的认识，创设了"小熊生日会"情境游戏，帮助中班幼儿学习巩固"6"的认识。幼儿愉快而饶有兴趣地扮演小兔子、小花猫、小松鼠等，积极地参与到活动中，来到小熊的"家"送礼物并表演节目。在游戏过程中，教师指导每个幼儿给小熊送6只玩具、6朵花作为礼物；表演动作拍6下手、跳6下等，使幼儿在轻松愉快的游戏气氛中，进一步理解"6"的形成，加深幼儿对数字与数量对应关系的认识。

数学还是幼儿解决问题的重要工具。例如，幼儿在生活中经常会遇到平分一包物品（如糖果）或分一块蛋糕的事情。从数学的角度来看，把一定数目的物品（如糖果）平均分成两份是一个数目等分的问题，把形状为圆形的蛋糕平均分成两份则是一个图形等分的问题。幼儿如果不能用数学的方法来解决这个问题，就只能用"一人一块"的方法依次分发物品（如糖果），或凭经验把蛋糕切成大小相仿的两块，然后再从看起来较大的一块中切一点出来补偿给小块，直到大家都认为均等为止。而如果幼儿学习了数学知识，幼儿就可以将这个问题首先抽象为一个数学问题，然后解决这个数学的问题并再将其运用于具体的问题情境中。

由此可见，数学不仅能够帮助幼儿树立起对数学知识的浓厚的兴趣，而且还可以帮助他们解决生活中存在的实际问题。

（2）有助于获得数学知识和逻辑经验，促进幼儿认知能力的发展。

幼儿正处于以具体形象思维为主、抽象逻辑思维开始萌芽的时期，而数学本身所具有的抽象性、逻辑性以及在实际中广泛的应用性，决定了数学教育是促进幼儿思维发展的重要途径，有助于幼儿数学认知能力的发展。

数学知识具有抽象性和逻辑性的特点。数学把具体的问题抽象化，即去除那些具体的事实，揭示其在数量上的本质特点，并运用数学的方法加以解决。例如，"妈妈给小红1个苹果，然后又给了小红3个苹果，妈妈一共给小红几个苹果？"这个问题，用数学的思维方法来解决，就要排除具体的情节（妈妈给小红苹果），而要抽象出其中的数量关系即1和3合起来是多少，并运用加法运算得以解决。这样的活动可以帮助幼儿分辨具体和抽象，逐渐学习以抽象的方式来思考。

数学问题的抽象性和逻辑性对幼儿来说是一个挑战。幼儿对"数的组成"的学习和理解，需要经历一个从具体到抽象的过程。起初幼儿在分5个苹果、5个梨子、5个玩具……他们把这些具体的操作都看成是孤立的、不同的事情，而没有看到它们在本质上的共同点。在进行了一段时间的操作练习以后，幼儿忽然发现，分5个苹果和分5个梨子的结果是一样的，因为"它们都是分5"。再以后，只要遇到是分5个东西，他们就知道怎样分了。在这个过程中，幼儿不仅理解了数的组成的抽象含义，而且也发展了初步的抽象思维能力。虽然数学的抽象性和逻辑性造成了幼儿数学学习上的困难，但是，幼儿通过数学学习，其抽象逻辑思维也能得到发展，进而促进幼儿认知能力的发展。

（3）数学教育能培养幼儿良好的学习习惯和学习能力。

3~6岁的幼儿思维具有具体形象性，在进行数学活动时离不开操作。数学的操作和作业活动往往具有明确的规则、要求和评判标准；操作结果的"是非"标准比较明确、客观。这一特点为培养幼儿学习的任务意识、规则意识，激发幼儿学习动机提供了得天独厚的条件。

幼儿在进行数学操作活动时，起初并没有明确的任务意识。如，小班幼儿在操作的过程中，有时会忘记自己正在进行的操作任务。在教师的要求下，幼儿能逐渐形成初步的任务意识。任务意识对于幼儿学习习惯的养成是很有意义的。

幼儿在数学活动中可以逐步养成对规则的遵从。只有遵从一定的规则，才能显现出数学特有的逻辑性，因此，规则在数学活动中具有特别重要的意义。比如，"按特征分类"的活动，就要求幼儿对一组物体按照特定的标准进行分类，而不能随意乱分，否则幼儿就不可能理解其中所蕴含的逻辑。尽管有的小班幼儿开始并不能完全听从规则，常常"自行其是"，但是随着他们认知能力的提高，会逐渐理解规则的意义，并按照规则操作。幼儿对操作规则的理解和遵守，具有双重的意义，它既是幼儿完成数学操作的保证，也是幼儿社会性发展的具体表现。任务意识、规则意识的发展，为幼儿学习能力的提高打下了重要的基础。

（4）数学教育活动有助于每个幼儿获得发展。

形式多样的数学教育活动，如数学教学活动、数学游戏活动、活动区角中的数学活动与日常生活中的数学活动有机结合，通过教师的直接指导和间接指导，对全体幼儿施加影响，保证了每个幼儿都有机会参与集体、小组或个别活动，心智获得发展。

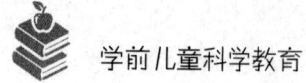

生动、活泼、多样化的数学教育活动,不仅对幼儿进行了初步的数学启蒙教育,而且促进了幼儿身心和谐发展。

3. 幼儿园数学教育活动的途径

(1)专门的数学教育活动。

专门的数学教育活动是指教师按计划安排专门时间,提供数学活动环境并组织全体幼儿参加的数学教育活动。

①正式的数学教育活动。它是教师有目的、有计划地组织全体幼儿,通过他们自身的参与掌握初步概念并发展其思维的一种专项活动,是向幼儿进行数学教育的主要活动形式。特点:事先有缜密的筹划;内容专门指向数学;以集体活动形式为主。在这种数学教育活动中,教师是活动的主导者,幼儿是活动的主体,幼儿要在教师的启发引导下积极参与操作活动。

②非正式的数学教育活动。含义:是由教师为幼儿创设一个宽松和谐的环境,提供各种数学教育活动设备和丰富多样的学具、玩具,引发幼儿自发、自主、自由进行的数学活动。可以是专门开设的数学活动室,也可以是在教室里设置的数学角。特点:没有具体、详细的计划;幼儿可以自己选择活动内容和材料;以个别活动为主。作用(正式数学活动不具备的):能更好地培养幼儿对数学活动的兴趣,满足幼儿求知探索、主动探究的愿望;能适合不同发展水平的幼儿参与不同的活动或同一活动体现不同层次的操作,使每个幼儿在原有水平上有所收获和提高,既可获取丰富的感性经验,又能增强自信心;能充分发挥幼儿的独立性、自主性、创造性,最大限度地发展幼儿的思维和动手操作能力;有利于培养幼儿乐于思考、勤于思考的好习惯及同伴间的相互合作和交流。

上述两种数学教育活动是学前儿童数学教育的两条主要途径,它们共同实施着学前儿童数学教育的目标和任务,进行着数学教育的早期启蒙。两种活动形式各有特点,各有所长,它们相互联系、相互转换、相互补充,在实践过程中要将两者结合起来。

(2)渗透性的数学教育活动。

渗透性的数学教育活动是指除专门的数学教育活动以外的,渗透于其他教育活动和幼儿一日生活中的数学教育活动,其内容和形式是十分丰富、灵活的。

①日常生活中的数学教育。日常生活中的各种活动,是向幼儿进行数学教育十分重要的途径。儿童是在各种各样的活动过程中了解周围世界的,他们很早就开始按大小、颜色、形状、空间位置和其他特征来区分物体,认识周围世界的基本结构与秩序。幼儿生活的现实环境充满了数、量、形的有关知识和内容,教师要善于利用这些教育资源,引导幼儿了解数学与生活的关系,懂得数学在社会生活中的价值。例如:孩子们发现车胎是圆的,很多房子的屋顶是斜的,门窗是方的。幼儿园的玩具形状、颜色、大小不同,动物园里的各种动物有多有少。上下楼梯时数一数阶梯,进餐时将碗和勺一一对应,整理玩具时可按形状、颜色分类,散步时可说说花草的数目、形状、颜色、

户外活动时可说说自己所在的位置，等等，幼儿在轻松自然的生活情景中获得了数学知识和经验，增强了求知欲和学习兴趣。

②游戏活动中的数学教育游戏是幼儿最喜爱、最基本的活动，也是幼儿数学教育的有效手段。把抽象的数学知识与生动活泼的游戏紧密结合起来，能够使幼儿自发地应用数学知识，获得有益的数学经验。如积木游戏包括空间关系、几何形体、测量等数学知识，同时又与分类、排序、数量的比较等相联系。幼儿在搭建的过程中，在游戏体验中能获得数、形的经验和知识。又如玩沙玩水游戏是幼儿十分喜爱的游戏。幼儿通过用各种形状的容器盛装沙和水，感知容量守恒。沙子和水混合后还可垒成多种立体模型，使幼儿感受不同的空间形式。在各种角色游戏中，更有大量学习数学的机会。如在商店游戏中，幼儿可以将商品分类摆放，并在买卖过程中学习数的加减运算。其他如抢椅子游戏、扑克牌游戏等，可使幼儿比较10以内数的多少、大小，学习数的组成、加减和序数等知识。在游戏中，幼儿能伴随愉快的情绪体验获得数、形的经验和知识，形成初步的数概念。如玩手指游戏，边玩边数边比：一二三四五，六七八九十，十个好朋友，花样变不完。伸出大拇指，我俩一样粗；伸出小拇指，你俩一样小；伸出一只手，中指最最高；伸出两只手，十指排排队。

③各类教育活动的数学教育。各领域教育内容虽然研究对象不同，但都包含着一定的关于数量关系和空间形式的内容。将数学教育渗透于其他教育活动内容中，能够巩固、加深、补充和促进幼儿数学概念的发展，能使数学学习更为生动和有效。因此，教师在完成各领域教育任务的同时，应有意识地渗透有关数学教育内容。例如，在绘画、泥工活动中，幼儿可以获得有关空间、形状、对称意识以及体积、重量等感性经验。在体育活动中，幼儿可以有更多的机会形成空间方位意识。在科学教育中，幼儿可以自然地运用测量、数数等方法发现物体之间的数量关系和空间关系，提高数学应用意识，发展分析问题、解决问题的能力。在艺术欣赏活动中，我们可以让孩子欣赏自然界中蕴含数学美的物体，如花朵、蝴蝶、贝壳、蜂房、各类植物的叶子、向日葵花盘等，使幼儿感受排列形式上的秩序美与和谐美，感受数学的魅力。

（二）幼儿数学教育的目标、内容与手段

1. 幼儿数学教育的目标

幼儿园数学教育目标是对幼儿数学学习的要求，也是幼儿园实施数学教育的依据。目标的确立可以明示教育活动的方向，引导教育活动的设计，确立教育活动的评价依据等，因此，在数学教育中，目标的确立十分重要。

（1）幼儿园数学教育目标的结构。

幼儿园数学教育目标是一个有机的整体，它是以有序的结构组织起来的系统。从纵向的角度来看，它一般可以分为总目标、年龄阶段目标、数学教育活动目标三个层级；从横向的角度来看，它一般可以分为认知目标、情感与态度目标、操作技能目标三类。在制订不同层次和类型的目标时，幼儿发展的已有基础、幼儿数学学习的特点

与规律以及数学学科本身的逻辑体系与特点都是目标制订者需要把握的因素。

①总目标（一级目标）。

a.认知目标：引导幼儿学习一些粗浅的数学知识和技能，帮助幼儿获得有关物体形状、数量以及空间、时间等方面的感性经验，使幼儿逐步形成一些初步的数学概念，并在此基础上发展幼儿的数学思维活动与解决问题的能力。

b.情感与态度目标：培养幼儿对数学活动的兴趣以及参与活动的主动性和独立性；逐渐培养幼儿爱思考的习惯。

c.操作技能目标：让幼儿学会正确操作和使用材料，在与材料的相互作用中获得有关数学概念的感性经验，培养幼儿做事认真、仔细、有条理、不怕困难等良好习惯。

②各年龄阶段目标（二级目标）。二级目标是根据一级目标提出的，它是从认知能力、情感与态度、操作技能三个范畴，根据小、中、大班幼儿不同的发展水平确立的，操作性较强。

③数学教育活动目标（三级目标）。

在数学教育实践中，各年龄阶段目标必须层层分解为具体的、可操作的目标，即分解成可以在一次数学活动中实现的目标或需要通过若干数学活动实现的目标。这一级目标应与一、二级目标相一致，使之相互衔接，以促进幼儿的整体发展。

（2）幼儿园数学教育活动目标的制定与表述。

教育活动的目标是开展教育活动的出发点和归宿，它规定着预期的某种活动效果。教育活动的目标是教育内容选择、方法运用及效果评价的依据。目前，幼儿园数学教育实践中仍存在着只有内容没有目标的盲目的数学教育以及"程式化"、空泛无物的目标设定倾向，因此，教师在制订与表述数学教育活动目标时要注意以下几点。

①目标的发展性。

在制定数学教育活动目标时，教师首先应当着眼于幼儿的发展，既包括数认知方面的发展，也包括情感、学习态度、个性和社会性方面的发展。只有充分把握幼儿的年龄特点和已有的发展水平，才能在活动设计中体现循序渐进的原则。注重目标的发展性意味着教师必须清楚地了解本班幼儿的发展基础，以此确定所设计的活动目标对幼儿是否具有发展价值。

②目标的全面性。

目标的全面性是指教师在制订目标时，应思考在本活动内容和情境条件下"幼儿学会了什么"（知识目标）"幼儿能学吗"（能力目标）"幼儿学得有兴趣吗"（情感目标）。一般来说，活动目标应包括学习内容的要求及幼儿行为的养成要求。在制订数学教育活动的目标时，教师应避免两种倾向：一是偏重知识的学习，忽视其他方面的发展；二是错误理解"全面性"，表现为脱离活动内容和具体情境的形式上的面面俱到，即凡是数学活动就必定有认知、情感与态度、操作技能三个方面的目标，从而使某些目标成为装饰或点缀，对幼儿发展以及教育教学并无价值。

③目标的针对性。

由于教育活动的目标可以作为检验活动效果的依据之一，因此目标应当是具体的、可观察的、可操作的、可评价的。也就是说，目标的制订必须有针对性，而不是空泛、笼统的。如某中班数学活动"家里的数字"的目标设定为：第一，感受数字与人类生活的关系；第二，培养幼儿对家的美好情感。显然，这样的目标是空洞而无针对性的，无法作为评价活动效果的依据。这一活动的目标可以调整为：第一，寻找和搜集家里带有数字的照片或图片，通过交流与分享活动感受数字与人们生活的密切关系，理解数字在生活中的应用；第二，愿意与同伴交流，尝试大胆表述；第三，在集体参与的观察和交流活动中进一步萌发对家的美好情感。这样的三条目标就比较有针对性。

④目标的统一性。

美国课程专家布鲁姆认为，"教师所期望的学生的变化便是教学目标或教学目的"，"阐述教学目标，就是要以一种较特定的方式描述在单元或学程完成之后，学生应能做（或产生）些什么，或者学生应该具备哪些特征"。也就是说，教师既可以以幼儿为主体表述教育活动目标（行为目标），如幼儿"说出""会用"等，也可以以教师对幼儿的教育影响和具体教学行为为主体表述教育活动目标，如"使幼儿……""启发幼儿……""引导幼儿……"等。但需要注意的是，在同一个教育活动目标中，主体必须统一。一般来说，为了把关注点更多地放在幼儿的学习和发展上，我们提倡以幼儿为主体进行表述。这种表述方式可使教师从幼儿行为的变化中观察他们的发展状况。

例如，某大班教育活动"我和影子捉迷藏"的目标为：第一，通过活动使幼儿知道比较与测量影子的一般方法；第二，在观察和比较中初步学会思考和探究问题，尝试大胆地提出问题。以上目标在表述上缺乏统一性，而且目标定位比较空泛，不够具体，过分突出认知目标。这一活动目标可以调整为：第一，尝试用同一种材料首尾相接的测量方法比较影子的长短，解决在比较与测量影子过程中产生的问题；第二，在画影子与比较、测量影子的活动中对探究活动产生兴趣，学会提出问题。调整后的目标都从幼儿的角度出发进行表述，较为统一。

⑤目标的适宜性。

目标的适宜性是指教师在制定活动目标时必须从两个方面考虑目标是否适宜。首先，判断该活动目标是否与幼儿的发展基础相适应，是否在幼儿的"最近发展区"；其次，判断该活动目标是否与上一层级的目标保持一致，是否已将上一层级目标具体化，从而使总目标、各年龄阶段目标和教育活动目标能在互相联系的基础上充分发挥导向作用。

（3）教育建议。

根据《3~6岁儿童学习与发展指南》，幼儿数学教育各年龄阶段的目标以及教育建议如下：

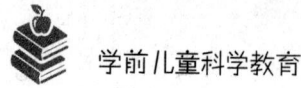

①目标1——初步感知生活中数学的有用和有趣。

3~4岁	4~5岁	5~6岁
1. 感知和发现周围物体的形状是多种多样的，对不同的形状感兴趣。 2. 体验和发现生活中很多地方都用到数	1. 在指导下感知和体会有些事物可以用形状来描述。 2. 在指导下感知和体会有些事物是可以用数来描述的，对环境中各种数字的含义有进一步探究的兴趣	1. 能发现和体会到按一定规律排列的物体比较整齐、美观。 2. 能发现生活中许多问题都可以用数学的方法来解决，体验解决问题的乐趣

教学建议：

a. 引导幼儿注意事物的形状特征，尝试用表示形状的词来描述事物，体会描述的生动形象性和趣味性。如：

参观游览后，和幼儿一起谈论所看到的事物的形状，鼓励幼儿产生联想，并用自己的语言进行描述。如：熊猫的身体圆鼓鼓的，全身好像是一个个的圆形组成的；孔雀开屏时尾巴像把大扇子等。

和幼儿交谈或读书讲故事时，适当地运用一些有关形状的词汇来描述事物，如看图片时和幼儿讨论奥运会场馆为什么叫"鸟巢"等。

b. 引导幼儿感知和体会生活中很多地方都用到数，关注周围与自己生活密切相关的数的信息，体会各种数所代表的含义。如：

和幼儿一起寻找发现生活中用数字做标识的事物，如电话号码、时钟、日历和商品的价签等。

引导幼儿了解和感受数用在不同的地方，表示的意思是不一样的。如天气预报中表示气温的数代表冷热状况，钟表上的数表明时间的早晚等。

鼓励幼儿学习使用数的信息进行一些简单的推理。如知道今天是星期五后，能推断明天爸爸妈妈休息。

c. 引导幼儿观察发现按照一定规律排列的事物，体会其中的秩序和美，并尝试自己创造出新的排列规律。如：

和幼儿一起发现和体会按一定顺序排列的队形整齐有序，人多时按先后顺序排队比较公平等。

提供具有重复性旋律和词语的音乐、儿歌和故事，或利用环境中有序排列的图案，如按颜色间隔排列的瓷砖、按形状间隔排列的珠帘等，鼓励幼儿发现和感受其中的规律美。

鼓励幼儿尝试自己设计有规律的花边图案、创编有一定规律的动作，或者按某种规律进行搭建活动等。

引导幼儿体会生活中很多事情都是按一定的顺序和规律排列的，如一周七天按照从周一到周日的顺序排列，一年四季按照春夏秋冬轮回等。

d. 鼓励和支持幼儿发现、尝试解决日常生活中需要用到数学的问题，体会数学的用处。如：

比赛拍球、跳绳、跳远或投沙包时，可通过数数、测量的方法确定名次。

解决幼儿生活中的公平分配问题时，可以采用对应或者计算的方法平均分配。

解决春游去哪里玩的问题时，在幼儿充分表达自己想去的地方后，引导他们统计选择不同地点的人数，并根据统计结果做出决定。

②目标2——感知和理解数、量及数量关系。

3~4岁	4~5岁	5~6岁
1.能感知和区分物体的大小、多少、高矮等量方面的特点，并能用相应的词表示。 2.能通过一一对应的方法比较两组物体的多少。 3.能手口一致地点数5个以内的物体，并能说出总数，能按数取物。 4.能用数词描述事物或动作。如我有4本图书	1.能感知和区分物体的粗细、长短、厚薄、轻重等量方面的特点，并能用相应的词语描述。 2.能通过数数比较两组物体的多少。 3.能通过实际操作理解数与数之间的关系，如5比4多1；2和3合在一起是5。 4.会用数词描述事物的顺序和位置	1.初步理解量的相对性。 2.借助实际情景和操作（如合并或拿取）理解加和减的实际意义。 3.能通过实物操作或其他方法进行10以内的加减运算。 4.能用简单的图表表示简单的数量关系

教学建议：

a.引导幼儿感知和理解事物"量"的特征。如：

感知常见事物的大小、多少、高矮、粗细等量的特征，学习使用相应的词汇描述这些特征。

结合具体事物让幼儿逐渐理解"量"是相对的。如小亮比小明高，但比小强矮。

收拾物品时，根据情况，鼓励幼儿按照物体量的特征分类整理。如整理图书时按照大小摆放。

b.结合日常生活，指导幼儿学习通过对应或数数的方式来比较物体的多少。如：

鼓励幼儿在一对一配对的过程中发现两组物体的多少。如在给桌子上的每个碗配上勺子时，发现碗和勺多少的不同。

鼓励幼儿通过数数比较两样东西的多少。如数数有多少个苹果，多少个梨，判断苹果和梨哪个多。

c.利用生活和游戏中的实际情景，引导幼儿理解数概念。如：

结合生活需要，和幼儿一起手口一致点数物体，得出物体的总数。

通过点数的方式让幼儿体会物体的数量不会因排列形式、空间位置的不同而发生变化。如鼓励幼儿将一定数量的扣子以不同的形式摆放，体会扣子的数量是不变的。

结合日常生活，为幼儿提供"按数取物"的机会，如从球框里拿出几个球和小朋友一起玩等。

d.通过实物操作引导幼儿理解数与数之间的关系，并用"加"或"减"的办法来解决问题。如：

游戏中遇到让 4 个小动物住进两间房子的问题，或生活中遇到将 5 块饼干分给两个小朋友的问题时，让幼儿尝试不同的分法，考虑怎么分更公平。

鼓励幼儿尝试自己解决生活中的数学问题。如家里来了 5 位客人，桌子上只有 3 个杯子，请幼儿想办法解决。

购买少量物品时，有意识地鼓励幼儿参与计算和付款的过程等。

③目标 3——感知形状与空间关系。

3~4 岁	4~5 岁	5~6 岁
1. 能注意物体较明显的形状特征，并能用自己的语言描述。 2. 能感知物体基本的空间位置与方位，理解上下、前后、里外等方位词	1. 能感知物体的形体结构特征，画出或拼搭出该物体的造型。 2. 能感知和发现常见几何图形的基本特征，并能进行分类。 3. 能使用上下、前后、里外、中间、旁边等方位词描述物体的位置和运动方向	1. 能用常见的几何形体有创意地拼搭和画出物体的造型。 2. 能按语言指示或根据简单示意图正确取放物品。 3. 能辨别自己的左右

教学建议：

a. 用多种方法帮助幼儿在物体与几何形体之间建立联系。如：

引导幼儿感受生活中各种物品的形状特征，并尝试识别和描述。如感受和识别盘子、桌子、车轮、地砖等物品的形状特征。

鼓励和支持幼儿用积木、纸盒、拼板等各种形状材料进行建构游戏或制作活动。如用长方形的纸盒加两个圆形瓶盖制作"汽车"。

收拾积木装入盒子时，引导幼儿体验图形之间的转换。如两个三角形的积木组合为一个正方形，更方便入盒。

引导幼儿注意观察生活物品的图形特征，鼓励他们按形状分类整理物品。

b. 丰富幼儿空间方位识别的经验，引导幼儿运用空间方位经验解决问题。如：

请幼儿取放物体时，使用他们能够理解的方位词，如把桌子下面的东西放到窗台上，把花盆放在大树旁边等。

和幼儿一起识别熟悉场所的位置。如超市在家的旁边，邮局在幼儿园的前面。

在体育、音乐、舞蹈活动中，引导幼儿感受空间方位和运动方向。

和幼儿玩按指令找宝的游戏。对年龄小的幼儿要求他们按语言指令寻找，对年龄大些的幼儿可要求按照简单的示意图寻找。

2. 幼儿数学教育的内容

幼儿园数学教育活动的内容很多，主要包括数量关系、空间关系和时间关系三大方面。幼儿园数学教育活动的具体内容如下。

（1）感知集合。

第一，感知集合及其元素，进行物体的分类。

第二，认识"1"和"许多"及其关系。

第三，以对应的方法比较两个物体的相等和不等。

第四，初步感知集合间的交集、补集关系和包含关系。

（2）10以内的数概念。

第一，10以内的基数（包括数的实际意义、认数、数的守恒和10以内自然数列的等差关系等）。

第二，10以内的序数。

第三，10以内数的组成。

第四，认读和书写10以内的阿拉伯数字。

（3）10以内的加减运算。

第一，加减法的含义和运算。

第二，加减法应用题。

（4）认识几何形体。

第一，平面图形——圆形、正方形、三角形、半圆形、椭圆形、梯形、菱形。

第二，立体图形——球体、圆柱体、正方体、长方体。

第三，图形之间的简单关系。

（5）量的认识及自然测量。

第一，比较大小、长短、粗细、厚薄、宽窄、轻重、容积等量的特征。

第二，量的正逆排序。

第三，量的守恒。

第四，量的相对性和传递性。

第五，自然测量。

（6）空间与时间概念。

第一，初步认识空间方位——上、下、前、后、左、右、里、外、远、近等。

第二，空间运动方向——向前、向后、向左、向右、向上、向下等。

第三，区分早晨、晚上、白天、黑夜、昨天、今天、星期、年、月的名称及顺序。

第四，认识时钟（长针、短针及其功用，认识整点和半点）。

 拓展阅读

幼儿园各年龄班数学教育内容与要求

1. 小班

（1）学习按物体的一个特征进行分类。

（2）学习按物体量（大小、长短）的差异进行4以内物体的排序，学习按物体的某一特征进行排序。

（3）认识"1"和"许多"及其关系。

（4）学习用一一对应的方法比较两组物体的数量，感知多、少和一样多。

（5）学习手口一致地从左到右点数 5 以内的实物，能说出总数，能按实物范例和指定的数目取出相应数量的物体，学习一些常用的量词。

（6）认识圆形、正方形、三角形。

（7）初步理解早上、晚上、白天、黑夜的含义，学习正确运用这些时间词汇。

（8）学习区分和说出以自身为中心的上下方位；学习判断两个物体之间明显的上下关系，说出什么在什么上面，什么在什么下面。

（9）在教师引导下，能注意周围环境中物体的形状和数量。

2. 中班

（1）认识 1~10 以内的数字，理解数字的含义，会用数字表示物体的数量。

（2）学习目测数群，学习不受物体空间排列形式和物体大小等外部因素的干扰，正确判断 10 以内的数量；感知和体验 10 以内自然数列中相邻两数的数差关系；学习 10 以内序数。

（3）认识长方形、梯形、椭圆形。

（4）学习用各种几何体（积木或积塑）进行拼搭和建造活动。

（5）学习概括物体（或图形）的两个特征；学习按物体的某一特征和数量进行分类。

（6）学习按量（粗细、高矮等）的差异进行 7 以内的正逆排序；能够发现和描述物体和图案的排列模式，学习设定简单的模式来对物体或图案进行排列。

（7）学习对熟悉的某个事件或现象（分为 3~4 个阶段）排序。

（8）观察、比较、判断 10 以内的数量关系，逐步建立等量观念；运用已有的知识经验，解决新问题，学习新的知识，促进初步的推理和迁移能力的发展。

（9）初步理解昨天、今天、明天的含义，知道它们之间的关系，学习正确运用这些时间词汇。

（10）学习区分和说出以自身为中心的前后方位；学习区分和说出物体之间的上下、前后位置关系；学习按指定方向运动。

（11）能注意和发现周围环境中物体量的差异，物体的形状，以及它们在空间的位置，等等。

3. 大班

（1）学习 10 以内单、双数和相邻数，学习顺着数和倒着数。

（2）学习 10 以内数的分解和组成，体验总数与部分数之间的包含关系，部分数与部分数之间的互补关系和互换关系。

（3）学习 10 以内数的加减，认识加号、减号，初步理解加法、减法的含义。学习用加减法解答生活中一些简单的问题。

（4）能理解符号"<"">""→"所表示的意思，学习用符号表示两个集合的数量关系，以及用符号表示 10 以内数量变化关系。

(5) 学习按物体两个以上特征或特性进行分类；学习按某一特征的肯定与否定进行分类；学习层级分类和多角度分类。

(6) 学习按物体量的差异和数量的不同进行 10 以内正、逆排序，初步体验序列之间的传递性、双重性和可逆关系。

(7) 能运用实物、图画或动作设计出某种模式。

(8) 能辨别平面图形之间的简单关系；认识几种常见的立方体图形（正方体、长方体、球体、圆柱体）；能根据形体特征进行分类；体验平面图形与立体图形之间的关系。

(9) 学习等分实物或图形；学习自然测量。

(10) 学习以自身为中心和以客体为中心区分左右；会向左、向右方向运动。在日常生活中，能注意自己（或物体）在空间的位置和运动方向。

(11) 认识时钟，学会看整点、半点，学习看日历，知道一星期中每天的名称和顺序。学习一些表示时间的词汇，在日常生活中，感受和注意时间的长短和更替，知道要爱惜时间。

(12) 能区分角、元，认识 10 元以内的人民币，能说出它们的单位名称，知道它们的值是不相同的。

(张慧和，张俊. 幼儿园数学教育活动指导.)

3. 幼儿数学教育的手段

教育方法是实现教育目标小神童手脑速算的重要手段。教育方法包括教小神童手脑速算方法和学的方法，它既要考虑教师怎样教，又要考虑幼儿怎样学。幼儿数学教育活动常用的教育方法有以下几种。

（1）操作法。

操作法是指幼儿按一定的要求和规则操作、摆弄提供的材料，并在与材料相互作用中获得数学知识和技能的一种方法。操作法是幼儿学习数学的基本方法，运用操作法需要注意以下问题：①提供的材料应数量足够并具有层次性，既体现所学的教学内容，又能满足幼儿的学习兴趣和需要；②帮助幼儿明确操作要求和活动规则；③要给予幼儿充足的操作、尝试和探索的时间；④采用不同方式引导幼儿整理、归纳和提升操作中获得的感性经验。

（2）游戏法。

游戏法是指通过游戏的形式帮助幼儿学习数学知识、发展思维的一种方法。运用游戏法时教师应注意以下问题：①游戏的主要情节不宜过分复杂、新奇，以免分散幼儿的注意力；②游戏的内容应凸显数学教育的要求；③游戏的选择应注意幼儿的年龄特点，小年龄幼儿多选择情境游戏，大年龄幼儿多选择智力和口头语言游戏。

（3）演示讲解法。

小神童手脑速算演示讲解法是指演示与讲解相结合的方法。演示法是教师把实物、教具和学具展示给幼儿看，或者通过示范的动作或选择的范例来说明所要介绍的知识、技能和规则，使幼儿明确需要做什么以及怎样做的一种方法。讲解法是教师用口语说明或解释向幼儿展示教具、范例、学具的一种方法。运用小神童手脑速算演示讲解法时需要注意以下问题：①教师的演示讲解要突出学习的重、难点以及有助于发展幼儿思维的关键问题；②演示的教具、范例或学具应足够大，以便全体幼儿观察；③教师演示的动作要适当放慢，以便全体幼儿观察到细节；④教师讲解的语言应简洁、明确、生动。

（4）观察、比较法。

观察法是指幼儿在教师的引导下有目的的感知物体的数、量、形的特征的一种方法。比较法是指幼儿在教师的引导下，对两个（或两组）以上的物体进行比较，感知和找出它们在数、量、形等方面异同的一种方法。运用观察、比较法时应注意以下问题：①教师要通过自己的语言或动作，引起幼儿对被观察物的注意，并给予适当适度的指导；②当两个（或两个）以上物体之间存在联系时，才有比较的可能，并应在同一标准下进行比较。

（三）**集合概念的教育**

把一组对象看成是一个整体就形成一个集合。集合是现代数学的一个最基本的概念。在日常生活中，幼儿接触到的集合问题比比皆是。例如，小一班的28位小朋友就组成了"小一班"这个集合，若干只小鸟组成"一群鸟"这个集合。

集合中的"相同属性"可以是物体的某一特征，如颜色、大小、形状、粗细、用途；也可以是物体的名称，如铅笔、餐具、草莓等。它既是一个集合的标志，又是组成一个集合的依据。

感知集合是幼儿数概念发生、发展的基础，幼儿感知集合的发展体现出以下特点。

第一，2~3岁左右幼儿产生了对集合的笼统感知，但这种感知是泛化的。此时幼儿还看不到集合的范围和界限，不能一个接一个地感知集合中的元素，也不能精确地意识到元素的数量。如果让幼儿用重叠法感知一个集合中的元素，他们往往会将物体摆出集合的范围。

第二，3~4岁幼儿能感知到集合的界限，对集合中元素的知觉也从泛化向精确过渡。这一阶段的幼儿对集合中元素的认识不能超出集合的界限，他们一般把注意力集中在集合两端的元素上，同时所摆的元素逐步达到准确的一一对应。另外，此阶段幼儿已经开始具有简单的分类能力。幼儿能感知集合的界限及元素，也就能辨认物体（元素）并将它们归类（形成集合）。3岁以后，幼儿能进行简单分类，即按物体外部特征分类（形成集合），如按物体大小、形状分类等。

第三，4~5岁幼儿已经能够准确地感知到集合以及集合中的元素，并能够初步理解集合和子集的包含关系。此时幼儿已经提高了按物体的某一特征分类的能力，他们可以按物体的简单用途和数量分类。另外，在直观条件下，幼儿能够对集合（类）和子集（子类）做出比较，能初步理解它们之间的包含关系。

第四，5~6岁幼儿对集合的理解进一步提高和扩展。他们能够按照两种特征将集合分成子集，比如可以把颜色和形状不同的一组几何图片分别从形状和颜色两个角度分类。另外，他们还能够比较好地理解集合和子集的包含关系。

下面分别从分类、区别"1"和"许多"以及排序教育等方面具体说明幼儿感知集合教育的意义、各年龄班的教育内容与要求以及活动设计的相关内容。

1. 幼儿的分类教育

（1）幼儿分类教育的内容与意义。

①分类教育的内容。

按照幼儿分类的思维层次，分类教育的内容主要有以下几种。

第一，按物体的一种特征进行分类。如按物体的大小进行分类，把较大的物体放在一起，把较小的物体放在一起；如按颜色进行分类，把相同颜色的物体归并在一起。

第二，对物体进行多角度进行分类。即分别从不同的角度出发，根据不同的分类标准对物体进行不同的分类。如对一堆玻璃球可以先按大小进行分类，然后换一个分类标准（如按颜色）重新对这堆玻璃球进行分类，以此类推。

第三，对物体进行层级分类。即连续性地按物体的不同属性或不同关系进行分类。如将一堆积木，先按形状进行分类，接着将不同形状的积木分别按颜色进行分类，再将各色的积木按大小进行分类，如此连续分下去。

第四，同时按物体的两种特征进行分类。即进行分类时，同时考虑物质的两种特征。如对纽扣进行分类时，同时考虑形状和颜色，把白色的圆形纽扣放在一起，把红色的方形纽扣放在一起等。

②分类教育的意义。

分类就是把具有相同特征的事物归并在一起。当幼儿把相同的或具有某一共同特征的东西归并在一起进行分类时，也就形成了某种物体的集合。分类对幼儿数学学习及幼儿的发展具有重要意义。分类有助于促进幼儿对集合中元素的感知，幼儿在归类过程中能对物体数量、集合的包含关系等有所感知认识，因此，分类能为他们计数、形成数概念奠定必要基础，幼儿在分类过程中需要对物体特征进行观察、分析、比较、综合概括，因此，分类还能有效地促进幼儿思维的发展。

（2）各年龄班分类教育的内容。

①小班。

a. 学习从一堆物体中，根据范例和口头指示，把名称相同的物体拿出来（特征明显）。

b. 学习按照物体的某一外部特征（如颜色、形状）和量（如大小、长短、高矮）的差异进行分类，每次分成一类或两类，每类物体不宜超过四个。
　　c. 要求幼儿理解并掌握有关词语。如"一样""不一样""放在一起""都是"等。
　②中班。
　　a. 让幼儿按照物体的某一外部特征（如颜色、形状）和量（如大小、长短、高矮）的差异进行分类，每次分成两类或三类，每类物体不宜超过五个。
　　b. 让幼儿按照物体的数量分类。
　　c. 要求幼儿理解并掌握有关词语。如"合起来""分开""分成"等。
　③大班。
　　a. 让幼儿按照物体的两个特征分类（如大小和颜色、形状和颜色、大小和形状、大小和高矮等）。
　　b. 让幼儿自己确定分类标准自由分类，并用语言表达"为什么要把它们分在一起"。
　　c. 引导幼儿初步理解类（集）与子类（子集）的关系。如盒子里面有大盒子和小盒子，大盒子和小盒子合起来都叫盒子，小盒子（大盒子）多，大盒子（小盒子）少。
　（3）活动设计与组织。
　　物体分类的教育应贯穿于幼儿的整个时期，每个年龄班都应有分类教育。
　①引导幼儿感知和辨认物体的名称、特征差异，为归类活动准备好条件。如对于小班幼儿来说，可以从摆放相同名称的物体入手，让幼儿形成"类"的最初印象。比如，教师可以让幼儿把从家里带来的各种各样的糖果都放入小篮子里，然后，教师引导幼儿注意并说出"小篮子里装的都是糖果"，然后教师可以引导幼儿对小篮子里的糖果的大小、颜色、形状等特征进行仔细观察，要求幼儿用"有的……有的……"来表达自己对糖果进行观察的发现。
　②教师可以给予幼儿适当的范例参照、口头指示或标记提示，引导幼儿进行分类。对不同年龄班幼儿提出不同的分类要求，逐步提高分类难度。对小班幼儿一般分类条件宜单一，按形状分类时，应用同颜色、同大小，不同形状的物品；中、大班幼儿分类教育活动主要是引导幼儿对物体进行多角度分类、层级分类和引导幼儿同时按物体的两种特征进行分类。中、大班分类教育活动与小班分类教育活动的最大不同在于思维层次提高。如，教师在引导幼儿认真观察分类对象的基础上，先拿出一个物品作为范例，说出物品的名称或特征再让幼儿和教师一起摆放，将一堆物品进行归类。在分类教育中，教师还可以引导幼儿使用分类标记。幼儿认识、学习运用标记有助于他们更加明确分类的标准、表达分类结果、促进幼儿抽象思维能力和创造能力的发展。小班的分类标记一般由教师制作，起到提示幼儿分类的作用；对于中、大班幼儿，我们应逐步引导他们自己学会运用标记来记录自己的分类结果。
　③引导幼儿表达和讨论交流分类的结果，帮助幼儿形成和巩固类概念和理解蕴涵

在集合中的包含关系。幼儿做出分类后讨论分类的结果是分类教学的重要一步，是巩固和加深对类概念理解的重要方法。在分类活动结束之前，教师可以引导幼儿运用诸如"我是把……归在一起，因为……"的句式介绍他们自己的分类结果。如当小班幼儿把同样的物品取出以后，教师分别请几位幼儿将他们拿出的物品给大家看，共同讨论他做得对不对及原因。中大班的幼儿分类后应一起讨论他们是怎样做的以及为什么这样做，在幼儿陈述理由的过程中，引导他们理解类和子类的关系，从而渗透集合的思想。

2. 认识"1"和"许多"的教育

"1"是自然数的基本单位，也是表示集合中元素数量的基本单位。"许多"是一个笼统的涵盖多数的词汇，它代表含有两个以上元素的集合。不论"许多"代表的数量多少，它总是由一个一个的物体（元素）构成。

（1）区分"1"和"许多"的意义。

幼儿很小的时候就已经对物体的数量有所反映，他们往往用"还要""要多多的"来表示对量的要求，但他们并未意识到构成"许多"的元素。所以对幼儿进行"1"和"许多"的教育能使幼儿感知集合及其元素，促进幼儿感知元素的分化过程，对集合中的元素产生具体清晰的意识。同时为正确学习逐一计数和认识10以内数奠定基础，为以后进一步学习数学知识做好准备。

（2）教育内容。

①幼儿能够运用多种感官感知并区别"1"和"许多"。能区别出1个物体和许多个物体。

②使幼儿理解"1"（元素）和"许多"（集合）之间的关系，即一个、一个……合起来是许多，许多可以分成一个、一个……

③让幼儿学会在日常生活中运用"1"和"许多"。

（3）活动设计与组织。

①在幼儿园日常教学中，注意引导幼儿进行观察比较，参与分与合的活动与游戏，启发幼儿区分"1"和"许多"，理解"1"和"许多"之间的关系。区分"1"和"许多"是幼儿认识"1"和"许多"的第一步，教师可以先选用数量分别为1个和多个的实物教具来引导幼儿进行观察比较，帮助幼儿区分"1"和"许多"之间的不同。在幼儿能区分"1"和"许多"的基础上，教师组织幼儿进行分与合的操作活动，教师引导、启发他们概括和表达"1"和"许多"之间的关系。

②采用多种形式，通过多感官参与强化幼儿对"1"和"许多"的认识与理解。通过"听一听""看一看""摸一摸"和"跳一跳"等形式，让幼儿运用听觉、视觉、触觉和运动觉等进一步感知"1"和"许多"。如：教师让幼儿按"1下"和"许多下"的指令进行拍手、点头等，也可以互换角色，从而运用幼儿的听觉和运动觉让幼儿感知"1"和"许多"；教师从准备小石子装入口袋中，让幼儿摸一摸是1颗小石子还

是许多颗小石子。

③在周围环境中寻找"1个物体"和"许多物体",帮助幼儿巩固和理解"1"和"许多"的关系。

a. 在自然环境中寻找。引导幼儿在自然环境中寻找"1"和"许多",帮助幼儿理解"1"和"许多"的关系。教师可以利用自由活动、散步、参观等各种时机,引导幼儿在自然环境中观察与寻找数量为"1"和"许多"的东西。如秋天到了,幼儿园的校园里面落满了树叶,教师可以带着幼儿去捡树叶,你一片,我一片,回到教室数一数,"1"和"许多"这些数的知识自然就融入了幼儿的生活中。这种形式相对来说困难一些,寻找的空间范围较广,没有明确的目标,往往需要教师做些启发和引导。

b. 在准备好的环境中寻找。让幼儿在教师预设好的充满数量为"1"和"许多"的环境中观察和寻找"1个物品"和"许多个物品"。如教师可以在桌子上放着一支铅笔和许多水彩笔;在玩具架上放着一个娃娃和许多小动物的玩具;在图片上画着一座房子,房子前有许多小朋友在玩耍。对比鲜明,幼儿比较容易寻找。

④教幼儿运用记忆寻找。教师可以通过与幼儿谈话的方式引导幼儿凭借记忆,让幼儿说出家里、幼儿园及周围其他场所中什么东西有1个,什么东西有许多个。如幼儿园有1棵大树,树上有许多树叶;一张桌子和许多把椅子;公交车上有1位司机和许多位乘客等。

3. 幼儿的排序教育

排序主要是指将两个以上的物体,根据物体的差异按一定的次序或规则排列成序。幼儿排序是建立在对事物比较的基础上,它需要一定的判断推理能力。例如,幼儿将三个苹果按照大小的差异,从大到小或从小到大进行排列。幼儿园各年龄班都有物体排序的教育内容。

(1) 幼儿排序教育的意义。

①排序有助于幼儿加深对数的认识,为进一步学习数学知识打下基础。

幼儿在排序的过程中,如果以物体的大小进行排序,他必须得知道物体的大小差异,可以加深幼儿对物体大小的认识;如果按物体数量多少排序,可以加深幼儿对基数的认识;如果按物体形状规则排序的话,可以加深幼儿对几何形体的认识。

②幼儿排序教育有助于幼儿巩固对量的认识,有助于形成数的序列。

幼儿在排序活动中获得了根据物体的某种差异,按一定规则排列顺序的经验,在排序活动中获得的每一个物体按一定规则在空间所处位置关系的经验,都将有助于他们理解数的顺序,理解序数意义,形成数的序列。

③排序有助于幼儿智能的发展。

幼儿对物体进行排序时必须经历观察、比较、判断的思维过程,所以,排序可以有效地提高幼儿的观察能力、比较能力、判断能力。另外,任何规律都是有逻辑性的,幼儿对物体排列规律的理解、发现以及自行设计简单排列模式的过程能在一定的程度上促进幼儿抽象逻辑思维能力和创造能力的发展。

（2）教育内容。

①小班。

a. 能对大小差异较明显的 3~4 个物体，按从小到大或从大到小的顺序排列。

b. 能对长短差异较明显的 3~4 个物体，按从长到短或从短到长的顺序排列。

②中班。

a. 能对 6 个以内物体按大小、长短、粗细、高矮等顺序进行排列。

b. 6 个以内物体按数量逐一增加或逐一减少的顺序排列。

c. 能按数字所表示的多少顺序从 1 排到 6 或从 6 排到 1。

③大班。

a. 能对 10 个同类物体，按其量的差异的次序排列。如从大到小，从高到矮，从粗到细，等。

b. 10 个以内物体按数量逐一增加或减少的顺序排列。

c. 能将 10 以内的数字按从小到大或从大到小的顺序排列。

d. 初步教会幼儿按简单的特定规则进行排序。

（3）活动设计与组织。

①按次序规则排序的设计与组织。

a. 三样以内物体的排序的设计与组织。

第一，引导幼儿从三样物品中根据一定要求找出相应的那个物品。例如，在 3 根长短不同的小棍中，引导幼儿根据要求找出最长的和最短的小棍；在红、黄、蓝 3 个不同的皮球中，根据大小要求找出最大的和最小的皮球。

第二，插入并讲解中间的一个物体。如上例中的 3 个皮球，找出最大和最小的皮球之后，就拿着第三个皮球进行讲解："这个黄皮球比红皮球小，比蓝皮球大，所以把它放在中间。"边讲边放好。

第三，总结这样排放物品的优点是什么，即皮球从大到小有次序地排列，看上去整整齐齐的。

b. 10 以内物体的排序的设计与组织。

10 以内物体的排序方法有以下三种。

第一种，根据要求，从一堆物体中逐一找出某一端的物体，逐一进行排序。例如，10 根小棒按长短排序，先在 10 根小棒中找出最长的，抽出来放在第一位，再在剩下的 9 根小棒中找出最长的放在第二位，这样逐一找，逐一排，最后就排出从长到短的顺序来。

第二种，根据要求，从一堆物体中逐一找出两端物体，由两端向中间排好。例如，在 10 根小棒中按长短先找出最长的和最短的，放于两端，再在剩下的小棒中继续找出最长的和最短的，分别放于前面小棒的内侧两端，从两端向中间直至放完为止。

第三种，根据要求，逐一相互比较后，将物品放在适当的位置。例如，10个瓶盖按从大到小的次序排。先随机取一个放好，再取一个与这个比，比它大的放在左边，比它小的放在右边，再取一个分别与它们比，在适当的位置放入。就这样一个一个地比比放放，进行排序。

②按特定规则排序的设计与组织。

a. 按范例和口头指示排序。

幼儿开始学习按特定规则排序时，教师应先示范，引导幼儿观察教师排的过程和结果，找出规律，然后让幼儿照教师的样子进行排序。教师应从简单到复杂地向幼儿提供不同的排列模式的范例，激励幼儿探索发现和表述"规律"。在幼儿学会按范例排序的基础上，可逐步要求幼儿按教师的口头指示完成排序任务。

b. 教学前儿童独立排序。

当幼儿获得按特定规则排序的初步感知后，教幼儿按特定规则独立进行排序。在排序的过程中，首先启发幼儿找出所排序物体的各种差异；其次，要求幼儿按某一差异特征进行分类；再次，根据这一特征按一定规则排列；最后，教师对幼儿的排序情况进行总结评价。

（四）10以内数概念的教育

引导幼儿感知事物的数量及其关系，建构初步的数概念，是幼儿数学教育的主要内容之一。幼儿数概念的建构既是一个长期而复杂的过程，也是一个连续的发展过程。

1. 10以内基数的教育

10以内的基数的教育是幼儿数概念教育的重点。数学无处不在，无时不在。婴儿刚出生时并不具有数概念；2岁左右的幼儿一般通过笼统的感知来比较物体数量的多少，随着认知能力的发展，幼儿逐渐抽象出初步的数概念，并能对数与数之间的关系进行逻辑思考。幼儿对数的意义的理解也是从具体到抽象的发展过程。幼儿园的10以内基数教育是通过计数、比较数的大小、理解数的守恒等具体内容来帮助幼儿反复感知10以内每个数所代表的集合的物体数量，不断积累数词与相应物体个数的对应经验，引导幼儿逐步认识相邻数、认识数序等具体内容，来帮助幼儿理解基数之间的关系。

（1）明确概念。

基数：一个数当用来表示集合中元素的个数时，就叫作基数。基数通常表示为"几个"。

计数：计数是一种有目的、有手段、有结果的活动。人们要知道一个集合中元素的个数就要进行计数。计数的过程就是把要数的那个集合里的元素与自然数列中从"1"开始的自然数，按其数序建立一一对应关系，数到最后的一个元素所对应的那个数就是计数的结果，称之为"总数"。"总数"所代表的就是那个集合中元素的个数。

数的形成：是指在自然数列中，除 1 以外的任何一个数，都是由它前面的一个数添上 1 形成的，或者由若干个单位 1 组成的。如 3 添上 1 是 4，4 里面有 4 个 1。

相邻数：在从小到大依次排列的自然数中，一个数前面和后面相互邻近的两个数就是该数的相邻数，就是在它前面比它本身少 1 或多 1 的两个数。除 1 以外，任何一个自然数都有两个相邻数。如 6 的相邻数是 5 和 7。

数的守恒：指一组物体的数量不因其体积大小和排列形式等的改变而改变。例如，将一组 15 个纽扣改变排列的形式，使其排列更加稀疏或更加紧密，但仍然是 15 个纽扣，数量并没有改变。

数序：即自然数的排列顺序。如自然数"5"在自然数列中是排在"4"的后面和"6"的前面。

（2）教育内容与要求。

幼儿数概念的发展是从计数开始的。幼儿计数能力的发展遵循一定的顺序，即口头数数，按物点数，说出总数。

①小班。

a. 3 岁前幼儿口头数数是带有"顺口溜"似的背诵，这时幼儿还不能理解数的实际意义。

b. 会手口一致地点数数量为 4 以内的物体并说总数，初步理解 4 以内基数的实际含义。

c. 能按数（4 以内）取物。

②中班。

a. 能正确地点数数量为 10 以内的物体并说出总数。正确认识 10 以内数的实际含义。

b. 知道 10 以内相邻两个数的多"1"、少"1"关系。

c. 能不受物体的大小、形状或排列等的影响，正确判断 10 以内物体的数量。

③大班。

a. 会以 10 以内倒数、顺接数和倒接数，熟练地掌握 10 以内数的顺序。

b. 学会按数群计数。

c. 认识 10 以内三个相邻数的关系及自然数列的等差关系，（按顺序排列 1~10 的数目中，除 1 以外不管哪个数都比前面一个数多"1"，比后面一个数少"1"）。

（3）活动设计与组织。

①教幼儿认识 10 以内基数及其实际含义的活动设计与组织。

基数教育起始于帮助幼儿认识 10 以内基数的含义。教幼儿学习点数后说出总数、两个相邻集合的比较（数的形成）和数的转换等方法是认识 10 以内基数的常用方法。复习的方法一般有按范例的数量取物、按数取物、运用各种感官感知数量等。

a. 教幼儿学习点数与认识总数，感知和体验数词与物体数量的对应关系。

小班幼儿刚刚开始接触计数，因此小班教师可采用讲解演示法教幼儿学习点数物体，让幼儿知道该怎样点数和知道点数的最后一个数表示"一共有几个"，帮助幼儿掌握点数的技能。计数是手段，说出总数并理解数的实际含义才是目的。

b. 利用数的形成直观呈现相邻两数及其大小关系。

教师将两个同等数量的物体组分别摆放成两排，在幼儿通过比较确认它们数量相等后，在其中一排物体上增加一个同样的物体，使幼儿在直观的条件下，看到一个新的数是由原来的数加上1形成的，然后让幼儿数一共有几个物体。这一方法突出了在已认识的数的基础上学习新的数的特点，以及相邻两个数的关系，有利于理解数的实际含义。以"比较3和4两数大小"为例：教师先在绒布板上以并放对应的形式粘贴两组数量为"3个"的实物（苹果），引导幼儿确认它们的数量（都是3个苹果）并说出数词"3"，教师将数卡"3"贴在上排末端。接着教师在下排的末端添上一个苹果，引导幼儿点数下排的苹果数量（4个苹果），并说出新的数词"4"。教师可以向幼儿提问"原来的3个苹果，是怎么变成4个苹果的？"并启发引导幼儿由具体的陈述过渡到表示出"3加上1就是4"，幼儿在直观的条件下，看到原来的数加上1就形成了另一个新的数，不仅为理解两数大小关系积累了重要的表象经验，而且有利于理解数的实际意义。

c. 相邻两个数的数量比较和数量转换。

在小班学会点数和说出总数的基础上，中班幼儿认识10以内数除了用比较两个相邻数的方法之外，还应在比较两个集合的基础上进行两个数之间的转换，使幼儿认识新的数并掌握相邻两个数之间存在多"1"和少"1"的关系。随后，教师可以进一步设置问题情景，启发引导幼儿用"添上"或"拿走"的方法将两排物体的数量由不等变成相等或由相等变成不等，让幼儿在转换数量的体验中，理解两数之间"多1"和"少1"的数差关系。

d. 通过多种活动，运用各种感官感知数量，巩固两数之间的关系。

在幼儿理解两数之间多1和少1的关系基础上，教师可以利用多种活动，采用感官刺激的方式，帮助幼儿巩固对两数关系的认识。主要运用听觉、触摸觉或运动觉感知数量，以加深对数实际含义的理解。按范例数量取物和按数取物是巩固对数的实际含义理解的有效复习与巩固的方法。按范例数量取物是教师给予一定数量物体作范例，让幼儿拿出同等数量的物体；按数取物是以数作范例（口头说出的数或出示数字），要求幼儿取出相应数量的物体。一般的学习顺序是：学会按范例数量取物，再进行按数取物。小班用口头说出数，中班认识数字后和大班可用数字进行。

②数守恒的活动设计与组织。

学习数守恒，主要要求幼儿懂得不论是什么物体，不管它们的颜色、大小、开头以及摆放形式有什么不同，它们的数都是一样的。

对幼儿进行有效的数守恒的教育的关键在于帮助幼儿真正理解基数的实际意义

和培养幼儿的抽象逻辑思维能力。数守恒的教育可以从小班的幼儿开始做起，可以使小班的幼儿开始逐步进行数守恒的观念和经验的积累。教师在设计数的大小比较、计数等相关活动时，就可以选择一些体积大小差异明显的集合作为搭配组合（如苹果和樱桃），让幼儿在比较数的大小、计数等实际操作活动时，体验到物体体积的大小并不影响数量。这样，教师从活动材料着手，创设了具有视觉性暗示因素的情境，渗透了数守恒的相关教育，让幼儿在自然而然的数量感知过程中逐渐体验到数守恒的经验和观念。

③学习数序的活动设计与组织。

数序，即自然数的排列顺序，分为数的正向排序与逆向排序。数与数之间按"多1"的数量等差关系进行排列就是数的正向排序，如2，3，4，5；数与数之间按"少1"的数量等差关系进行排列就是数的逆向排序，如5，4，3，2。教幼儿掌握数序关键是使幼儿认识数与数之间的这种"多1"或"少1"的数量等差关系。这样，他们才能真正理解1后面为什么是2，2为什么排在3的前面。如此，幼儿才能真正掌握数序。对于幼儿数序，教师可以采用多种形式进行教学。

a. 帮助幼儿认识与掌握相邻数。相邻数是自然数中任何一个数都比前一个数多1，比后一个数少1。帮助幼儿掌握数序必须先引导幼儿认识相邻数。小班幼儿和中班幼儿已经懂得两个数的相邻关系，大班懂得三个数的相邻关系。可以利用比较法、类推法在游戏和操作中进行练习。

b. 学习与练习顺数和顺接数。顺数，就是按递增的方向有序地进行数数（1，2，3，4，5……）。顺接数，就是按顺数的方向从任意一个数开始接着往后数（3，4，5……2，3，4……）。在顺数时，教师应提示幼儿注意"数字从1数到10是越来越大的，后面的数比前面的任意一个数都要大1"。顺接数能有效刺激幼儿头脑中对10以内自然数列的等差关系的反应和思维的敏捷性。

c. 学习与练习倒数和倒接数。

倒数即按递减的方向有序地进行数数（10，9，8……），倒接数即按倒数的方向从任意一个数开始接着往前数（5，4，3……）。倒数与倒接数时，幼儿要在头脑中对数序进行逆向转换，因此，倒数与倒接数的难度要大于顺数与顺接数。

在练习顺数或倒数时只让幼儿枯燥地数数，会让幼儿学习的兴趣大减，教师可以自主地设计一些小游戏，增加幼儿学习的积极性。如小游戏"伞兵着陆"：用泡沫棒制成手工小伞兵，伞用手帕或塑料制作都可以，教具准备好后和孩子一起玩角色游戏，让孩子担任空军司令的职责负责倒计时，当孩子数到零时，教师投掷伞兵。孩子要在一定高度时接住伞兵，并在顺数一到十的同时把伞兵放到游戏规定空军基地上，在一定的时间里谁的基地上顺利着陆的空军多谁就胜出。此游戏可以分小组比赛。

拓展阅读

认识10以内数字（大班）

活动目标：

（1）初步理解单数和双数的意义，能区分10以内的单数、双数。

（2）复习巩固对1~10数的认识。

（3）培养幼儿的判断、分析能力。

活动准备：

（1）教具：1~10朵小红花、数字卡片各一套，1~10的圆点卡片一套（圆点均匀两两排列）。

（2）学具：1~10的数字卡片各一套，小石子各10颗。

活动过程：

一、复习10以内的数

（1）教师出示小红花任意几朵，幼儿很快说出其数量。

（2）教师出示任意数字卡片，幼儿能击出相应次数的掌声。

（3）教师出示任意一圆点卡片，幼儿能踏出相应次数的脚步声。

二、学习区分单、双数

（1）用磁性小棋子在黑板上贴出六行棋子，分别贴出1个、2个、3个、4个、5个、6个，启发小朋友说出各行棋子的数量，并请一名小朋友在各行的下面写出相应的数字。

（2）教师问："小朋友们，想一想，怎样把各行的棋子两两排队？谁能上来演示一下？"

引导小朋友观察并说出："哪些数两两排队后剩下一个？哪些数两两排队后没有剩余？"

小结：两两排队后，有一个单独的，表示这些棋子数量的数叫单数。两两排队后，没有剩下的，表示这些数量的数叫双数。

（3）全体小朋友操作小石子。

教师分别报出7，8，9，10这几个数，小朋友按每次所报的数取出相应数量的小石子，然后进行两两排队，引导小朋友说出7，8，9，10是单数还是双数。

（4）出示1~10的圆点卡片，按顺序排列。

引导小朋友观察、分析、讨论说说10以内数中哪些是单数，哪些是双数。

三、练习区分单、双数

（1）小朋友操作1~10的数字卡，按单数、双数分成两组，比比看谁分得快。

（2）教师指出（或说出）任一数，小朋友口头回答是单数还是双数。

（3）教师报单、双数，小朋友举出任一单（双）数的数字卡。

（3）玩"抱单躲双"的游戏。

教师出示数字卡片，小朋友判断该数为单数或双数。是单数则双手遮住脸部，头自然下垂作躲避状；是双数则双手在胸前抱住。

四、指导小朋友做教材第一页练习

（1）先数一数每幅图中的物体由多少个，然后在空格里画出相应数量的圆点。

（2）观察图形的数量，是单数的画上"×"，是双数的画上"√"。

五、欣赏数字歌

"1"像铅笔，会写字；"2"像鸭子，水中游；"3"像耳朵，听声音；"4"像小旗，迎风飘；"5"像秤钩，来买菜；"6"像哨子，吹声音；"7"像镰刀，来割草；"8"像麻花，拧一道；"9"像蝌蚪，尾巴摇；"10"像铅笔加鸡蛋。

活动延伸：

玩"翻纸牌"游戏。将1~10的数字卡片和圆点卡片扣在桌子上，两个小朋友玩，开始各自分别认清单数一方或双数一方，然后轮流翻牌，翻出的数字或圆点数量为单（双）数的，牌为主方，牌多一方为胜。

【评析】 该活动融合了多种教育元素，以游戏为载体开展幼儿数学教育，并将生活内容渗透入活动之中，使幼儿沉浸在游戏式的学习氛围之中。

2．10以内序数的教学

序数，表示集合中元素次序的数，能用于表示集合中元素的排列位置。序数教学是幼儿初步数概念教育的重要内容，认识序数要以认识基数为基础。10以内的序数教学一般是中班数学教育的内容。

（1）教育内容（中班）。

①使幼儿理解序数的含义，能用序数词正确表示10以内物体排列的次序，知道"第几"与"几个"之间的区别。

②使幼儿会从不同的方向确定物体的排列顺序，正确运用序数词表达物体的排列位置。

③能初步理解生活中常见的次序标记。

（2）活动设计与组织。

①采用分段教学法（对幼儿进行10以内序数的教育，一般是先认识5以内的序数，再认识10以内的序数），运用直观教具进行演示与讲解，使幼儿感知物体序列及序数词，理解序数的含义。

②通过游戏和操作，让幼儿感知并判断物体的顺序。例如，按要求将高矮不同的小瓶排好次序，组织幼儿玩相关的排序的游戏等。

③通过操作体验，教幼儿用计数的方法确定序数，可以采用从多方面提问的方式。

④在日常生活中进行巩固练习，让幼儿在活动中体验序数的意义和培养运用序数

的意识。如，教师可以让幼儿为家里人按照高矮进行排序等。

3．10以内数字的认读和书写的教育

每个数字都代表着一定的意义，数字是用来表示数的符号。帮助幼儿学习认读和书写10以内的阿拉伯数字，不仅能巩固幼儿对10以内的数的认识，加深幼儿对10以内数概念的理解与掌握，而且对他们以为的数学知识与技能的学习有着重要的意义。幼儿学习认读和书写10以内的数字必须在理解数的实际含义的基础上进行，所以，认读和书写10以内的数字的教育一般在中、大班幼儿中进行。

（1）教育内容与要求。

①中班：能认读1~10阿拉伯数字，并能用数字正确表示10以内物体的数量。

②大班：学习正确书写10以内阿拉伯数字，掌握正确的笔顺，字迹工整、规范，姿势和握笔方法正确。

（2）活动设计与组织。

①结合并联系具体事物，教幼儿认读数字，并进行讲解。如，认读数字"5"时，可以教幼儿想一只手有5个手指。

②以形象的比喻帮助幼儿记住数字的字形。如："1像铅笔，会写字；2像鸭子，水中游；3像耳朵，听声音；4像小旗，迎风飘；5像称钩，来买菜；6像哨子，吹声音；7像镰刀，来割草；8像麻花，拧一道；9像蝌蚪，尾巴摇；10像铅笔加鸡蛋。"

③对外形容易混淆和读音不准的数字，指导幼儿多做比较和练习。如数字"6"与"9"容易混淆，教师要注意加强指导。

④运用各种游戏练习计读数字和理解数字所表示物体的数量。如"连线游戏""看图找数字""按数画物"等。

⑤通过示范与讲解，教幼儿形成正确的书写姿势与良好的书写习惯。正确的写字姿势包括三方面：第一，坐姿正确，做到"一直一正二平"，即身体直，头正，肩平，腿平；第二，执笔姿势正确，即右手大拇指和食指指肚捏住笔杆（距笔尖一寸），中指第一个关节侧面轻轻抵住笔杆下方，无名指、小指弯在中指下，笔杆向后稍斜，靠在虎口处，手腕和小指轻贴桌上，在写字时可随时移动；第三，做到"三个一"，即眼离书本一尺，胸离桌子一拳，手离笔尖一寸。

⑥教师讲解写字的实际意义。

4．10以内数的组成的教育

10以内数的组成包含数的分解和组合两个方面。对幼儿进行数的组成的教育，可以使幼儿初步理解整体与部分、部分与部分之间的关系，进一步加深对数概念的理解，并且为以后学习数的加减运算打下基础。该部分内容一般在大班幼儿中进行。

（1）教育内容与要求（大班）。

①让幼儿理解数的组成的含义，知道2以上各数，都可以分成两个数，两个数合起来就是原来的数。

②懂得一个数和它分出的两个数之间的关系,即一个数比它分成两个数都大,分成的两个数比原来的数都小。

③懂得分成的两个数之间的互补和互换关系,并掌握 10 以内各数的全部组成。

(2)活动设计与组织。

①提供材料,通过幼儿的分合操作活动,启发幼儿探索数的组成规律。在幼儿操作过程中,教师可以在适当的时机对幼儿讲解数的组成。大班幼儿一般经过对两三个数的组成操作、探索、总结的学习过程,大部分已能初步掌握数的组成的规律。

②利用幼儿的分合操作的感性经验,引导幼儿进行抽象和列式。幼儿进行分合操作活动以后,教师应充分利用幼儿的记录资料和感性经验,帮助幼儿将分合的感性经验进行整理、归纳,提升为抽象的概念。

③引导幼儿探索发现数的组成规律并进行迁移以学习新的组成知识。

④运用多种方法复习巩固 10 以内各数的组成知识。如操作练习、游戏练习、填空练习和儿歌练习等。

儿歌——数的组成

听我说数字组成趣味多,

2,3,4,5 挺好算他们简单都会做;

6 的分成也不难 1、5,2、4 好朋友,3、3 它俩组成 6;

7 的分成还不错 1、6,2、5 两家乐,3、4 娃娃来做客;

8 的分成别发愁 1、7,2、6,3、5 好兄弟,4、4 它俩手拉手;

组成 9 伸出手(这时候伸出手做动作)1 和 8 顶呱呱,2 和 7 做游戏,3 和 6 扭一扭,4 和 5 仍会组;

10 的分成要记牢 1 和 9 ,2 和 8 ,3 和 7,4 和 6, 5 、5 它俩组成 10。

 拓展阅读

9 分解与组成(大班)

活动目标:

(1)熟练掌握数的分解组成中两个部分数递增递减和互换规律。

(2)使幼儿知道 9 的几种不同分解组成方法。

(3)培养幼儿的迁移、类推能力和综合概括能力。

活动准备:

(1)用纸剪的小兔 9 只、纽扣 9 个;

(2)给每两个幼儿准备 9 个瓶盖和一张作业纸。

活动过程:

1. 课前律动

请你跟我拍拍手（我就跟你拍拍手），12334（56778），前拍拍（后拍拍），上拍拍（下拍拍），左拍拍（右拍拍），小小手（叠叠放），姿势（端正）。

2. 复习 8 的分解组成

师：我的 1 球碰几球？

幼：你的 1 球碰 7 球。

3. 学习 9 的分解组成

师：今天我给大家带来几件好玩的东西，大家快来看看都有些什么？

幼：用纸剪的小兔、兔笼。

师：大家知道这些东西是用来做什么的吗？

幼：用来放小兔的。

师：你们真聪明，那咱们来做个游戏。

教师出示兔笼，和幼儿数一数小兔和兔笼各有多少？（小兔 9 只，兔笼 2 个）找一名幼儿来和教师合作，请幼儿把 9 只小兔分别放在 2 个笼子里。引导幼儿边放边讲，左边放 1 只，右边放 8 只。

4. 教师示范并摆出 9 的分解组成式

教师和幼儿讨论并示范用同样的方法得出几种结论，然后让幼儿观察并找出规律（左边放的兔子数量增多，右边兔子数量减少，左边每增加一只，右边就相对减少几只，但合起来的总数都是 9。）

5. 用互换规律推断出其他 4 组分解组成式

分瓶盖巩固练习 9 的分解组成：

教师分给每两个幼儿 9 个瓶盖启发幼儿两人一起合作分，教师做裁判选出两名幼儿做代表，把全体幼儿分为男、女两队，进行比赛。指名幼儿边演示边说出摆放的另外 4 组分解组成式。

比赛规则：哪队在最短的时间内正确地完成任务将获得一朵小红花。

每队的代表说出本队的摆放结果，教师和幼儿共同评判出获胜队，颁发小红花。全体幼儿为获胜队热烈鼓掌，同时给予另一队鼓励。

6. 玩"猜纽扣"游戏

教师手拿纽扣让幼儿数一数有几个，然后分放在两只手里，给幼儿看其中一只手中纽扣的数量，请幼儿猜出另一只手中纽扣的数量。

7. 练习操作

教师给每个幼儿发一张作业纸，启发幼儿把左边的三角形和右边的三角形能够组成 9 的用直线连接起来，最后集体讨论连线情况。

活动延伸：

游戏"和你合起来的数字是几"

玩法：准备一个皮球，幼儿围成一圈，先约定一个总数，请一位幼儿站在中间，把球抛给任意一个幼儿，并同时说出一个数字，接球者迅速说出另一个数，两个人的数合起来是总数（先约定的数），接球者则进入圈内作抛球者，游戏反复进行。

【评析】

本次活动设计中教师对教学内容理解清晰，对幼儿年龄特点掌握准确，对活动环节的设计符合幼儿的接受能力。数学是一门很枯燥的学科，很难调动幼儿的学习积极性。本活动的教师试图在活动中运动游戏和操作的方式来启发、引导幼儿把枯燥、乏味的数学变得有趣，使幼儿更乐于接受和学习。

（五）10 以内数加减运算的教育

在日常生活中，幼儿经常遇到一些简单的加、减法问题。他们在解决加、减问题时已经表现出一定的创造性。幼儿能根据自己的经验来理解加减运算的含义，并能充分利用熟练掌握的数数技能创造加减运算的方法。幼儿加减法运算能力的发展，可以从具体到抽象、逐一加减到按数群加减两个方面考察。算数运算包括了加、减、乘、除四则运算。幼儿只学习简单的 10 以内加减运算，它是幼儿园大班的数学教育内容。

1. 教育内容与要求

（1）会解答生活和游戏中简单的加减应用题，理解加法、减法的含义。

（2）用模仿和描述的方法学习自编简单的口述应用题，初步掌握应用题的结构。

（3）认识加号、减号、等号和加减算式，理解算式表示的意义，掌握 10 以内数的加法和减法。

2. 活动设计与组织

（1）正确安排教学内容，选择合适的教学方法，引导幼儿感知、体验加减含义。

根据大班阶段幼儿学习数学的特点和儿童主动发展的观念，在加减运算的教学中注重方法的趣味性和游戏化，通过游戏和生活中的实例，引导幼儿感知、体验加减的含义。

教师通过创设能引发加减运算的问题情境，激发幼儿学习的内在需要，使幼儿在"意义学习"的氛围中体验加减的含义，掌握解决问题的方法。但要注意，教师在设计游戏时既要面向全体，又要考虑到不同层次幼儿的接受能力，尽可能地让每位幼儿都在愉快的氛围中去学习、探索数学知识。如"购物"这一主题游戏就包含着丰富的数学教育价值，幼儿在玩这一游戏时，对物品的分类、数的实际意义、数的组成和加减等方面能获得许多有益的经验。尤其是儿童在"购物"并付款的过程中，使其对加减法的含义和加减运算有真实的理解和掌握。

（2）引导幼儿在进行加减运算时多感官参与。

运用视觉进行运算。教师出示一张图片让幼儿根据图上所画内容进行加减运算。

还可以让幼儿先仔细看图,并把图中的内容记下来,接着把图拿走,要求幼儿运用短时记忆进行运算。

运用听觉进行运算。教师拍手,教幼儿根据声音的次数进行运算。幼儿运用听觉进行加减运算比视觉困难。因为运用听觉进行运算,需要高度的注意力和较强的记忆力,如果声音次数多了,幼儿容易忘记,而且听不清楚。

运用触觉进行运算。教师发给每个幼儿两个带松紧口的布袋,布袋里装有若干个玻璃球,让幼儿用手去摸,运用触觉去感知布袋里各有几个玻璃球。

(3)引导幼儿自编应用题。

当幼儿已会解答简单的加、减法应用题,并初步了解应用题的结构以后,在此基础上,教师可以引导幼儿学习自编简单的加减应用题。幼儿学习自编应用题的重点是掌握应用题的结构。应用题的结构一般为:包括一定的情节(内容只能讲一件事)和数量关系(已知条件——已知数不能少于两个;未知条件——所要求的得数)。编题时,必须是同类的事物,而且最后要提一个问题。所编的应用题必须区别于故事和谜语,要求语言简洁、清楚、明确。

幼儿自编口头应用题的形式有:
①根据教师或个别幼儿的活动编题。
②看图编题。
③根据数字或试题编题。
④拼图自编应用题。
⑤运用丰富的想象自由地、创造性地自编口头应用题(根据自己的生活经验和感性知识,编出符合加减题意的口头应用题)。

(4)以幼儿生活内容为素材进行加减运算的练习。

在日常生活中,教师可以结合有关情境和事例,引导幼儿进行加减法的练习。例如幼儿在自己制作小玩具,教师可以引导幼儿说一说"自己做了几个玩具?""算一算两个人一共做了几个玩具?"再如,周末时幼儿与父母一起去超市买东西,周一教师可以请幼儿说一说他买了什么,一共买了多少件东西,每样东西多少钱,一共花了多少钱,还剩下多少钱等相关的加减法的问题,请幼儿回答。通过这类活动,使幼儿感到数学和他们的生活是息息相关的,数学是很有用处的,从而提高幼儿学习数学的兴趣。

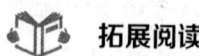 **拓展阅读**

仿编5以内的加减应用题(大班)

活动目的:

(1)让幼儿学会仿编和解答5以内的减法应用题。

(2) 在生活情景中能根据买卖水果的经验自编5以内的减法应用题。

活动准备：

(1) 知识经验准备：幼儿有买东西的经历，并了解买与卖的过程。

(2) 物质准备：创设"水果店"，准备各种塑料水果，人手5个替代物作为钱。

活动过程：

一、通过情景表演仿编5以内的减法应用题

(1) 仿编5以内的减法应用题。

师：大家看，自己手上有多少钱？（5块钱）这些钱啊可以去买水果，得好好地想想看该买什么水果吃了。

(2) 教师介绍"水果店"里的水果品种。

二、引导幼儿说出仿编减法应用题的条件

(1) 先说出总的数量。

(2) 要说出少了的数量（吃了，走了……）。

(3) 最后要提一个问题，还剩下多少？（不能把得数说出来）

三、交代游戏要求与规则

(1) 水果摊的任何水果只能1元1个。

(2) 幼儿买了一次水果以后，就编一道减法应用题。

(3) 强调最后的一句话不能说出答案，应该提问题去考别人。

四、幼儿买水果尝试仿编5以内的减法应用题

五、提问幼儿，教师进行指导

(1) 请个别幼儿进行仿编，师指导。

(2) 集体小评，请个别幼儿说说自己编的问题。

六、引导幼儿用算式来表示、计算应用题

(1) "你们怎么知道还剩4块钱啊？"

(2) "我们可以用什么方法来计算？"（减法）

(3) 出示算式卡，引导幼儿了解各个数字所代表的意义。

七、分区活动

(1) 游戏"果蔬店"：小朋友买了水果后，要编一道应用题，售货员才能把水果、蔬菜卖给他。

(2) 游戏"看谁最聪明"：从栏中抽出卡，看图仿编5以内的减法应用题，相互提问、回答。

(3) 练习：指导幼儿领域指导书里的练习。

【评析】幼儿正处于数学学习的启蒙时期，幼儿的学习离不开具体丰富的生活经验，因而幼儿园数学教育活动的内容与组织离不开生活实际。《幼儿园教育指导纲要（试行）》中要求："要选择贴近幼儿的生活，选择幼儿感兴趣的事物和问题。"强

调了幼儿园教育尤其是数学教育活动必须回归生活与幼儿生活实际密切沟通，以充分调动幼儿学习的主动性。该教师根据活动目标，结合幼儿学习数学的特点，创设"水果店"选择贴近幼儿生活实际的"买东西"的形式组织活动，引导幼儿通过买东西花掉去的钱为条件将运算融入游戏中。在买东西的游戏中，边算边练习找钱是对减法运算的培养，并且引导幼儿用比多少的形式，找到各数字间的关系，在游戏中融入了数学教育，能更好地吸引幼儿的兴趣，提高幼儿学习的积极性。

（六）认识几何形体与空间概念的活动指导

1. 幼儿认识几何形体和空间概念的发展特点

（1）几何形体概念的发展。

形状是物体的一种空间存在形式，而几何形体是对客观物体形状的抽象和概括，它包括平面图形和立体图形（即几何体）。幼儿认识几何形体，对于他们空间概念的形成具有促进作用。但幼儿对几何形体的认识受其空间知觉的影响，表现出明显的年龄特点。

①幼儿感知几何形体的特点。

幼儿对几何形体的认识是从感知开始的。在实际生活中，幼儿积累了他们对几何形体的最初的感知经验。

心理学的研究表明，幼儿认识物体的形状不只是在视觉感知过程中实现的，同时也通过触摸的动作，并借助语言表达来实现。多种分析器的协同活动促进了幼儿对物体形状更准确地感知。通过对幼小儿童在感知物体形状时眼睛的运动和手的动作的研究发现，3岁左右儿童感知几何形体的水平较低，他们经常只局限于匆忙的视觉运动，眼睛只注意图形的内部，好像只在观察它的大小，因此不能准确地确定形状；5岁幼儿的视觉才开始注意到形状的最典型部分；六七岁儿童逐渐形成沿图形轮廓转动眼球模式，好像是在按其形状制作模型，从而保证其对形状的确切认知。

在运用视觉感知物体形状的同时，幼儿的触摸觉也在积极地参与。研究发现，3岁儿童手的动作更类似抓握；4岁儿童逐渐出现了手掌和手指前部表面的积极触摸运动；五六岁的儿童可用两手触摸物体，两手相向或分开运动，并开始用指尖触摸，观察图形的整个轮廓，好像在照着物体的形状制作模型。

总之，幼儿在感知和辨认形状时，采用了不同的表征形式，既有动作的表征，又有形象和语言符号的表征，而手和眼的相互作用促进了儿童对物体形状的更准确的知觉。

②幼儿认识几何形体的特点。

幼儿在认识几何形体时，表现出明显的先后顺序。如在平面图形中，他们首先认识的是圆形、正方形和三角形，然后认识长方形、椭圆形、梯形、菱形等；他们对立体图形的认识顺序是球体、圆柱体、立方体、长方体。而且幼儿在认识立体图形时，易和平面图形相混淆。

　　a. 小班。小班幼儿能正确认识圆形、正方形和三角形。但他们不是从这些形状的特征来认识的,而是将其和自己日常生活中熟悉的物体相对照,所以有的幼儿会把圆形说成是"太阳",把三角形说成是"小旗",等等。

　　b. 中班。中班幼儿能够正确认识的平面图形更多,如长方形、椭圆形、梯形、菱形等,而且能理解平面图形的基本特征(角和边的特征),并根据特征比较不同的图形。

　　c. 大班。大班幼儿已能够理解一种图形的典型特征,并在头脑中形成某种图形的"标准样式",从而能够根据图形的特征进行正确判断。大班幼儿还开始认识一些基本的几何体,做到能正确命名并知道其基本特征。

　　了解幼儿学习数学的心理特点和幼儿数学概念发展的特点,为我们合理科学地组织和实施幼儿园数学教育活动提供了理论依据。

　　(2)幼儿空间概念的发展特点。

　　空间和时间一样,是客观物质存在的形式。任何物质都存在于一定的空间之中,并且和周围的其他物体存在着空间上的相互位置关系,也就是空间方位关系,一般用上下、前后、左右等词语表示。可见,空间方位是一个关系概念,上下、前后、左右都是相对的。对物体空间方位的辨别,必须以一定的参照物为标准,且根据不同的参照物,就会得到不同的结果。我们平时在判断空间方位时,实际上会采用两种参照系:一是以主体为参照物,判断客体相对于主体的空间位置关系;二是以客体为参照物,判断客体相互之间的空间位置关系。

　　①幼儿空间概念的一般特点。

　　幼儿在理解空间概念时必须从一个相对的关系来认识,这对于思维还不具有相对性的幼儿来说是有困难的。幼儿的空间概念总的来说是从以自我为中心逐渐过渡到以客体为中心。

　　研究表明,儿童在认识空间方位关系时,首先把不同的方向与自己本身的一定部位相对应,建立了以下类型的联系:上面是头,下面是脚,前面是脸,后面是背,右面是右手,左面是左手。在儿童判断空间方向的过程中,是以自己的身体为出发点的。在此基础上,幼儿逐渐能做到以客体为中心区分空间方位关系。但由于幼儿思维具有自我中心状态,他很难站在别人的立场上思考问题,因此这种能力(尤其是以客体为中心判断左右)在幼儿时期是很不完善的。

　　②幼儿空间概念的发展。

　　幼儿空间概念的发展,既表现为他们认识空间方位时明显的顺序性,也表现为他们辨别空间方位区域的扩展。

　　a. 小班。幼儿能够辨别上下,开始学习辨别前后。但他们所能理解的空间方位的区域十分有限,仅限于直接感知的范围内,如自己身体的部位,紧挨自己或靠近自己的身体，离自己不太远且正对自己身体的物体，等等。对于不是正对自己身体的物体，他们就不能正确地辨别了。

b. 中班。中班是幼儿空间概念快速发展的时期，他们能够辨别前后，并且开始学习以自身为中心辨别左右，能够辨别离自己身体比较远的物体和稍微偏离上下、前后、左右方向的物体的方位。

c. 大班。大班幼儿能够正确辨别上下、前后，他们能把空间分为两个区域，或者左和右，或者前和后；还能把其中一个区域分成两个部分，如把前面分成前面的左边和前面的右边。但是大班幼儿还不能完全做到以自身为中心辨别左右，更不能以客体为中心辨别左右。

2. 幼儿认识几何形体和空间概念的教育要求

（1）幼儿认识几何形体和空间概念的教育要求。

①能在知觉的水平上辨认图形和制作图形。

所谓在知觉的水平上辨认和制作图形，即能够通过视觉、触觉、动觉等联合作用，从整体上体验图形的边、角、大小等属性，形成对图形的知觉表象。在此基础上，能分辨图形的相同和不同，对图形做求同、分类、配对、拼合、描绘、制作等操作，并学习描述图形边与角的特征以及命名等。

②认识图形的特征及其图形之间的关系。

"认识图形特征"的要求，就是在指认和正确命名图形的基础上能用语言或符号概括出同类图形的特征，如，三角形的特征用语言概括，就是在对三角形求同后说出"所有的三角形都是三条边三个角"，用符号概括就是能选出或画出"△"的标记来表示三角形求同的结果。

所谓"图形之间的关系"在这里包括了认识平面图形之间关系的要求和认识平面图形与几何体之间关系（即平面图形如何围合成几何体）的要求。而平面图形之间的关系又有两方面的含义：

一是指图形之间组合或分解的关系。几个直线图形或带直线边的曲线图形可以拼成一个大的图形。例如，四个等边三角形可以拼成一个长方形或一个正方形或一个等腰梯形。同样，一个任意图形（或直线图形或曲线图形）又可分解成几个相同的或不同的图形。例如：一个轴对称的图形（如梯形）可以等分成两个一样大的相同图形或几个不同的图形；一个中心对称的图形（如正方形）可以等分为几个一样大的相同图形或几个不同图形。

二是指比较相似图形的区别。如两个相似图形，基本形状不变，角的大小也不变，如果边长变了，图形就被放大或缩小了，在比较中体验其中的相互联系。

③能把物体零散的部分构成一个整体。

即发现物体（或图形）部分和整体的相互关系。要求将幼儿的注意引向拆零部分与整体联系的线索上，发展其空间关系和对图形的心理旋转能力。例如：怎么移动或旋转拼图块就能拼成一幅完整的图；或者，两个一样大的等腰三角形并排放着，知道哪两条边一拼就能拼成正方形，哪两条边一拼就是一个大三角形。

④能有规律地排列物体，感知物体间分离、次序、包围、邻近等空间关系。

即在一维或两维空间按照"一一规律"或"一二规律""一一一规律"排列物体或图形，体验和发现物体的四种基本关系，发展上下、前后、左右的空间知觉，即发展幼儿以自身为中心或以客体为中心确定物体的方向、位置以及运动方向的能力等。

（2）各年龄班幼儿空间和几何形体的教育要求。

①小班空间和几何形体的教育要求。

a. 知道什么是圆形、正方形、三角形的物体；

b. 能判断物体之间明显的空间关系；

c. 能区分和说出以自身为中心的上下方位；

d. 能按指定方向运动。

②中班空间和几何形体的教育要求。

a. 会用各种几何形体（积木或积塑）进行拼搭和建造活动，体验图形的边角关系；

b. 能区分和说出以自身为中心的前后方位；

c. 能区分和说出物体之间的空间关系。

③大班空间和几何形体的教育要求。

a. 能指认正方体、长方体、球体、圆柱体，并能根据形体特征进行分类或排列；

b. 体验和理解平面图形与立体图形之间的关系，会制作几种常见的几何体；

c. 会将实物或图形做二等分或四等分；

d. 能以自身为中心和以客体为中心区分左右；会向左、向右方向运动，在日常生活中，能注意自己（或物体）在空间的位置和运动方向。

3. 幼儿认识几何形体与空间概念的活动指导

（1）幼儿几何形体教学活动的活动指导。

①辨认图形的操作活动设计与教学组织。

例子：亮亮从两岁多一点的时候就喜欢玩积木，老师发现他的这一兴趣是他上小班的时候。有一次早晨入园，老师看见亮亮在大门口与妈妈再见，然后一蹦一跳地向班上跑来。可是路过大班的建筑区时，他突然停了下来"走不动了"——亮亮发现那个建筑区里有各种各样的中型积木，虽然都是一种颜色，没家里的积木好看，但形状却比他在家玩的那几盒彩色积木多多了。他情不自禁地伸手拿出一个矮圆柱，把它竖着放到地上，发觉它立得很稳，像个石凳，于是他立刻坐了下去，可不料屁股坐歪了，亮亮跌倒在一边。他一骨碌爬了起来，一眼看见那个圆柱正逃也似的朝远处滚去了，他略略地大笑起来。他似乎想了一下，马上翻身又到橱里去找，这次他拿出的是半个圆柱，亮亮把弯弯的一面朝下，又用手去推了推，让他惊讶的是，这只"船"并不滚走，而是像跷跷板一样晃动起来⋯⋯

②制作图形的操作活动设计与教学组织。

教师提供了10×10钉板和若干彩色皮筋，让中班幼儿用皮筋在钉板上绷出几何图形。佳琪想绷一个三角形，她把皮筋钩在一个钉子上，然后用双手拉住皮筋的下端往下面几行一套，一个等腰三角形就绷出来了。佳琪觉得这个活动太简单，没什么意思，于是她抬起头左顾右盼，想换个活动。这时老师走过来指着她的三角形说："你能紧靠着三角形的这条边，再绷一个其他的图形吗？"佳琪心想："这还不容易吗？"于是立刻在三角形下面绷出了一个长方形。老师在一旁点点头说："你绷出的房子还不错，就是房顶小了点些。"佳琪一看自己的钉板，果然两个图形变成了一座红顶黄墙的房子。她顿时来了精神，把三角形的底边拉宽了一些，这一下，房子看上去顺眼多了。可老师让她把三角形还原，问她："如果不改变三角形，还有没有使房顶大过墙的办法？"佳琪有些为难，一旁的亮亮悄悄挤过来对她说："你不会把下面那个长方形弄小点吗？真笨！"佳琪听了恍然大悟……

③图形关系的操作活动设计与教学组织。

午睡起床，大班小朋友都聚集到场院里的大树荫下，准备开西瓜宴。教师当着大伙的面把洗好的西瓜每个切成了4大块，由亮亮、佳琪和另外几个小朋友当服务生，端去送给大家。在一片"谢谢"声后，场地上原先嘈杂的喧闹声立刻被"呼哧、呼哧"地啃瓜声所替代……清理场地时，老师忽然问大家："我们今天一共吃掉了几个瓜？""早说呀，吃都吃完了，这怎么能知道？""老师怎么事先也不数数，现在才……"小朋友们七嘴八舌地埋怨着。佳琪用胳膊肘碰碰亮亮问："喂，你有什么好办法？"亮亮跑到桌边盯着那些瓜皮看了好一阵，又仰着脸想了一会儿，接着就叫跟在身后的佳琪去拿一只大脸盆来。盆找来了，他对大家说："请大家每人拣4块瓜皮，排好队送到佳琪的大脸盆里。"小朋友们都不知亮亮搞什么鬼，但又没有别的主意，只好照着做。亮亮自己没有去拣瓜皮，他捧来一大筐雪花片，按次序给每个送瓜皮来的人发花片，每送一个就给一片花片，最后他让大家把得到的花片一起交给佳琪，由佳琪数出总数，佳琪数了数："16。"于是亮亮说："那就是吃掉了16个瓜。"其他孩子这时也慢慢想过来了："对！是16个。"大家的目光一起看着老师，只见老师正微笑着点头呢。但佳琪还是有些怀疑，她把那些瓜皮按皮色花纹一堆一堆重新分好，然后又仔细数了数，结果她的答案与亮亮是一样的，这才高高兴兴洗手去了。

（2）幼儿空间概念教学活动的活动指导。

①空间知觉的操作活动设计与教学组织。

a. 空间方位的活动设计与组织。

老师正带小班幼儿玩"指鼻子"的游戏。老师让小朋友先用手指着鼻子，然后要求大家听指令指出身体的其他部位。佳琪觉得这个游戏很好玩，她指着鼻子做好了准备。刚开始，她显得很轻松，老师说："眼睛！"佳琪马上就能指到眼皮上。老师又说："嘴巴！"她也能迅速指向嘴唇……玩着玩着，老师的口令变了："身体上面！"佳琪顿了一下，然后才把手指到了头部。老师又说："身体下面！"这一下，佳琪更慢了。她需要想一下，到底是该指着腿呢还是应指着脚，最后她选择了腿，可是当她看见亮亮指的是脚，又连忙把手指到了脚上。老师看到了佳琪刚才的动作，就又补充了一句："这次还是要指身体下面，但不能是刚才指过的地方。"这次佳琪和亮亮都同时选择了指腿。

幼儿对空间方位的认识是从对自己身体有关部位的方位认识开始的。让幼儿通过活动自我感知，再配合词的描述，无疑是一种有效的方法。

在幼儿对身体部位所处的空间位置熟悉之后，就可以运用观察法引导幼儿将视野扩大到周围的环境，让他们发现身体的前方、后方、旁边（左右概念的替代词）各有什么物体。

幼儿已掌握按自我为中心辨别方位后，可再进行以客体为中心辨别方位。

b. 认识空间的活动设计与组织。

例子：班上有一位新转来的孩子，第一天大家叫不出他的名字，都一起叫他"新朋友"。老师把热情、开朗的佳琪介绍给了新朋友。新朋友怯生生地问佳琪："你也是新朋友吗？"佳琪一脸认真地说："不，我已经旧了，我带你去参观我们班吧。"然后就拉着新朋友去熟悉班级环境去了……

认识空间，从某种意义上说，就是认识"地点"或者说叫认识"环境"。

c. 手眼协调活动与视觉分辨活动的设计与组织。

第一，空间定位。例子：老师提供了几块 16 钉钉板，她要求幼儿按照钉板图案范例，在钉板上用绒线绕出相同的图案。钉板图案有开放图形和封闭图形两类，每一类图形有好几张，其难度系数各不一样。佳琪选择的是一张开放图形的范例，亮亮觉得开放图形的范例太简单，于是选择了一张较难的封闭图形范例。几分钟后，佳琪发现绕出图形并不容易（她捏住的是绒线的末端），尽管她知道该从哪绕到哪，但绒线软软的就是不听指挥，钉子也不肯好好地绷住绒线。正当她有些灰心时，老师递给她一只水笔和几张 16 点卡片，让她按图案范例临摹图形，这一次佳琪做得就顺当多了。对那个新插班来的孩子，老师干脆要求他直接用水笔在范例板上描出来就行了（范例板全部经过过塑处理）。亮亮开始做时也曾发生过佳琪的困难，但他试了几次，终于发现不能捏住绒线的末端，而应捏在靠前端的部位，因此他是用绒线绕出图形的，不过老师又给他提出新的要求——绒线不能重复，绕出的线条都要单线条。这可不容易，亮亮一直摸索到活动结束时还没能绕出来……

第二，走迷宫。例子：老师选择了几块画有迷宫图案的底版，全部经过过塑处理，让幼儿用笔从入口处开始，画到出口处，发展幼儿的手眼协调能力。亮亮不满足，他找来一个回形针放在底版上的进口处，又用一块磁铁放到底版下面，设法用磁铁牵引着回形针"走"出迷宫。小朋友们都纷纷模仿亮亮的玩法。老师在一旁看了并不制止，只是问孩子们一共找到几种不同的走法。

第三，有什么不同。例子：老师选择了两张有几处区别的相似图画，让中班小朋友们找出不同之处。佳琪一开始只看出一处云彩不同，老师提示她要有顺序地从上到下一处一处对比着找，慢慢地佳琪把四个不同之处全找了出来。

②空间关系的操作活动设计与教学组织。

a. 整体与部分关系的活动设计与组织。

"拼图"：

老师为了让幼儿体验整体与部分的关系，选取了拼图范例板与相应的材料一套，让小班幼儿把散乱的拼图块拼成一个完整的原图。佳琪做这个练习时，虽然知道四块拼板的上下左右位置，但她只是胡乱地凑在一起，怎么也拼不成一只完整的苹果，老师建议她把每个拼图块转个方向再试试，还是不行。老师就将拼图范例板的三部分盖起来，单单露出一个部分，并让佳琪从材料块中找，看哪一块和这个部分相同，然后把它拿出来，按相应的位置放好，接着找第二块、第三块，慢慢地佳琪拼出来了，高兴地拍起手来。

b. 一维空间排列活动的设计与组织。

"排出间隔系列"：

老师提供了物体（图形）排列次序范例板，有全范例板、半范例板和填空范例板。还依照范例板提供了相应的图标排列材料，要求幼儿按同样的顺序来排列物体或图形。佳琪在开始玩这个活动时往往意识不到排列的规律，老师建议她选各种规律的全范例板，教她用重叠对应和并置对应的办法练习排列，一边排一边教她按循环节读一读是怎么排的，如："铅笔图书五角星，铅笔图书五角星……"当她这样做熟练后，又进一步要求她选各种规律的半范例板来做，还是要求她一边做一边读。再后来就要求她脱离范例板来做，这时，佳琪已初步掌握了排列的规律。最后当老师拿来了各种规律的填空范例板让她做时，佳琪已不再感到困难了。

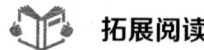

拓展阅读

上上下下（小班）

活动目标：

（1）能在实际情境中辨别方位上、下。

（2）培养幼儿简单的分析、观察和自理能力。

活动准备：

各种动植物（花朵、兔子、蛇、刺猬、燕子、鸽子等）图片、黑板画（上面画着白云，下面画着草地）、手绢、拖鞋、柜子、小鸟、蚂蚁头饰

活动过程：

一、模仿导入　铺垫新知

1. 教师提供小鸟和蚂蚁头饰，幼儿自由选择

提问："小鸟在哪儿飞？"（小鸟在天空中飞）

提问："谁能模仿小鸟飞？"（请幼儿到前面模仿）

教师："小鸟真了不起，可以在高高的天空上飞。"（教师随机用手向上指）

提问："小蚂蚁怎样走路？"（小蚂蚁是在陆地上爬着走路的）

提问："谁能模仿蚂蚁爬？"（请幼儿到前面模仿）

教师："小朋友表演得真好，小蚂蚁是在地面上爬着走路的。"（教师随机向下指）

教师："请你们学习小鸟和小蚂蚁的样子，找到自己的位置坐好。"

2. 幼儿模仿小鸟飞、蚂蚁爬，亲身感受方位的不同

二、逐步感知方位上、下

1. 出示黑板画，幼儿观察，初步感知上、下

提问："画中有什么？"（白云、草地）

提问："你在哪儿看见过白云？"（我在天上看见过白云）

教师："请小朋友用手势告诉我，好吗？"（幼儿举起手表示白云的位置）

教师小节："白云在上面。"

要求幼儿跟说"白云在上面"。

提问："草地在哪儿？用手势告诉老师。"

（幼儿把手放在下面，表示草地的位置。）

师："草地在下面。"

要求幼儿跟说"草地在下面"。

2. 教师提供图片，请幼儿贴在相应的位置，再次感知上、下

（1）教师指导幼儿了解、分析图片。

（2）教师示范贴图。提问："花朵应该在上面，还是在下面？"（下面）

（3）幼儿动手贴图片。

（4）幼儿观察画面，纠正错误。

（此时的画面已经明显地分为上、下两个部分。这个环节的设计，不但能深度挖掘幼儿已有的认知经验，而且能够帮助幼儿接受新知）

3. 游戏：我说你做（明确方位上下）

方法：老师说"上面"，幼儿用肢体动作表示，如举手、抬头等。老师说"下面"，幼儿做相应的动作。（也可以指名幼儿说，其他幼儿做）

三、动手操作 能力培养

（1）师："老师这里有手绢和拖鞋，请小朋友把手绢摆放到柜子上面的格子里，拖鞋摆放到下面的格子里。"

（幼儿动手操作，教师巡视指导。教师要随机指导幼儿把手绢叠整齐，摆放好。拖鞋也要摆放整齐）

（2）教师和幼儿共同欣赏劳动成果，体会成功的快乐。

【评析】教师从幼儿的日常生活入手，结合幼儿的生活实际，调动幼儿的各种感官，以操作和游戏为主要教学方法，教幼儿认识上下方位，符合幼儿的年龄特点。活动内容与幼儿的生活实际结合紧密，幼儿看得见，摸得着。教学目标确定准确，有利于幼儿的长远发展。教学准备充分，教学方法灵活。利用眼、脑、手、肢体等多种感官，引导幼儿观察、模仿、表演、操作，极大地调动了幼儿参与活动的积极性和主动性。

（七）幼儿认识量概念的活动指导

1. 量的概念与幼儿学习量的意义

（1）量。

任何具体事物都有量方面的特征，它通常用数（称量数）和单位量（称为计量单位）来表示。

量往往又是与物体大小、线段长短、距离远近等相关的。

例子：亮亮四岁半时，一次，在玩汽车游戏时，把汽车一辆接着一辆地排在"停车场"的线上，不一会儿他欢喜地喊道："妈妈，我的停车线好长啊，能排8辆汽车呢。"量可以分为不连续量（分离量）和连续量（相关量）两种。

不连续量是表示物体的集合元素有多少的量；连续量是表示物体属性的量。

幼儿期进行量的比较，一般是幼儿对两样或三样同类物体进行比较。

（2）自然测量。

测量，是指把一个要测定的量同一个作为标准的同类量进行比较的过程。用来作为计量标准的量，叫作计量单位。

用一个计量单位去计量某一个量，结果得到这个量含有计量单位的若干倍，这个数值叫作这个量的量数。同一个量，用不同的计量单位来计量，所得的量数不同。

一般常用的计量方法有直接计量和间接计量两种。

量和数具有同构性，只是儿童对量的认识要略晚于数，测量能力要到8~11岁才完成发展。

自然测量，是指利用自然物（如虎口、臂长、小棒、绳子、瓶子等）来测量物体的长短、高矮、粗细、轻重等或用目测大小、步测远近等。

幼儿在自然测量过程中包括两种逻辑活动：一是幼儿知道整体是由若干个部分组成；二是逻辑相加，进行易位和替换的过程，即把每次测量的一部分和另一部分连接起来，建立测量单位体系。

（3）幼儿学习量的概念的意义。

①幼儿期重量感知觉的发展是幼儿日后掌握重量概念和重量测量的基础。

例1：亮亮刚会走路时，一次他想举起自己坐的小木椅子，摇摇晃晃尝试了几次，他确信自己无能为力时，就期盼地看着爸爸，求助于成人了，嘴里说着："重、重！"

例2：一天，爸爸和亮亮玩"脑筋急转弯"游戏，爸爸问："大气球和小橡皮球比谁轻谁重？"亮亮回答："大气球轻，小橡皮球重。""为什么？大气球大呀？"亮亮自信地说："我比过，大气球虽然大，可是它就是轻。"

②幼儿期的排序教育有助于幼儿抽象的数概念的形成。

例1：扬扬穿了一串珠子，一个圆形一个椭圆形排列。老师指着一个圆形的珠子问："扬扬，你穿了几个这样的珠子？"于是扬扬把串珠平放在桌子上，嘴里数着"1，2，3"，他的手按着顺序点圆形的珠子。

例2：红红在玩"按序盖点"活动中，先取一张范例板，照范例板在方格纸上盖出前三列的点子，自言自语道："2比1多1个点，3比2多1个点，3后面应该盖4"说着就按差数盖出6列点子。盖好后，又在每列点字下面盖上数字，表示这一列点子的个数，最后她又读一读"1，2，3，4，5，6"。

③测量的学习可培养幼儿解决简单实际度量问题的兴趣和能力。

例子：亮亮用一根小棍测量了饭桌和小床的长度后，知道了床比桌子要长；亮亮又用杯子往大小不同的瓶子里倒水后，奇怪：一个瓶子能装3杯水，可乐大瓶却能装5杯水，可乐大瓶比小瓶能多装2杯水。亮亮的这一发现使他产生了再试一试用大小不同瓶子装水的兴趣。

2．幼儿认识量概念的发展特点及教育要求

（1）幼儿认识量概念的发展特点。

幼儿在实际生活中逐渐积累了有关物体的量的认识。但这种认识在早期仍带有很大的局限，主要表现为缺乏分化和不精确的特点。

①小班。

幼儿在3岁左右一般已能知觉到物体的大小差异，但对于其他的量的差异还不能认识，也不会用词语来表示。他们对于高矮、粗细、长短、宽窄、厚薄等量的差别，都笼统地说成"大""小"。这一时期的幼儿对量的认识还不具相对性。他们开始是把物体的大小看成是物体的绝对特征（事物的名称），而非比较的产物，逐渐地才学会比较4个以内的物体的量。

②中班。

4岁幼儿感知量的精确性有了很大提高，能比较精确地区分出高矮、粗细、长短，并学会用不同的词汇表达不同的量。能判断相等量，但还不能达到量的守恒。能按照递增或递减的顺序进行简单的量的排序，但数量多则不行。因为这时还是依赖于感知和尝试，而不是逻辑关系认识量的关系。

③大班。

5~6岁的幼儿能够正确地认识并用相应的词汇描述物体的量的各种特征，精确性有了较大的提高，对量的相对性有了较好的了解。他们逐渐在逻辑的基础上理解量的序列关系，包括可逆性、传递性、相对性；开始能够正确地排序，而且也不再受知觉范围的局限，有的还能学会排序的策略。以后，幼儿有可能学习用工具测量，但整个幼儿期的测量还仅限于简单工具的测量（自然测量），而不是标准工具的测量。由于测量技能本身的要求，幼儿对于测量的方法技巧还较难以掌握，因而幼儿独立、正确地完成测量任务还有很多困难，有赖于教师的示范和指导。

对于不同性质的量，幼儿的测量观念发展也不一致。如长度和重量的测量，幼儿就容易理解：长度可以量，重量可以称。而对于面积、容积等，幼儿的测量观念和测量技能就明显落后。这既与幼儿的生活经验有关，也和这些量本身的测量手段的复杂性有关。

（2）幼儿量的概念教育要求。

①小班。

a. 会用观察、比较的方法，区别大小和长短不同的物体，会正确运用"大小""长短"词汇。

b. 能从4个大小或长短不相等的物体中找出并说出哪个最大（最长），哪个最小（最短）。

c. 能按物体的外部特征（形状、颜色或量的大小、长短）的差异进行4以内的物体排序。

②中班。

a. 能区别并说出物体的粗细、厚薄、高矮。

b. 能从五六个大小（长短、高矮、粗细、厚薄）不同的物体中找出等量的物体（其中两个是相同量）。

c. 能按物体量的差异，进行7以内的正逆排序，会按一定的规律排序物体。

③大班。

a. 会用目测和自然测量的方法，比较物体的长短、高矮、宽窄、厚薄和轻重，能正确表达测量的结果。

b. 能按物体量的差异进行10以内的正逆排序，能按一定的规律排列物体，初步感知序列之间的传递性、双重性和可逆性关系。

c. 学习量的守恒，知道物体的外形、摆放位置等发生变化之后，它的量不变。

3. 幼儿量的概念教育活动的活动指导

（1）感知和比较量的特征。

例1：一天，老师和佳佳等几位小朋友一起比高矮，老师问"我是高还是矮？"小朋友说："不知道是高还是矮，因为没有人和老师比。"老师请佳佳小朋友和老师并排站立说："佳佳小朋友和老师站在一起比，我们俩谁高谁矮？你从哪看出来的？"（两人并排比较）"老师高出一部分，老师的个子就是高。"小朋友们纷纷说。老师说："你们小朋友也想比高矮吗？"

通过提问，引导幼儿观察比较高矮、长短、宽窄、厚薄。

教师提供的操作材料应有利于幼儿比较，其差异特点应单一。

设计活动时，就注意先让幼儿进行实物比较，活动设计应有层次性。

（2）引导幼儿学习排序的方法。

①重叠对应排序。

例1：王老师提供一个图形的全范例板，上面有一排等差增大的图形片轮廓，要求幼儿把作为排序材料的图形片逐个对应地重叠到范例板的图形轮廓上，进行排序。金老师带领幼儿玩铺小路的游戏，请幼儿将△○□逐个对应地重叠镶嵌到范例板的图形轮廓上。这两个活动都是重叠对应排序。重叠对应排序就是利用排序范例板做对应排序的提示，请幼儿把要排序的物体与范例板一一重叠实现排序。

②并置对应排序。

例1：洪老师提供的范例板上有一组等差增大的小兔子，让幼儿用作为材料的萝卜系列图片对应着范例板的兔子系列进行排序，喂小兔子吃萝卜。幼儿在津津有味地喂动物吃食中，练习着并置对应排序。并置对应排序同样是利用排列范例板作为对应排序的提示，只是要求幼儿将要排序的物体或图片对应着范例板上的图片或动物轮廓位置进行排序。

③独立排序。

例1：金老师出示三个球，让幼儿观察比较后讨论：这三个球什么地方不一样？教师启发幼儿：把这几个球按大小排列，应该怎样排？都有哪些排列方法？（按幼儿讲述，教师操作）答案可有：A. 从大到小横排。B. 从小到大横排。C. 从大到小竖排。D. 从小到大竖排。教师提问：为什么要这样排？（语言描述物体间的序列关系。）请幼儿分组自由操作：A. 按规律排列小石头5~6块。B. 按规律排列树叶，数量由幼儿自定。C. 画一串有规律的糖葫芦。D. 按规律排小棍。教师在幼儿独立排序的操作中，针对他们的发展水平予以相应的指导。如对尚处在两个、两个逐一比较水平的幼儿，同时鼓励幼儿：你真行！自己想办法给石头排队……教师启发说："你们给小石头排成怎样的队呀？（是从大到小排呢，还是从小到大排）

按量的差异排列物体的顺序时，要引导幼儿了解以下规则：

a. 要确定排列方向。

b. 要确定排列规则。

c. 要明确排列的起始线。

（3）学习自然测量的方法。

例1：游戏时李老师请亮亮和强强在教室的前方和教室后方分别搭了一座亭子，数学活动时李老师问："怎样才能知道两座亭子哪一座高哪一座矮呢？"幼儿纷纷想办法，红红说："把两座亭子放在一起比。"不行，不行，这样移容易把亭子弄倒；用尺子量，没有尺子怎么办？用铅笔……有的幼儿想到用铅笔、小棒等自然物做计量工具。

例2：一天王老师请幼儿用小棒测量自己桌子、椅子的长和宽，并且记录下来。幼儿可忙开了，等幼儿"完成任务"后。教师请幼儿讨论说出测量的结果，讨论问题：大家测的结果是不是一样？为什么一样？为什么不一样？为什么同一张桌子不一样长的小棍测的结果不一样？引导幼儿再认真测量一次，最后明确：正确的测量方法是，测量工具的顶端要和被测量物体的顶端对齐；测量一次后要做个记号；量第二次时，工具的顶端要紧接着记号后面量，这样测的结果才较准确。

例3：吃完午饭，钱老师带领着幼儿到操场，她请小朋友用脚步测量从攀登架到滑滑梯的距离，请幼儿说说这段路自己走了几步，然后引导幼儿讨论：同样的距离，为什么有的小朋友步数多？有的小朋友步数少？测量结果的多少和什么有关系？

幼儿在学习自然测量时，应有意识引导幼儿掌握测量的方法，在这过程中还应注意以下问题：

①引导幼儿理解测量的要领，掌握测量的方法；

②引导幼儿初步理解测量单位与测量结果之间的关系。

 **拓展阅读**

小小树医生

活动目标：

（1）各种材料、各种方法测量树，知道树干有高矮、粗细等。

（2）初步学习测量及记录的方法。

环境创设：

（1）户外。

（2）长短绳子、各种尺（长短直尺、卷尺、三角尺）、记录纸、笔、竹竿等，地上画有刻度线。

活动过程：

一、引导幼儿用目测的方法观察树，用语言简单表述出树的不同。

（1）小花园里的树真多，你知道他们的名字吗？

（2）这些树长得一样吗？怎么不一样？

二、组织幼儿开展讨论，寻找测量树干粗细的方法。

（1）刚才小朋友说树干有粗细，哪棵粗？哪棵细？你是怎么知道的？（目测）

（2）有没有办法知道××到底有多粗？××有多细呢？

幼儿讨论：用手环抱、尺量、绳子量……

三、幼儿自由选择各种材料测量雪松后交流：

1. 粗细

（1）用什么材料测量？有多粗（在记录纸上记录）？什么方法测量的？

（2）（选择用绳子测量的）怎样知道测出来的数字是多少？

（3）为什么测量出的粗细不一样？（有的测底部、有的测中部）

2. 高矮

（1）小花园里哪棵树最高？有多高？你怎么知道？（目测：用尺无法测量高度时可目测）怎么记录？

（2）瓜子黄杨树长得高不高？怎么测？（直接测量）

（3）龙柏长得不高不矮，有什么方法测量？

①用钢皮卷尺直接测量；

②用竹竿等替代物量，然后竹竿放地上用尺量。

四、小小树医生

（1）医生每年都要给小朋友体检，量量身高和胸围。现在请你们来做树医生，给这些树检查身体。幼儿每人选择一棵树进行高矮、粗细的测量，并把数字记录在记录表上。

（2）互相交流记录结果。

模块二　学前儿童科学教育典型案例及分析

【案例1】

水果娃娃（小班科学活动）

活动准备：教师自制"大书"：透明过塑纸做成的苹果、梨、香蕉若干和黑色卡纸做成的苹果、梨、香蕉的影子，以及红、黄、绿三色苹果。

活动开始：

（一）出示大书，激发幼儿的活动兴趣。

师：今天我给孩子们带了一份礼物——一本很大的书，书的名字叫作《水果娃娃》。

（二）引导幼儿找出苹果、梨、香蕉的影子。

1. 交代任务，幼儿操作

师：水果宝宝已经藏好了，只露出了一点黑黑的影子，请你在桌子上找到他们的影子。

2. 教师引导幼儿小结水果的形状

（三）引导幼儿寻找苹果、梨、香蕉的颜色。

1. 交代任务，幼儿操作

师：水果娃娃已经自己把衣服的颜色藏起来了，请你们来为他们找到衣服的颜色。

2. 引导幼儿拓展生活经验

师：苹果宝宝还穿过什么颜色的衣服？你在哪儿见过？

3. 教师出示三色苹果，教师小结

（四）寻找躲在"门后"的水果。

（1）引导幼儿识别常见水果的特征。

（2）引导幼儿猜想，逐一揭示"门后"的水果。

（3）幼儿讨论，教师小结。

师：这本书又好看，又好玩，我很喜欢它。你们呢？咱们把这本有趣的书带回班级给其他的小朋友看看吧！

【评析】

活动中教师通过问题引导，让小班的幼儿尝试从局部到整体观察水果的形状、颜色，提高观察能力。知道一些常见水果的基本特征，尝试用语言表达自己对不同水果的观察和发现。

【案例2】

自然测量（大班）

活动目标：

(1) 了解幼儿园里的树，萌发对树木的关爱。

(2) 掌握正确的自然测量方法。

(3) 探索用自然物测量树干、树枝、树叶的不同方法，知道量具的长短与测量的结果有关。

活动重点、难点：

(1) 重点：学习用测量的方法了解幼儿园里的树，萌发对树木的关爱。

(2) 难点：会用不同的"量具"进行正确的测量。

活动准备：

教具：示范纸一张，笔1支。

学具：每人一张记录纸，各种测量工具（火柴棍、冰棒棍、筷子、绳子、纸条、布条、毛线等）。

教学过程：

一、激发幼儿活动兴趣

组织幼儿来到小花园，向小树问好，亲亲小树。

二、学习正确的测量方法（第一次尝试活动）

(1) 目测：小树的树干有多高呢？（幼儿讨论）

(2) 引出测量：我们用筷子来量一量好吗？

(3) 幼儿尝试测量，教师指导，提醒幼儿在测量时对小树要有礼貌，小心测量。

(4) 分享：你是怎么用筷子来测量树干的？教师简单小结。

(5) 幼儿再次用筷子以正确的方法测量，教师进行个别指导，并记录幼儿测量的结果。

三、探索"量具"长短与测量结果的关系（第二次尝试活动）

(1) 幼儿自由取火柴棒、冰棍棒等不同长度的"量具"测量同一棵树干的高。

(2) 讨论：测量同一棵树，用怎样的工具量次数多？用怎样的工具量次数少？

得出结论：测量同一棵树，工具越长量的次数越少，工具越短量的次数越多。

四、自由选择工具进行测量（第三次尝试活动）

(1) 幼儿自由选择"量具"为小树测量，并互相交流测量情况。

(2) 教师做个别指导。

延伸活动：

用自然测量的方法回活动室测量室内物品。

【评析】

综合利用和发挥幼儿园现有环境中的有利因素及其潜在的教育功能，引导幼儿用不同工具测量树干、树枝等，激发幼儿展开探索活动，突破了以往同类教学重认知结果轻认知过程的划一模式，让幼儿在与环境的交互作用过程中既获取知识又得到潜移默化的环境情感熏陶。活动以让孩子们亲亲小树开始，充分调动幼儿的环境情感，创造良好的学习氛围。通过三次活动尝试和活动小结引导幼儿逐步掌握自然测量的正确方法以及测量中简单的数关系。第一次尝试活动，提供给幼儿一种测量工具，让幼儿学习正确的测量方法；第二次尝试活动，提供给幼儿类似但长度不一的测量工具，让幼儿探索量具长短与测量结果之间的关系；三次尝试提供给幼儿较为复杂的多种测量工具，让幼儿自主地去深入测量。

【案例3】

建高楼（小班）

活动目标：

（1）培养幼儿认真细致做一件事情，并把事情做完的态度。

（2）鼓励幼儿尝试用各种方法堆高，激发幼儿对尝试活动的兴趣。

（3）通过操作，让幼儿懂得运用各种材料来堆平、堆稳。

活动准备：

（1）挂图：图一，长颈鹿开心地住在小房子里；图二，小长颈鹿没有房子住，哭了。

（2）大小各不同的积塑、纸筒、纸盒子、小篮子、托盘、各种罐子和瓶子、纸杯、纸皮……

活动过程：

1. 故事引入活动，引起幼儿活动的兴趣

小长颈鹿住在小房子里很快乐，后来小长颈鹿长大了，小房子住不下了，没有房子住的小长颈鹿真伤心，你们瞧，他哭了。你们说我们怎么帮他？（幼儿自由发言）我们一起建一间高高的房子让长颈鹿住好吗？

2. 介绍游戏材料，鼓励幼儿尝试用各种材料堆高

教师：你们看，老师这里有很多可以建房子的东西，它们是什么，谁能说一说？我们用这些东西建一间高高的房子吧。

3. 幼儿操作：教师巡回指导

（1）幼儿可以自己建房子也可以几个小朋友一起建。

（2）提醒幼儿拿了建房子的材料后找一个活动舒服的地方建房子，不要挤在一起。

4. 小结

(1) 请你说一说你是用什么东西建房子的?

(2) 老师发现有个小朋友的房子怎么也建不高,他是这样建的(教师复原),你们看,他的房子为什么会倒?(楼底部太小,不平)

(3) 我们怎样建房子才会又高又稳?(楼底平和宽,建的时候要轻拿轻放)

(4) 启发孩子用托盘、纸皮等辅助材料建房子。

5. 鼓励幼儿再一次尝试,并用多种材料来建房子

(1) 提醒幼儿行走时要注意,手脚放轻点,以免碰到房子而使其倒掉。

(2) 重点引导幼儿如何利用辅助材料建高楼。

6. 评价结束活动

【评析】

在整个活动中,幼儿亲自动手操作各种材料,在反复错误尝试中懂得将宽的、平的材料放在底部,窄的、小的材料放在上面,同时在垒高材料的过程中,注意自己的动作要轻。这些操作技巧的获得大都是来自直接操作。

【案例4】

各种各样的镜子

活动中教师让幼儿玩一玩、摸一摸这些玻璃做的镜子,再让幼儿与同伴说一说自己的感觉,来激发幼儿的好奇心。幼儿通过玩一玩、摸一摸、说一说知道了这些镜子是玻璃做的,它们光滑、透明,但厚度不同。接着引导幼儿用各种小镜子照一照周围的东西,如书本上的字、自己的脸、同伴的脸等等,让幼儿尽情地去探索,是幼儿通过探索发现,通过镜子可以看到东西,而且看到的东西有的变大,有的变小,有的不变。为什么会这样呢?幼儿此时非常想寻找答案,被激发再探索的愿望。于是教师进一步引导幼儿"看一看、摸一摸、照一照什么样的镜子看东西不变?什么样的镜子看东西变大?什么样的镜子看东西变小?"

【评析】教师精心设计科学活动过程,通过多感官探索,幼儿发现镜子的厚薄、形状与看到的东西不一样是有关系的,进而引出了凸凹透镜、平面镜的名称、特征及用途。在这个过程中孩子不仅了解了相关的知识,而且还获得了解决问题的能力。

【案例5】

植物长多高了

小班:教师为幼儿制作了形象直观的长颈鹿直尺,刻度用具体形象的水果图案表

示。在制作直尺时,教师和孩子们讨论"什么水果放在长颈鹿直尺的下面,什么水果放在长颈鹿直尺的上面"。孩子们说"长在地上的水果如西瓜放在最下面","长在藤上的水果如西红柿、黄瓜放在中间","长在树上的水果如苹果放在最上面"。结果,孩子们在表达"植物长高了"时出现了这样的记录,"黄豆苗从西瓜长到西红柿又长到苹果了",非常直观形象。

中班:教师提供了卡通直尺,每隔10厘米一个卡通图案,每个图案之间被分为10等份。中班幼儿在记录中可以说"植物的高度超过三个小动物,30多厘米了",他们对植物生长情况的表达既直观形象又逐渐趋于准确。

大班:幼儿具有简单的计数和计算能力,于是教师提供了数字直尺。他们可以准确地用数字记录和表达植物的生长情况。"黄豆苗长到25厘米了""黄豆苗长到32厘米了"。

【评析】以上实例中,教师指导小班幼儿制作水果图案直尺并讨论哪种水果的上下位置,中班幼儿用卡通直尺,大班幼儿用数字直尺的方法记录,正是考虑到了幼儿的思维从具体形象逐渐到抽象概括的发展特点。

【案例6】

小鱼水中游(小班)

活动前评析:

在水中游来游去的小鱼,是孩子们的最爱,也是孩子们的好朋友!孩子们愿意围在鱼缸的周围和小鱼说话,打招呼,甚至放学的时候也要和小鱼依依不舍地说"再见"!为了更好地表达对小鱼的喜爱,了解小鱼的特点和生活习性,使幼儿知道小鱼只有在水里才能和我们做朋友,于是生成了这个活动设计,通过活动不仅使幼儿对小鱼有了更深一步的了解,也使幼儿学习了小鱼从来不吵架的行为,树立了初步的环保意识。

活动目标:

(1)激发幼儿对小鱼的热爱,学习小鱼快快乐乐做朋友的品德行为,树立初步的环保意识。

(2)了解小鱼的形态以及小鱼的身体构造,学习用正确的方法照顾小鱼,知道小鱼生活离不开水。

(3)培养幼儿积极动手操作的能力,并学做关于小鱼的游戏。

活动准备

(1)小鱼头饰,小鱼两条(红、黑各一),鱼缸一个,鱼食少许;介绍鱼的动画片,磁带,录音机等。

(2)请一名教师配合做"鱼网"。

活动过程实录

一、开始部分

组织幼儿做"小动物走路"的律动(小白兔走路蹦蹦蹦跳,小鸭子走路摇呀摇呀摇,小乌龟走路慢吞吞,小花猫走路静悄悄)。请小朋友们像小花猫一样坐在自己的小座位上。

二、基本部分

1. 教师准备好小鱼

今天,有一个小客人来到我们班,小客人是谁呢?请小朋友闭上眼睛,老师把小客人变出来。(小鱼)

2. 初步感知:小鱼有几条?(1条)什么颜色?

小鱼长得真可爱,请小朋友们仔细观察,看看小鱼长得什么样子?幼儿观察后回答:小鱼长有头,身子,尾巴。

3. 教师提问关于小鱼的问题

小朋友喜欢小鱼吗?那我就来考考你们,看谁最聪明,知道小鱼的秘密最多。(准备贴身上的小聪明豆,谁回答问题就奖励一个)

4. 再次观察小鱼

(1) 小鱼的头上长有什么?(有圆圆的、大大的眼睛,大大的,小鱼正在用眼睛看着我们呢,看谁坐得最好;还有一张宽宽的嘴巴,嘴巴能干什么呢?可以吃东西,吐泡泡,还可以唱歌呢!那小鱼有没有鼻子呀,没有鼻子用什么来呼吸呢?学习新的词语:鱼鳃)小鱼用鱼鳃呼吸,请小朋友学一下,小鱼呼吸的样子。

(2) 小鱼的身上长有什么?(出示手工小鱼模型,请幼儿近距离观察小鱼:小鱼身上一片一片的是鱼鳞;在鱼背和鱼肚子上还有鱼鳍,是用来帮助小鱼游泳和控制方向的)

(3) 小鱼的尾巴什么样?(小鱼的尾巴像一把扇子,还像一片美丽的树叶,尾巴在水里一动一动的。)如果你是小鱼,你会怎么游,请小朋友学一学吧!(请幼儿用小手和身体学习小鱼水中游的动作)

(4) 找朋友:小鱼很孤单,我们来给它找个朋友吧!教师拿出另一条鱼,幼儿一一观察后,再倒入原来的鱼缸。(进行文明礼貌教育)

5. 律动学习:小朋友们都喜欢小鱼,那就让我们变成小鱼游一游吧。"一条小鱼游一游,两条小鱼游一游,三条小鱼游一游,我们大家一起游"。放音乐,教师组织幼儿游一圈再回到小座位上。

6. 了解小鱼的生活习性

(1) 小朋友们快听,是谁哭了,是小鱼吗?为什么呀?因为小鱼饿了,你们知道小鱼爱吃什么?(鱼食),老师今天带来了很多鱼食,请小朋友来喂它吧!可是小鱼不能一下子吃得太多,吃多了就会撑死的。(为愿意喂鱼的幼儿发一粒鱼食,请小朋友喂食。）还有小朋友没有喂，不要着急，现在小鱼吃饱了，等明天它饿了，我们再喂它。

（2）小鱼吃饱了，要睡了，谁见过小鱼睡觉的样子，学一学。正确的睡觉方法是：睁着眼睛，因为小鱼没有眼皮。

（3）每个人都有家，那么小鱼的家在哪里呢？对，在水里，离开了水，小鱼就不能和我们做朋友了。在清澈的小河里，在蓝色的大海里还住着许许多多可爱又美丽的小鱼，让我们一起去看看吧！

7. 看动画片《认识一组鱼》

感知鱼和人类的关系，我们小朋友和小鱼做朋友，就不要用手去捞它，不去欺负小鱼；小鱼的家在水里，我们不要把脏东西倒进水里，那样小鱼就不能快乐的生活了。

8. 教师组织玩小鱼游戏

小鱼们玩得真开心，我们来玩小鱼的游戏吧！培养幼儿在游戏中互相帮助的良好品质。

教师组织幼儿带上小鱼宝宝的头饰，并讲解游戏的规则（可以请教师示范）——为幼儿带上头饰——变成小鱼游一游——放音乐，开火车的形式钻洞。

三、结束部分：

"小鱼小鱼，跟鱼妈妈一起到更远的地方去旅行吧。"小朋友开火车走出活动室。

【评析】在本次活动中教师通过集体观察指导幼儿的观察方法：引导让小朋友观察小鱼外形分为头、身体、尾巴三部分，又通过个别观察加深印象；鱼儿的生活习性通过喂食环节了解的设计很好，因为在喂食的过程中幼儿可以更近距离地和小鱼接触，同时提醒小朋友不能一次喂太多；观看动画片是为了增加幼儿的经验，让幼儿了解鱼和人类的关系，加深对鱼儿的生活习性的认识；最后的律动和游戏环节，让幼儿学习小鱼水中游的动作，特别可爱。前面通过观察活动，幼儿受到小鱼的感染，就像小鱼一样，一个挨着一个游，在活动过程中，教师模仿小鱼的口吻说话，和幼儿打招呼，并表扬幼儿，更有效地激发了和幼儿之间的互动。

【案例7】

"一起搭长龙"

孩子们对多米诺骨牌游戏感兴趣，于是我们投放了一些各种颜色的骨牌，目的是让幼儿进一步验证力的传导。莎莎等几个孩子正在科学区里尝试搭建一个长龙，这时，欣欣来到搭建区，他在旁边观察了半天不知道怎么加入，突然用手推了一下，哗啦一下子，莎莎她们刚搭建的长龙起来的龙倒了一半。莎莎她们快急哭了，和欣欣吵起来，说欣欣故意捣乱。教师发现了这种情况就走近前问："欣欣你推倒莎莎的长龙是不是要检验一下她们搭建有没有成功呀？"莎莎她们本来觉得欣欣的行为是捣乱，现在问：

"是真的吗?"欣欣也给自己找到了台阶:"是真的,有一半没有倒下。"教师连忙说:"现在欣欣发现莎莎你们搭建的长龙有一半成功了,一半没有成功,你知道为什么吗?"欣欣赶紧又看了一眼没有倒下的龙说:"这块和那块太远了,够不着!"教师说:"原来是这样,可是怎么才能都倒下呢,欣欣你能和莎莎她们一起再搭建一个更长的龙吗?"欣欣自信地说:"能!"莎莎她们也同意了。她们一起搭建起来……

【评析】当观察到幼儿在区域活动中出现严重地违反规则或者出现争执现象,或出现攻击性行为等危险行为时,教师以教师的身份直接介入活动中,采用的就是垂直介入对幼儿的行为直接干预和领导。在这个案例中,教师观察到欣欣的行为是想参与游戏所以就没有批评他"捣乱"而是给了欣欣一个合理的台阶,这样莎莎她们也能发现自己在多米诺骨牌搭建中的问题,同时很好地化解了他们之间的矛盾。

第六单元 学前儿童科学教育的评价

模块一 学前儿童科学教育评价概述

学习目标：
- 了解幼儿科学教育评价的意义。
- 树立正确的评价观念。

一、幼儿科学教育评价的概念

2001年教育部颁发的《幼儿园教育指导纲要（试行）》指出："教育评价是幼儿园教育工作的重要组成部分，是了解教育的适宜性、有效性，调整和改进工作，促进每一个幼儿发展，提高教育质量的必要手段。"教育评价是指把握教育活动价值的活动。幼儿科学教育评价是"以科学教育为对象，根据一定的目标，采用一切可行的评价技术和方法，对幼儿科学教育的现象及其效果进行测定，分析目标实现程度，做出价值判断的过程"。[1]教师、家长和幼儿经过一番有关科学的教育或学习，都希望了解自己努力的成果和获得的价值，这种通过一定的科学方法与途径，多方面搜集有关的事实资料，再参照合理的衡量标准，加以比较分析、综合研究，从而获得结果的了解与价值判断的过程，便是科学教育评价。

二、幼儿科学教育评价的意义

幼儿科学教育评价是幼儿园科学教育工作的重要内容，其目的是了解科学教育的适宜性、有效性，以便进一步改进幼儿园的科学教育工作，促进每一个幼儿在科学领域的发展。

（一）诊断作用

在一定的教育目标指导下所进行的科学教育是否已达到教育目标所提出的要求，需要通过评价来做出诊断与鉴定。具体到幼儿科学教育活动来说，全面评价幼儿在科

---

[1] 施燕. 学前儿童科学教育. 北京：中央广播电视大学出版社，2007，第283页.

学领域的发展状况，以便制订和实施适宜的教学教育活动，这种评价就起到了诊断的作用。例如，某教师想了解本班幼儿"点数能力"的发展状况，以便制订出适宜幼儿能力的科学教育活动方案。于是她就观察幼儿在"麦当劳"的区角活动中根据来客的人数拿餐具的情况，并核查记录幼儿的行为。通过观察记录的统计分析，教师了解到每一个幼儿在点数方面的发展水平，获得了本班幼儿点数能力整体发展水平的信息。另外，评价的诊断性功能不仅能帮助教师了解幼儿的发展水平从而利于教师进行教育活动方案的设计，还能帮助教师诊断其教育观念、教学技能等的水平，从而更利于教师的专业发展。总之，通过科学教育评价，能够及时诊断出科学教育的目标、内容、方法、过程以及与儿童能力发展水平之间的适合程度，从而更好地考虑到科学教育活动中儿童的差异性、教材的适应性、方法的可行性，不断地促进幼儿的科学教育的改革与发展。

（二）反馈作用

幼儿科学教育评价具有反馈功能，通过科学教育评价，可以敏锐地发现问题与不足，并不断地加以修正，使科学教育的薄弱环节加强，从而改进科学教育工作。即幼儿园所制订的科学教育目标，选用的科学内容、方法、原则，以及教师自身的知识经验等，是否与幼儿的年龄特点、知识经验、现有认知水平相适应，幼儿园科学教育水平是否达到了预期的效果，都要通过对科学教育整个过程全面的测评、估量，才能做出科学的了解。通过这样的了解，可以知道科学教育取得的成绩，进一步提高工作与学习积极性，同时，也可看到哪些方面不足，从而进行改进。因此，可以说幼儿科学教育评价是一种反馈——矫正系统，可用来判断科学教育过程中的每一个步骤是否有效，如无效则必须及时采取变革措施，以确保科学教育质量。例如，通过了解幼儿园教师对幼儿进行科学教育的情况，发现该教师对科学教育的目标的理解有偏差，这时立即给予反馈，就可使该教师及时进行修正，以确保科学教育的有效、高质。

（三）促进作用

科学教育评价不仅能诊断科学教育活动的结果，还可以促进科学教育工作的改进。科学教育评价可以发现科学教育中存在的问题，从而及时改进，以确保科学教育的有效、高质。例如，某幼儿园进行了"寻找阳光"的科学探索活动，通过评价、修正，最后确定了该活动的有效性，这活动方案就可作为经验保留、积累，在今后的科学教育中作为经常选用的内容，同时，也可作为经验向同行推广。

总之，评价是幼儿科学教育中不可缺少的一个部分，它对于教师的教学和幼儿的学习两方面都是至关重要的。它可以使我们更深入地了解儿童发展的年龄特点和个别差异，帮助教师不断地反思改进自己的工作，更好地促进幼儿的发展。

模块二 学前儿童科学教育评价的内容

> **学习目标：**
>
> ➤ 了解幼儿科学教育评价的内容和方式。
>
> ➤ 能对科学教育的活动过程、活动对象、活动所涉及的环境和材料正确地评价。

幼儿科学教育评价的内容是指对幼儿科学教育的哪些方面进行评价，也即评价什么。例如，是评价幼儿科学概念的形成水平，还是科学态度、情感的发展水平；是评价幼儿科学素质的发展水平，还是评价教师指导幼儿学习科学的水平。

幼儿科学教育评价包括三个方面的内容：一是对活动的评价；二是对人的评价，如对幼儿的评价、对教师的评价等；三是对物的评价，如对环境的评价等。下面分别就这三个方面进行简要介绍。

（一）对幼儿科学教育活动的评价

对幼儿科学教育活动的评价（即对活动本身的评价），可以说是对幼儿园及教师的科学教育工作和科学教育效果的评价。

1. 科学教育活动计划的评价

在对幼儿实施科学教育活动之前，教师需要根据科学教育目标制订科学教育活动的计划，这里的计划是指教师编写的静态的活动文本。幼儿科学教育计划包括幼儿园的科学教育计划，班级科学教育计划，各年龄班科学教育计划，各班学期、月、周科学教育计划以及科学教育活动计划等。不管何种科学教育计划，都可从以下内容进行评价：

（1）该计划是否符合我国的教育方针和正确教育思想，体现《纲要》中关于幼儿科学教育的总目标。

（2）该计划是否包括了全部的科学教育活动（专门的科学教育活动、区角中的科学教育活动、生活中的科学教育活动），是否规定了重点培养要求，以及有关个别幼儿的科学教育内容。

（3）该计划是否分析了本班幼儿的实际具体情况，所提科学教育目标是否符合本班幼儿的年龄特点及实际发展水平。

（4）该计划是否提出了完成科学教育目标的具体措施和方法，并对所采取的活动形式及完成计划的日期做出明确规定。

（5）该计划是否能考虑到科学教育的特点及与其他领域内容的整合。

2. 科学教育活动目标的评价

活动目标是指教师期望活动所达到的教育效果。评价活动目标应从以下几个方面来进行。

第一，活动目标与科学教育的总目标是否一致。从幼儿园整个学期科学教育领域的一整套活动计划到一次具体的活动方案与计划，其目标的表述虽然越来越具体，但学期活动目标、月活动目标、单元活动目标、一次活动目标之间应该保持一致，并且要最终全面落实《纲要》中提出的总目标的精神。

第二，评价活动目标与本班幼儿的整体发展水平、已有经验等实际情况是否相适应。每个不同的班级虽然在总体上符合该年龄阶段幼儿的一般趋势，但每个幼儿本身有着自己的特殊性，各有不同的实际情况。有时候某个活动目标被孤立起来看时，可能是合理的，但一旦和上一级目标及本班幼儿的实际情况联系起来看时，就有可能是不完善的或不合理的了，评价活动目标是否合理，一定要结合上一级目标和本班幼儿的实际水平。

第三，活动目标的构成是否包含了科学知识经验、科学的思维方法、科学的情感态度三方面的内容。科学教育的总目标包含了以上三方面的内容，在每个具体的活动目标中，也应有这三方面的要求。科学知识经验主要是指获得有关周围事物间关系的经验并有使用的倾向；科学的思维方法是指对探索解决问题的策略的感性认识；科学的情感态度是指幼儿有好奇心和探索的热情并有初步的科学探索精神与态度。

3. 科学教育活动内容的评价

活动内容是实现活动目标的手段或载体，如音乐、游戏、故事、操作材料等。评价活动内容应从以下几个方面进行。

第一，活动内容的选择是否与该科学教育活动的目标一致。科学教育所涉及的内容、范围十分广泛，选什么内容的首要依据，便是根据目标来选择内容。

第二，活动内容是否符合科学性。科学性是指科学活动所给幼儿的知识应是准确的，应选取那些被幼儿感知的、真实的、可靠的材料。对幼儿进行科学素质的早期培养是幼儿科学教育的主要目的，因此科学教育的内容必须具有科学性。

第三，活动内容是否来源于幼儿的生活，并能拓展幼儿经验。《纲要》中有关幼儿科学领域活动内容的要求涉及以下关键词：如"身边常见的事物和现象""周围环境""解决生活中的问题""从生活和幼儿熟悉的科技成果入手""在幼儿生活经验基础上"等。这表明科学活动的内容必须要来源于幼儿的生活，贴近他们的生活经验，在此基础上又要进一步丰富和拓展他们的生活经验。

第四，活动内容是否从幼儿的现有水平出发，又具有一定的挑战性。科学活动的内容应符合幼儿的"最近发展区"。教师提供的活动内容应能够让幼儿在现有的基础上引导幼儿进一步进行探索，提出更高的任务与要求，培养幼儿学习科学的习惯。

第五，活动内容是否与其他领域的内容相整合，做到各领域的相互渗透。幼儿园五大领域的活动之间具有一定的内在联系，所以在选择科学教育内容的时候应注意各领域之间的互相渗透，有机整合，这样才能更好地促进幼儿的全面发展。

4. 科学教育活动过程的评价

相对于对科学教育活动计划评价的"纸上谈兵",活动过程的评价更具有现场感。科教活动过程的评价主要从以下几个方面进行。

第一,在活动过程中,是否能准确执行活动的计划,并保持一定的弹性,并最终达到活动预设的目标。在活动过程中,即使活动计划再优秀,但毕竟是教师预期的,不可能全面考虑到活动现场的不可控的意外生成因素,因此,教师是否能根据活动开展情况,做出方法、组织形式、提问等多方面的调整。

第二,在活动过程中,教师能否成为幼儿活动的支持者与合作者,做到教师与幼儿之间的互动。在活动过程中过,教师既要发挥自己的主导性作用,又要通过多种角色调动幼儿参与活动的积极性与主动性。

第三,活动是否采用了多种科学教育活动的组织形式,做到活动结构严密、合理。专门的科学教育活动的组织形式,从教师指导的不同程度来分析,有预定性科学活动、选择性科学活动和偶发性科学活动三种。从幼儿参与活动的规模来分析,可分为集体活动和个别活动,其中集体活动又可分为小活动和班级活动。要评价在活动中是否根据实际情况,考虑了预定性科学活动、选择性科学活动和偶发性科学性活动的结合,全班、小组、个人活动的合适组织及结合。

5. 科学教育活动方法的评价

科学教育活动方法既是教师为了完成科学教育任务,实现科学教育目标所采用的工作方法,也是幼儿在教师指导下学习科学的方法。活动方法使用得当与否,直接影响活动的开展,最终影响幼儿学习目标的达成。评价活动方法应从以下几个方面进行。

第一,是否根据活动目标、活动内容及幼儿实际,选择与运用合适的活动方法。教师在科学教育活动中所采用的方法应该是生动、直观、形象的方法,这样幼儿才能在玩中做,在做中学,活动才会收到较好的效果。

第二,在活动中,是否因地制宜,根据幼儿园的环境和设备条件选择合适的方法。在不同的地区,所采用的方法也是不一样的,如沿海地区的幼儿园可组织幼儿到海边组织活动,认识海洋生物;山区的幼儿园可组织幼儿到山上认识各种植物等。

第三,活动方法是否能体现幼儿的主体性,保证幼儿积极主动参与活动,并获得发展,即不是教师灌输知识、幼儿被动地学习的方法。

(二)对幼儿与教师的评价

1. 对幼儿发展的评价

对幼儿发展的评价是指通过科学教育活动,对所达到的教育效果的评价,主要包括对幼儿科学知识与经验的评价、幼儿科学方法与能力的评价、幼儿科学情感与态度的评价三个方面。

(1)幼儿科学知识、经验的评价。

幼儿是否获取了周围物质世界的广泛的科学经验,或在感知经验基础上形成了初级的科学概念，可从以下几方面做评价。

第一，是否具有常见的自然现象（包括季节、气象、理化等自然现象）及其与人类、动植物有关的具体经验或初级的科学概念；

第二，是否具有关于周围环境（有生命物质和无生命物质，包括人类自身）及其相互关系的具体经验或初级的科学概念；

第三，是否具有与幼儿自己生活有关的科技产品及其对人类有影响的具体知识。

第四，是否在活动中灵活运用自己已有的知识与经验。

（2）幼儿科学方法及能力的评价。

主要评价幼儿探索周围世界和学科学的智力技能与方法的发展水平。

第一，幼儿在活动中能否尽可能多地运用各种感官；

第二，幼儿在活动中能否在一定的时间内集中注意力进行观察、思考、比较，发现各种关系，运用自己的方法解决问题。

第三，幼儿在活动中能否运用多种手段来表达与交流自己的发现，并大胆地提出新问题、新见解。

（3）幼儿科学情感和态度的评价。

主要评价幼儿对周围世界的好奇心、探索周围世界和学习科学的兴趣，以及幼儿关心、爱护自然和环境的积极情感和态度。评价的内容包括以下几种。

第一，幼儿能否对周围环境中的新异刺激产生惊奇，并做出积极的反应。

第二，幼儿能否对自然界和科学活动感兴趣，是否喜欢观察、探索自然界，积极参与科学活动，谈论自然界和科学活动，并在活动中表现愉悦的情绪。

第三，幼儿是否关心自然界，爱护、保护动植物和周围环境。

第四，幼儿是否有初步的环保意识，并对生命充满崇敬和关爱。

2．对教师的评价

（1）在活动过程中，教师进行科学教育的途径是否多样化。教师对幼儿进行科学教育的途径是多种多样的，如通过游戏进行科学教育、集体教育、一日生活中渗透的科学教育等。教师在设计活动时应根据活动内容，选择适宜的教育途径，充分体现科学教育渗透于幼儿一日生活中的理念，改变只注重集体教学的传统做法。

（2）在活动过程中，教师能否营造良好的幼儿关系的氛围。在活动过程中，教师的言行会影响到幼儿的心理状况，继而影响到幼儿在活动中的表现。所以在活动中，教师应注意营造良好的心理氛围，形成和谐的师幼关系。

（3）在活动过程中，教师能否做到因材施教，提供适宜的个别指导。教师在引领全班幼儿进行探究的同时，还必须针对不同幼儿的不同反应进行个别指导。只有做到因材施教，对不同的幼儿施以不同的指导，才能保证每个幼儿在原有发展水平上有所提高。

（4）在活动过程中，教师采用的活动方法是否恰当。一般来说，教师在活动中常用的教学方法有提问法、讨论法、演示法、记录法、游戏法等。教师要针对不同年龄阶段幼儿的不同发展水平，采用不同的教学方法。如，在小班"认识五官位置"活动中，基于小班幼儿的认识特点，教师除了让幼儿学念儿歌帮助幼儿了解五官的位置外，还采用了大量的游戏（如"给娃娃贴脸谱"）吸引幼儿参与并提高活动的趣味性。

（三）对活动环境与材料的评价

对活动环境与材料的评价主要从以下几个方面来进行。

第一，活动中所提供的材料是否安全、充足，具有可操作性。在活动中投放的材料，如食品要干净，容器与材料要消毒，做到安全化；教师提供的材料根据实际情况要多样，供幼儿操作的材料最好人手一份或者每个小组一份；同时，教师提供的材料要便于幼儿操作，材料不能太小，也不能太大，这样都不利于幼儿的操作。

第二，活动材料是否充分体现活动的目标。只有精心选择的材料，才能确保幼儿通过操作材料来实现活动目标，达到教育要求。

第三，在活动中能否有效利用周围环境中的教育资源。"多变的树叶"的活动设计中，教师可以利用幼儿园户外的资源，引导幼儿观察各种不同的树木的叶子是不同的；教师还可以利用网络资源，帮助幼儿了解树叶的构成、作用等；利用家庭人力资源，让家长与幼儿一起收集不同的叶子。

 拓展阅读

小班第一学期科学领域幼儿发展水平评价指标

一级指标	二级指标		三级指标	评价提示	评价方式	评价要求
科学领域	科学常识	4	能辨认上下、前后等空间方位	上下、前后	问答	①能正确分辨上下、前后，表述清楚（优秀）；②能正确分辨上下、前后，表述不太完整（良好）；③不能正确分辨上下、前后，表述不清楚（再努力）
		5	认识今天的含义，会正确使用时间概念	早晨、上午、下午	问答	①能正确区别一天的早晨、上午和下午（优秀）；②能正确区别一天的上午和下午（良好）；③不能正确区别，表述不清（再努力）
	数形时空	1	知道简单的几何图形的特征	圆形、正方形、长方形、三角形	操作、问答	①知道几何图形的名称和特征（优秀）；②知道3种几何图形的名称和特征（良好）；③知道2种以下几何图形的名称和特征（再努力）
		2	能按要求分类和排序	大小、高矮、颜色、形状	操作	①能正确进行各种分类、排序活动（优秀）；②基本能进行分类、排序活动（良好）；③不能进行各种分类、排序活动（再努力）
		3	会比较物体的大小、高矮、厚薄、多少	大小、高矮、厚薄、多少、一样多	操作、问答	①能正确区别（优秀）；②基本能区别（良好）；③不能正确区别（再努力）

模块三 学前儿童科学教育的评价方法

> **学习目标：**
> - 了解幼儿科学教育评价的意义，了解幼儿科学教育评价的步骤与方法。
> - 能运用所学知识对幼儿科学教育活动进行评价。

一、幼儿科学教育活动评价的一般步骤

（一）确定评价的对象（目标）

评价的首要步骤就是确定评价的对象，也就是目标。在这一阶段，主要任务就是确定"评什么"和"怎么评"。"评什么"也就是评价者需要确定评价的内容是什么，是评价科学教育活动本身，还是评价科学教育活动中的幼儿的发展状况，还是评价科学教育活动中教师的指导状况。"怎么评"是指确定该评价采用什么样类型的评价。评价的类型可分为诊断性评价、形成性评价、总结性评价。

（二）制订评价方案

制订或设计评价方案就是根据确定的评价对象，对整个评价过程进行整体规划。在该阶段最重要的工作是确定评价标准、选择评价工具、选择收集评价资料的方法、确定评价的步骤等。

（三）实施评价方案

该阶段主要是评价者按照事先制订好的评价方案，由评价者采用一定的评价工具与方法，依据评价的指标收集科学教育活动中的信息。

（四）分析处理评价结果

实施评价方案后，评价者要有针对性地对所收集的信息进行全面、客观的分析，最后得出结论，给被评价者提出相关建议。

二、幼儿科学教育评价的方法

在对幼儿科学教育活动进行评价、实施评价方案的过程中，评价者在收集相关信息时需要用到一定的方法，这就是科学教育评价的方法。幼儿科学教育中常用的评价方法有观察法、访谈法、问卷法、测试法和作品分析法等。

（一）观察法

科学教育评价中观察法就是评价者有目的、有计划地对被评价者行为进行现场观察或测量，并对观测结果做出评定的一种方法。观察法是在科学教育评价中经常采用的一种收集信息的方法。

1. 轶事记录法

轶事记录法是评价者对被观察者在自然状态下的行为或出现的事件进行观察、记录并评价的方法。观察者在观察之前就已经明确需要观察的行为或是事件的类型，在观察时只需要等待行为或事件出现即可，在行为或事件出现之后，观察者需要对事件的过程或相应的行为加以速记。该方法的优点是评价者可以随时随地地在日常活动中进行观察、记录并做出评价。缺点是对观察者的要求较高，完全靠事件发生时的速记，而且要确保客观、真实。

下面是某幼儿教师对幼儿天天的一段轶事记录的案例。

轶事记录卡

观察对象：中班幼儿天天

观察时间：2016 年 12 月 2 日 11:20~11:40

观察目的：观察幼儿进餐环节中的说话行为

观察实录：天天取完餐盘后，坐在小椅子上，并没有拿勺子吃饭，而是将头偏向一侧，开始和旁边的小朋友说话："你爱吃大虾吗？今天的大虾有点小，我家里做的大虾比这个大多了！"旁边的幼儿不理他，拿着筷子夹起自己的大虾。但天天仍然不停地和旁边的幼儿讨论这个问题。忽然，天天离开座位，对教师说要去厕所小便。如厕后，他一蹦一跳地回到座位上，开始吃饭，刚吃了两口，又开始和另一边的小朋友说话了……

观察分析：从观察中可以看出，在天天进餐的 20 分钟内，同周围幼儿说话 4 次，每次说话的时间为 30 秒至 1 分钟不等。该幼儿这种行为表现的原因主要有：天天是这学期刚刚从其他幼儿园转来的，由于以前的幼儿园教师没有这方面要求，因此他觉得想说什么就可以说什么；天天对同伴的习惯、特点有强烈的好奇心，寻求主动交往，想以此获得同伴的认可。

教育措施：通过个别教育，帮助天天尽快学会遵守班级规则；在晨间体育活动及游戏活动中，增强天天的规则意识；与天天家长取得联系，交流他在园中的情况，争取家长的配合，如建议家长在家庭生活中，帮助天天养成良好的进餐习惯。

（二）情境观察法

情境观察是指由评价者事先创设一种特殊的情境，使被评价者进入该情境中，以此引发评价者想要观察的评价对象的行为，从而获得资料的一种方式。

情境的优点是能够测量幼儿发展水平的不同层次，并且由于这种观察测量是在情境控制的情况下进行的，无关因素能够较好地进行控制。其缺点是如何创设一个很好的体现评价目标的情境，这一点相对较难把握。另外这种观察法花费的时间与精力较多，因果关系的确定也难以精确。

(三) 行为核对法

在观察评价对象之前,评价者可事先依据评价的指标来确定被观察者可能出现的行为目标,并制作出一份行为核对表。在行对核对表中,将要观察的行为列入表中,在进行实际观察时,需要对照行为核对表中的各个项目进行逐条核对,并在符合的条目上做出标记即可。该方法的优点是对被观察者的行为做记录时较为简便,只需要在每种行为的条目后面作为标记即可,而且因为是量化的方法,统计分析比较容易。其缺点是观察者要事先根据观察的内容,决定所要观察的行为类型,制成核对表,在制表过程中用时较多,制表也比较烦琐。

例如,要对5~6岁的儿童的社会适应能力进行了解,评价者制作了以下核对表(见表6-1)。

表6-1　5~6岁儿童社会适应能力核对表

年龄	项目	评估者			备注
		日期			
	1. 会表达自己的情感,如愤怒、快乐和喜爱				
	2. 与4~5个小孩合作玩游戏,不需大人随时监督				
	3. 向别人说明游戏的玩法或活动规则				
	4. 在用餐时能够加入席中谈话				
	5. 看到朋友遇到困难时,会加以安慰				
	6. 选择自己的朋友				
	7. 自己拟订目标且实践				
	8. 会扮演故事中角色或利用木偶演戏				

二、访谈法

访谈法是指评价者通过直接与访谈对象进行交谈来获得有关信息的一种收集评价资料的方法。访谈法通常以提问、回答、讨论等形式出现。访谈法的优点是获得的资料更真实可信,也更为生动具体、富有个性,它很适合教师对幼儿的科学学习进行评价,而且使用也比较方便。缺点是访谈法在实施时较为费时、费力,也很难形成标准化的访谈,而且对访谈者素质的要求较高。

访谈的形式可以是单独访谈,也可以是群体访谈;教师可以对幼儿家长进行访谈,也可以直接对幼儿进行访谈,但对幼儿进行访谈时要注意语言,要采用幼儿能够理解的语言与幼儿进行谈话。教师可以与幼儿专门进行谈话,也可以在与幼儿的共同活动

中进行。比如，一位教师要想了解5岁幼儿是如何理解正方形的所做的访谈记录：①

正方形旋转45度

笔者：这是什么形状？（手持正方形小卡片）

幼儿：正方形。

笔者：好，那——这是什么形状？（将小卡片当幼儿面旋转45度）

幼儿：菱形。

笔者：菱形？可是你刚刚跟我说这是正方形，现在又告诉我这是菱形，那它到底是什么形状？（手摇晃小卡片，最后又回到原状）

幼儿：正方形。

笔者：好，这是什么形状？（将小卡片旋转45度）

幼儿：不知道。

笔者：不知道？（手指着旋转了45度的小卡片）

幼儿：这样就是菱形。

笔者：这样就是菱形喔！好，那么怎么样叫正方形？

幼儿：这样子就叫正方形（将小卡片转回原态）

笔者：喔！那这样子呢？（将小卡片转回45度）

幼儿：菱形。

笔者：这张卡片，你刚刚告诉我是正方形，现在你又告诉我是菱形，到底这张卡片是正方形还是菱形？（手摇小卡片）

幼儿：正方形。

笔者：可是你刚刚又跟我讲是菱形？

幼儿：这样本来就是菱形啊！（将卡片旋转45度）

笔者：这样本来就是菱形啊！好，谢谢！

从上述访谈记录中可以看出，5岁的幼儿不能将旋转后的正方形仍然看成是正方形，而看成是菱形，说明此时的幼儿仍不具备图形守恒能力。

三、问卷调查法

问卷调查法是"将一系列设计好的问题组合起来，通过书面形式，提供给调查者，征询被调查者的意见，回收、整理、分析问题的答案，从而获得有关评价对象情况的一种评价资料收集方法"。②该方法的优点是方便、快捷，能在比较短的时间内收集

---

① 周淑惠.幼儿数学新论——教材教法.台湾心理出版社，1995年版，第146~151页.
② 夏力.学前儿童科学教育活动指导.上海：复旦大学出版社，第174页.

到较为广泛的资料,省时、省力;缺点是对被调查者的要求较高,缺少面对面的交流,所收集信息的真实性无法核对。

问卷一般情况下包括题目、前言、指导语、问题及可选择的答案、结束语等部分。

四、作品分析法

作品分析法是根据幼儿的各种作品(图画、泥塑、所编故事、儿歌等)分析幼儿科学素养发展水平的一种方法。其优点是资料收集比较容易。其缺点也很明显,即往往不能系统、完整地了解幼儿的科学素质发展水平,因此需要结合各种方式进行。

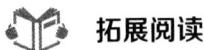 **拓展阅读**

一则案例看幼儿园科学活动的组织

先来看一则大班幼儿感知沉浮的科学活动案例。教师预设的目标是让幼儿通过操作活动知道什么样的东西会沉下去,什么样的东西会浮上来,并尝试通过将橡皮泥做成小船使橡皮泥浮在水面上。活动一开始,教师就呈现了几个装了水的大盆和各种操作材料,有纸、石头、铁块、橡皮泥、树叶、积木、小皮球等。在引导幼儿一一辨认后,教师对幼儿说:"你们带着这些朋友去玩一玩吧。"幼儿一听兴奋不已,一拥而上争抢起材料来。尽管教师努力维持秩序,仍不断有幼儿把水泼洒到同伴身上。还有幼儿跑过来说:"老师,这个东西不好玩,我要换一个。"三四分钟后,教师让幼儿回到座位上,请大家说说哪些东西是沉下去的,哪些东西是浮上来的。幼儿的表述较为零乱,大部分幼儿不太答得上来。教师只得亲自拿这些材料一一演示给幼儿看,然后请幼儿表述自己看到的现象。紧接着,教师问:"为什么树叶和纸会浮在上面,而橡皮泥和铁块会沉到下面呢?"在提问了几名幼儿无果后,教师作了小结:"比较重又比较小的东西容易沉下去,比较轻又比较大的东西容易浮上来。"最后一个环节,教师请幼儿用橡皮泥做一艘小船,让它能浮在水面上。结果大部分幼儿都不是自己探索成功的,而是在教师手把手地帮助下完成的。

在以上案例中,活动的组织显然是很失败的,在看似"热闹"而"充实"的活动背后,幼儿几乎一无所获。这个案例所暴露出来的问题其实也是许多教师平时在组织科学活动时经常出现的。下面,我从这个案例出发,谈谈对幼儿园科学活动组织的一些看法。

一、对幼儿已有经验要把握到位

教师在设计科学活动前就要对幼儿的已有经验有良好的把握,因为只有基于幼儿原有经验和能力水平而设计的活动才是有意义的。以上案例从结构上来看是一个较完整的科学活动方案,教师的预设目标是希望幼儿通过自主探究、集体分享交流发现关于沉浮现象的一些规律,并将其应用到实践中去。但教师没有充分考虑到"沉浮"这一涉及物体重量、体积的概念幼儿理解起来是有困难的，幼儿掌握这样一个抽象的概念要有一个过程。因此，仅仅通过一次活动想让幼儿明白其中的科学道理并将其付诸实践，这对于仍由形象思维占主导地位的大班幼儿来说简直是"不可能的任务"。光有理想化的预设而没有充分考虑幼儿的实际经验和能力，这是以上活动最终失败的首要原因。

鉴于此，教师宜在活动前通过谈话了解幼儿关于沉浮现象的概念发展水平，如什么是沉，什么是浮，什么东西在水中是下沉的，为什么会下沉，什么东西在水中是上浮的，为什么会上浮，等等。然后据此设计挑战幼儿原有认知水平的教学活动，并提供相应的材料，使幼儿产生认知冲突，从而纠正错误概念，使幼儿的经验在原有基础上得到提升。

就本案例而言，教师宜把活动设计成一个系列，第一步帮助幼儿解决什么是"沉"、什么是"浮"的问题，以明确判断"沉浮"的标准。第二步帮助幼儿通过操作和观察了解哪些东西会沉下去，哪些东西会浮起来，并思考沉或浮的原因。第三步可以通过一系列对比实验帮助幼儿排除诸如颜色、形状、材质等与沉浮规律无关的因素，将相关因素锁定在物体的重量、体积这两个方面。然后，可以引发幼儿的认知冲突，让他们发现重的东西不一定都会沉下去，轻的东西也不一定都会浮起来，通过减轻重量或增大体积的方法都可以让原来沉下去的东西浮上来。最后过渡到通过将橡皮泥做成小船以改变它的体积使之浮于水面这个环节上来。如此设计可以避免产生一次活动由于容量过大、幼儿经验积累不足而草草走过场的现象，以确保幼儿学习经验的逐步提升。

二、材料呈现方式要恰当

在上述案例中，教师在第一时间就把所有材料一股脑儿地呈现在幼儿面前，使幼儿高度兴奋，一拥而上争抢材料，导致局面几近失控。这样的材料呈现方式显然是不妥当的。此外，教师提供的材料，在颜色、材质、形状、大小、轻重等方面毫无规律可言，因而对于幼儿借助材料发现物体沉浮的真正原因帮助不大。在科学活动中，教师应合理设计，有选择地逐步呈现适宜的操作材料。例如，在解决什么是沉浮现象这一问题时，教师可通过演示石头与积木分别放入水中产生的现象来说明。要让幼儿明白哪些东西会下沉、哪些东西会上浮，教师可先请幼儿说一说自己的经验，再提供那些答案可能有争议的材料，让幼儿通过实验来验证。这样做可使材料的呈现具有很好的针对性，能帮助幼儿带着问题探究下去。接下来，如果有条件的话，教师还可以提供给幼儿一些有利于他们作对比分析的实验材料。

如，让他们发现各种颜色的玻璃珠都会下沉，从而了解到颜色对物体的沉浮没有影响；发现不同形状的积木都是上浮的，从而明白沉浮与物体的形状也无关。此外，提供大的积木、小的石子、重的皮球、轻的铁珠，乃至一样大小的铁球和木球等，都可以让幼儿通过操作、观察产生认知冲突，从而促使他们积极地去思考、探究，纠正原有的错误观念，获得关于沉浮现象的正确认识。

三、引导语要明确且有启发性

在上述案例中，教师在呈现了操作材料后对幼儿说："你们带着这些朋友去玩一玩吧。"作为一个科学活动，这样的引导语显然不够明确，因为它既没有告诉幼儿活动任务，又没有交代操作方法，也就难免出现场面混乱、幼儿盲目操作的情况。如果教师能这样提示："这么多的材料，哪些在水中会沉下去，哪些又会浮上来呢？让我们一边玩，一边看。记住，每种材料都要试一试，然后把你看到的现象记录在纸上，等会儿请你来讲一讲自己的发现。"这样的引导语可以避免幼儿无序操作。教师也可以提供一张简单明了的记录表，请幼儿在实验前先根据已有经验猜一猜每种材料的沉浮情况，并将猜测结果用打"√"打"×"的方法记录下来。然后请幼儿通过操作来验证自己的猜测，把操作的结果也用相应的符号记录下来。这样的记录一方面可以让幼儿带着问题去探究，一目了然地看清楚自己的猜测与实际结果之间的异同，有助于之后的分享交流；另一方面也可以帮助幼儿学习一种有效的科学探究方法，从而培养他们良好的科学素养。

此外，有启发性的提问也能引发幼儿的探究兴趣，促使他们积极地思考。如，在提供了相同大小的铁球和木球后，教师可以这样提问："为什么一样大小的两个球在水中一个是沉下去的，一个却是浮上来的？"如果幼儿提出是重量的因素影响了物体的沉浮，教师可以再追问："如果老师找一个和这个铁球一样重的木球，它会沉下去吗？""如果两个都是铁球，一个小，一个大，把它们放入水中会怎么样呢？"让幼儿带着这些问题去进一步探究，以发现沉浮与物体重量、体积之间的关系。

四、要给幼儿充足的探索时间

在以上案例中，教师只给了幼儿三四分钟的操作时间。试想，在这么短的时间内，幼儿有可能一一去观察每种材料在水中的沉浮现象并比较思考其中的原因吗？有可能对这个现象做出很好的归纳吗？在仓促操作、短暂思考之下，幼儿的表述当然只可能是零乱的，甚至有的幼儿也许只是玩了玩水，什么都没来得及做。假如我们能将幼儿沉浮概念的获得做成一个系列活动，一次活动只集中解决一个问题，以逐步深入的方式让幼儿对每一个问题、每一种现象都能展开有充足时间保证的探索，那么，幼儿就不会只停留在"玩水"，就能真正体验到科学探究的乐趣。新《纲要》指出："幼儿的科学教育是科学启蒙教育，重在激发幼儿的认识兴趣和探究欲望。要尽量创造条件让幼儿实际参加探究活动，使他们感受科学探究的过程和方法，体验发现的乐趣。"

可见，科学活动中掌握知识不是最终目的，我们要重视的应该是幼儿探索和发现的过程，以及让幼儿在自主探究中积累经验，获得能力，掌握方法。给予充裕的探索时间和空间，幼儿才有机会调动多种感官、运用多种方式进行尝试，从而体验科学发现的乐趣。

[思考与练习]

1. 幼儿科学教育评价的意义有哪些方面？
2. 幼儿科学教育活动评价的内容包括哪几个方面？
3. 幼儿科学教育活动评价中经常采用的方法有哪些？
4. 搜索一篇幼儿科学教育活动设计方案，并分析该活动设计中幼儿教师是如何来观察幼儿的活动的。

参 考 文 献

[1] 刘占兰.学前儿童科学教育[M].北京：北京师范大学出版社，2008.
[2] 张琳.幼儿园教育活动设计与实践[M].第2版.北京：高等教育出版社，2010.
[3] 陆兰，杭梅.幼儿科学教育与活动指导[M].北京：北京师范大学出版社，2011.
[4] 夏力.学前儿童科学教育活动指导[M].第2版.上海：复旦大学出版社，2012.
[5] 教育部.幼儿园教育指导纲要（试行）.2001.
[6] 教育部.3—6岁儿童学习与发展指南.2012.
[7] 张俊.幼儿园科学教育[M].北京：人民教育出版社，2007.
[8] 刘占兰，沈心燕.让幼儿在主动探索中学习科学[M].南京：南京师范大学出版社，2001.
[9] 施燕.学前儿童科学教育[M].北京：中央广播电视大学出版社，2007.
[10] 林意红.鸽子——幼儿科学知识的建构[M].南京：南京师范大学出版社，2004.
[11] 倪敏.幼儿园课程与教育活动设计[M].北京：中国劳动社会保障出版社，2006.
[12] 林嘉绥，李丹玲.学前儿童数学教育[M].北京：北京师范大学出版社，1994.
[13] 张慧和，张俊.幼儿园数学教育活动指导[M].北京：人民教育出版社，2009.
[14] 王振宇.学前儿童发展心理学[M].北京：人民教育出版社，2004.
[15] 张俊.学前儿童科学与数学教育[M].苏州：苏州大学出版社，2001.
[16] 胡显章，曾国屏.科学技术概论[M].北京：高等教育出版社，2006.
[17] 李如密.教学艺术论[M]，第2版.北京：人民教育出版社，2011.
[18] [瑞士]皮亚杰.皮亚杰教育论著选[M].卢睿选译.北京：人民教育出版社，1990.
[19] 刘海荣.人类对地球形状认识趣谈[EB/OL].人民教育出版社初中地理网，2006.
[20] [美]大卫·杰纳·马丁.杨彩霞，于开莲，洪秀敏，苏伟，译.建构儿童的科学——探究过程导向的科学教育[M].北京：北京师范大学出版社，2006.

[21] 叶钟.家园互动开展幼儿科学教育活动[J].学前教育研究,2006(1):42~43.